高分子材料

科技创新与平台服务

赵跃跃　叶 梅◎著

Polymer Material

上海交通大学出版社
SHANGHAI JIAO TONG UNIVERSITY PRESS

内容提要

　　高分子材料是指分子量较高(通常达 10 000 以上)的材料,具有来源多样、制造方便、用途广泛和价格低廉等特点,与金属材料和无机材料并列构成世界三大支柱材料。高分子材料在中国一直备受重视,由于其良好的物理和化学性能、便于大量整体成型等技术加工特点以及制造成本低廉的优势,具有广泛的应用领域和前景,受到市场的普遍欢迎。随着现代工程技术的发展,众多新型功能高分子材料不断出现,成为新材料发展的主力军。为此,高分子材料需要不断创新,包括科学研究与生产技术的科技创新,也包括所有高分子材料相关平台的服务创新。

　　本书以高分子材料科技创新为主线,重点介绍了高分子材料的科学基础研究与材料技术开发、产业链布局与应用领域发展、创新环境体系和科技平台建设等内容,并且也涉及高分子材料研究数字化、产业园区发展规范化、技术公共服务平台化等内容。

图书在版编目(CIP)数据

　　高分子材料科技创新与平台服务/赵跃跃,叶梅著
. —上海:上海交通大学出版社,2022.11
　　ISBN 978 - 7 - 313 - 26778 - 8

　　Ⅰ.①高…　Ⅱ.①赵…②叶…　Ⅲ.①高分子材料—科技服务—研究—中国　Ⅳ.①F426.7

　　中国版本图书馆 CIP 数据核字(2022)第 072530 号

高分子材料科技创新与平台服务
GAOFENZI CAILIAO KEJI CHUANGXIN YU PINGTAI FUWU

著　　者:	赵跃跃　叶　梅		
出版发行:	上海交通大学出版社	地　　址:	上海市番禺路 951 号
邮政编码:	200030	电　　话:	021 - 64071208
印　　制:	上海万卷印刷股份有限公司	经　　销:	全国新华书店
开　　本:	710mm×1000mm　1/16	印　　张:	18
字　　数:	293 千字		
版　　次:	2022 年 11 月第 1 版	印　　次:	2022 年 11 月第 1 次印刷
书　　号:	ISBN 978 - 7 - 313 - 26778 - 8		
定　　价:	68.00 元		

版权所有　侵权必究
告读者:如发现本书有印装质量问题请与印刷厂质量科联系
联系电话: 021 - 56928178

前　言

高分子材料与金属材料、无机材料并称为世界三大材料，与经济生产和社会生活息息相关。高分子材料的基础原料来自石油、煤炭等矿产以及橡胶树、木材和秸秆等农作物，来源非常广泛。经过长期发展，高分子材料已经广泛应用于各行各业及生活中的各个场景。在汽车与造船、建材与纺织、新能源与生物医药等产业领域，包括橡胶、塑料、纤维、涂料、胶黏剂和活性剂等在内的高分子材料都得到了普遍应用。目前，全世界高分子材料在应用的广泛性和体积总量上均已超过水泥、玻璃和陶瓷等无机材料以及钢铁、铜和铝等金属材料，形成了数万亿元级的产值规模。

经过30多年的引进、消化、吸收和自主研发，我国已成为高分子材料的生产和消费大国，仅以高分子材料行业中的改性塑料为例，根据全国塑料加工工业协会的数据，我国目前拥有3000多家塑料改性企业。但是，我国的高分子科学研究、技术开发、新产品研制和应用等科技创新活动水平还不及西方发达国家，主要表现在：一是高分子材料科学研究的深度不够，对相关新材料的结构、性能和机理等的分析能力亟待提升；二是高分子新材料开发、新工艺流程和新结构设计等方法比较传统，难以满足产业升级、产品质量和应用消费的要求；三是与高分子相关的复合材料制件制造工艺技术比较落后，新产品试制周期长，试件数量大，研制成本高。随着信息化的发展，以美国为首的西方发达国家通过高分子材料数字化技术，大幅度地提高了制造技术水平。未来高分子材料科技与产业的结合，需要通过科研信息化与平台化、产业规模化与专业化、应用多样化与高度化等路径，加快实现我国高分子材料的科技提升与产业转型。同时构建高分子材料技术公共服务平台，以促进高分子材料信息交流和资源共享。在高分子产业集中度较高或具有一定优势的产业园区，构建开放的支持和服务系统平台，为中小企业提供技术开发、试验、推广及产品设计、加工、检测、公共服务、公共设施和公共技术支持等服务。通过技术服务平台，可以为高等院校和科研机构、科技园和工业园区、科技企业和应用产业、消费者和政府提供系统、全面、便捷、高效的技术公共服务，为社会提供良好的就业、创业、创新环境。

发达国家在近十年已经出现了研究新材料科技创新与平台服务的相关著作和大量文章，并出台相关扶持政策，但我国仍缺乏系统性介绍高分子材料科技创新和平台服务的相关著作。本书以高分子材料的科技发展、产业培育和环境构建为主线，围绕科学与技术、产业与应用以及园区建设与科技平台等科创生态环境，首次对高分子材料科技及产业进行系统性归纳和综合。全面介绍了包括合成方法、加工工艺及表征手段等在内的高分子材料科学原理和科技发展，如基础材料、制品和应用领域等高分子材料的产业链分布，以技术服务平台为核心、以信息化和园区化为特色的高分子材料产业科技创新环境建设；并对高分子材料的科学分析、技术方法、新材料产业、应用领域、园区建设、标准规范、检测服务与数字化前景等科技创新发展新领域，进行了重点阐述。全书共10章，第1、6和10章由赵跃跃组织撰写，第2、3、4、5、7、8和9章由叶梅组织撰写。参与人员主要来自上海高分子材料研究开发中心及相关企业，他们是戴晓波、刘佩华、吴贝妮、顾帅男、刘汇天等，他们长期从事高分子材料研究、产业规划、园区布局等工作，具有较高的专业素养和丰富的实践经验。在写作过程中，作者们广泛参阅并引用了国内外相关教材、专著和研究论文及报告，在此特别对上述所有被引用的原作者表示最衷心的谢意。

本书的出版得到了上海市科学技术委员会、上海市研发公共服务平台及上海市浦东新区科技和经济委员会等的大力支持。书中提出的科技创新发展中的关于高分子材料数字化和技术服务平台化的概念、方法和项目，均来自上海市科学技术委员会资助课题"上海市塑料橡胶高分子材料检测专业技术服务平台"（课题编号19DZ2293000）的研究成果，项目承担单位上海高分子材料研究开发中心为本书编写提供了支持和帮助，在此特别鸣谢。

本书可供高分子材料科研人员、新材料产业企业家和从业人员、高分子材料应用领域的企业家和科研人员，以及涉及新材料的产业园区管理者和政府科技与产业管理人员参考。鉴于国内外在高分子材料科技创新与数字化平台建设方面出版的书籍很少，作者恳切地希望本书能给读者带来启发和益处，由于作者都属于青年科技创新人才,受专业知识、学识水平和经历阅历影响,本书难免有疏漏之处,某些观点和论述可能有失偏颇、值得商榷,敬请各位读者不吝赐教。

著者

目　　录

第 1 章 高分子材料的由来

人类从远古时期开始就已经使用如皮毛、棉花、蚕丝、纤维素、树脂、天然橡胶、木材等一些天然高分子材料,随着社会的发展,也相应地开发了天然高分子加工工艺。然而从第一个合成高分子材料酚醛树脂的工业化,以及对高分子材料从科学和工程意义上进行研究和被社会承认,距今不过 100 年,因此可以说高分子材料是一门古老而又年轻的学科。但毋庸置疑的是,高分子材料的出现确实给材料领域带来了重大变革。

1.1 高分子化合物与高分子科学

1.1.1 高分子化合物

高分子与低分子的区别在于前者的相对分子量很高,通常将相对分子量高于 10 000 的分子称为高分子(polymer),相对分子量低于 1 000 的分子称为小分子,而相对分子量介于 1 000～10 000 之间的分子习惯上称为低聚物(oligomer),又称齐聚物。一般来说,高分子的相对分子量介于 $10^4 \sim 10^6$ 之间,相对分子量超过 10^6 的大分子称为超高分子量聚合物。

英文的"高分子"主要有两个词,即 polymer 和 macromolecule。前者又可译作聚合物或高聚物,后者又可译作大分子。这两个词虽然经常混用,但仍有一定区别:前者通常是指有一定重复单元的合成产物,一般不包括天然高分子;而后者指相对分子质量很大的一类化合物,包括天然和合成高分子,也包括无一定重复单元的复杂大分子。

1.1.2 高分子科学

高分子科学是一门发展空间广阔的新兴学科,自 20 世纪 20 年代德国著名化学家赫尔曼·施陶丁格(Hermann Staudinger)开创了这一学科以来,高分子学科的发展便极为迅猛。由于高分子科学和技术的重要性,高分子已成为理学的化学学科中与传统的无机化学、有机化学、分析化学和物理化学并列的二级学科。此外,在工学的材料一级学科中,高分子材料与传统的金属材料和无机非金属材料组成了三大材料,高分子材料成为材料学科中的一个重要分支,由此可见,高分子科学既是一门基础学科,又是一门应用学科。

高分子科学的三大组成部分为高分子化学、高分子物理和高分子工程。其中高分子化学是研究高分子化合物的合成、化学反应、物理化学、物理、加工成型、应用等方面的一门新兴的综合性学科。

高分子化学的研究范围涉及天然高分子和合成高分子。天然高分子存在于棉、麻、毛、丝、角、革、胶等天然材料中以及动植物机体细胞中,其基本物质统称为生物高分子。合成高分子包括通用高分子(常用的塑料、合成纤维、合成橡胶、涂料、黏合剂等)、特殊高分子(具有耐高温、高强度、高模量等性能)、功能高分子(具有光、电、磁等物理特性以及催化、螯合、离子交换等化学性质)、仿生高分子(具有模拟生物生理特性)以及各种无机高分子、复合高分子和高分子复合材料等。高分子化学的发展主要经历了天然高分子的利用与加工、天然高分子的改性、合成高分子的生产和高分子科学的建立这四个时期。从20世纪30年代起,随着合成高分子的发展而逐渐建立起来的与高分子相关的反应动力学、化学热力学、结构化学、高分子物理、生物高分子等分支学科,共同构成一门系统的高分子科学。

高分子物理是研究高分子的结构、性能及其相互关系的学科。其研究的主要方向包括高分子形态、高分子机械性能、高分子溶液、高分子结晶等热力学和统计力学以及高分子扩散等动力学。它与高分子材料的合成、加工、改性、应用等都有非常密切的内在联系。因为只有掌握了高分子结构与性能之间的内在联系及其规律,才能有的放矢地指导高分子的设计与合成,合理地选择和改性高分子材料,并正确地加工形成各种高分子制品。高分子物理课程建立在物理化学、高分子化学、固体物理、材料力学等课程的基础之上,同时又是高分子材料、高分子成型加工等课程的基础。

高分子工程是研究高分子材料的设计、合成、制备以及组成、结构、性能和加工应用的充满活力的材料类学科。其研究的主要方向包括高聚物化学与物理的基本理论和高分子材料的组成、结构与性能知识及高分子成型加工技术等方面的知识。

1.2 高分子材料的发展

1.2.1 高分子材料的发现

在科学发展史上,尤其是在化学发展史上,有很多发明与发现被认为是源于偶然因素。高分子属于化学领域发展的后起之秀,是在人们长期的生产实践和科学实验的基础上逐渐发展起来的。几千年前,人们就开始使用棉、麻、丝、毛等天然高分子作为丝织物材料。受当时科学技术发展的限制,虽然 19 世纪中叶的化学已经从炼金术时代的雏形中脱胎出来,且拉瓦锡已在前一个世纪奠定了现代化学的基础,但人们仍然未能探明高分子的本质。

19 世纪后期和 20 世纪初,天然橡胶由异戊二烯残体组成,纤维素和淀粉由葡萄糖残体组成,蛋白质由氨基酸残体组成等材料领域的发现得以确立,使高分子的长链概念得到了公认,并逐渐孕育了高分子的学科分支。进入 20 世纪三四十年代,新的聚合物单体不断出现,具有工业化价值的高效催化剂聚合方法不断产生,加工方法及结构性能不断改善,促进了高分子科学的发展。随着石油开采的增多,石油化工的发展为高分子开拓了新的丰富来源,人们把从煤焦油中获得的单体改为从石油中提炼,乙烯、丙烯等重要烯烃的年产量超过数十万吨,生产技术也日趋成熟。

1.2.2 高分子材料的发展历程

高分子材料的发展历程可分为三个阶段。

第一阶段是天然高分子材料的利用和加工阶段。这一阶段人们将天然橡胶、棉花、甲壳素、蚕丝等天然高分子材料,直接投入使用或经过简单的加工再投入使用,极大地提高了人们的生活质量,对高分子材料的多样化需求也促进了科技水平的进一步发展。

随着社会和科技的不断进步,人们的生活及生产活动越来越复杂,有限功能的天然高分子材料已经不能满足人们日益增长的需求,因此开始探索相应的天然高分子材料的改进和加工方法,这意味着高分子材料的发展进入第二个阶段。此阶段具有代表性的事件是天然橡胶、合成橡胶和塑料的产生。热带巴西橡胶树流出的胶乳通过凝胶等工艺制成生橡胶,可用于制造防水手套等,但人们发现其受温度的影响很大,遇冷变脆。1839 年,美国科学家发现橡胶与硫黄混合加热后可克服变硬发黏的缺点,这一进程叫硫化,可以大大提高橡胶的弹性和强度。加入一些催化剂使得天然橡胶的韧性和对于温度的接受性有了大幅度的提高,橡胶业也获得了突飞猛进的发展,先后制成聚硫橡胶、氯丁橡胶、丁苯橡胶、丁腈橡胶等,紧接着又有热塑性橡胶、粉末橡胶和液体橡胶等相继问世。

进入 20 世纪,高分子材料迈入了第三个发展阶段,合成高分子从酚醛树脂开始迈向工业化生产制造。1920 年,德国化学家施陶丁格在《论聚合》一文中首次提出了"高分子"的概念;30 年代热塑性高分子进入工业化生产;40 年代合成橡胶快速发展;50 年代确定了"高分子物理"的概念;60 年代工程塑料大规模发展;70 年代进入高分子设计和改性阶段;80 年代开始发展各种高性能、多功能的高分子材料,同时也提出了应对能源危机、社会经济等问题的研究;90 年代高分子材料的发展也遇到了亟须解决的问题,那就是随着塑料等高分子材料的大量生产,白色污染、降解循环的问题开始对资源与环境产生不利影响,所以人们也开始研究更具环保性能的高分子材料。进入 21 世纪,高分子材料向精细化、智能化、功能化和环保化等方向不断发展,结构与性能的研究也从宏观走向了微观,正逐步实现在分子水平上设计和制备具有期望功能的新材料。

1.3　高分子材料的分类

1.3.1　天然高分子和合成高分子

按来源分,高分子材料可以分为天然高分子和合成高分子两大类。

其中,天然高分子(natural polymers)是指以由重复单元连接成的线形长链为基本结构的高分子量的化合物,是存在于动物、植物及生物体内的高分子物质。天然高分子化合物可以分为蛋白质类如多肽、酶、多聚磷酸酯、核糖核酸、脱氧核糖核酸等,多糖类如淀粉、肝糖、菊粉、纤维素、甲壳素等,橡胶类如巴西橡胶、杜仲橡胶等,树脂类如阿拉伯树脂、琼脂、褐藻胶等。

高分子是自然界动植物的主要成分。生物的物质基础是各种高分子化合物与一些小分子的组合,生命现象是它们间的物理和化学现象。

用化学方法合成的高分子称为合成高分子,如聚乙烯、聚氯乙烯、聚丙烯腈、聚酰胺等都是常用的合成高分子材料。合成高分子的主链主要是由碳原子以共价键结合起来的碳链,由于单键可以自由旋转,使线形长链高分子在旋转的影响下,整个分子保持直线状态的概率甚微。事实上线形长链高分子处于自然蜷曲的状态,分子纠缠在一起,因而具有柔性。当有外力作用在分子上,蜷曲的分子可以被拉直,外力一旦去除,分子又恢复到原来的蜷曲状态,因此合成高分子都有一定的弹性。

由于合成高分子都是长链大分子,又处于自然的蜷曲状态,所以不容易排列整齐成为周期性的晶态结构。与小分子不同,合成高分子不容易形成完整的晶体。但在局部范围内,分子链有可能排列整齐,形成结晶态,即所谓短程有序。因此在高分子晶体中往往含有晶态部分和非晶态部分,故常用结晶度来衡量整个高分子中晶态部分所占的比例。晶态高分子的耐热性和机械强度一般要比非晶态高分子高,而且还有一定的熔点,所以要加强晶态高分子的这些特性,就要设法提高高分子的结晶度。

1.3.2　功能高分子和结构高分子

通常,人们按高分子材料的特性,把高分子材料分成塑料、纤维和橡胶三大类。

塑料按其热熔性能又可分为热塑性塑料,如聚乙烯、聚氯乙烯等;热固性塑料,如酚醛树脂、环氧树脂、不饱和聚酯树脂等。前者为线形结构的高分子,受热时可以软化和流动,可以反复多次塑化成型,次品和废品可以回收利用,再加工成产品;后者为体形结构的高分子,一经成型便发生固化,不能再加热软化,不能反复加工成型,因此,次品和废品没有回收利用的价值。两类塑料的共同特点是有较好的机械强度(尤其是体形结构的高分子),可以作为结构材料使用。

纤维又分为天然纤维和化学纤维。后者又可分为人造纤维,如黏胶纤维、醋酸纤维等;合成纤维,如尼龙、涤纶等。人造纤维是用天然高分子,如短棉绒、竹、木、毛发等经化学加工处理、抽丝而成的;合成纤维是用低分子原料合成的。纤维的特点是能抽丝成型,有较好的强度和挠曲性能,多数可以作为纺织材料使用。

橡胶包括天然胶和合成橡胶。橡胶的特点是具有良好的弹性,可作为弹性材料使用。

按用途分,高分子材料可分为通用高分子、工程材料高分子、功能高分子、仿生高分子、医用高分子、高分子药物、高分子试剂、高分子催化剂和生物高分子等。其中,塑料中的"四烯"包括聚乙烯、聚丙烯、聚氯乙烯和聚苯乙烯等;纤维中的"四纶"包括锦纶、涤纶、腈纶和维纶等;橡胶中的"四胶"包括丁苯橡胶、顺丁橡胶、异戊橡胶和乙丙橡胶等都是用途很广的高分子材料,为通用高分子。

　　工程材料高分子是指具有特种性能,如耐高温、耐辐射等的高分子材料,聚甲醛、聚碳酸酯、聚酰胺、聚酰亚胺、聚芳醚、聚芳酰胺和含氟高分子、含硼高分子等都是较成熟的品种,已广泛用作工程材料。

　　离子交换树脂、感光性高分子、高分子试剂和高分子催化剂等都属功能高分子。医用高分子、药用高分子在医药上和生理卫生上都有特殊要求,也可以看作是功能高分子。

　　按主链结构分,高分子材料可分为碳链高分子、杂链高分子、元素有机高分子和无机高分子四大类。其中,碳链高分子的主链是由碳原子联结而成的。杂链高分子的主链除碳原子外,还含有氧、氮、硫等其他元素,易水解,如聚酯、聚酰胺、纤维素等。元素有机高分子主链由碳和氧、氮、硫等以外其他元素的原子组成,如硅、氧、铝、钛、硼等元素,但侧基是有机基团,如聚硅氧烷等。无机高分子是主链和侧链基团均由无机元素或基团构成的,天然无机高分子如云母、水晶等,合成无机高分子如玻璃。

1.4　高分子材料的结构

　　高分子材料的结构特点相对独特,高分子结构分为链结构和聚集态结构两种。

1.4.1　高分子链结构

　　高分子具有链状结构这一概念早在 20 世纪二三十年代就已经由施陶丁格等人提出并确定,链结构主要是指单个高分子链的结构和形态。

　　高分子的链结构主要是指单个分子的近程结构和远程结构,其中近程结构又称化学结构或一级结构,是构成聚合物最基本的微观结构,包括分子链的构造和构型。高分子链节的元素组成、各组成单元之间的位置关系、分子构型、交联与支化、端基组成等,统称为高分子的近程结构。远程结构又称二级结构,是指单个大分子的大小和在空间存在的各种形状包括形态和构象,比如链伸直、无规线团、折叠链,整个高分子链都叫高分子的远程结构。

高分子链结构单元的化学组成和空间构型直接影响聚合物的分子链形态和性质,其中分子主链全部由碳原子以共价键相连的高分子叫碳链高分子,如聚乙烯、聚丙烯、聚氯乙烯、聚苯乙烯等。这类高分子主要通过加成反应聚合制备,其优点是可塑性强、加工成型比较容易且原料来源比较丰富;缺点是容易燃烧、耐热性差且容易老化。

主链除碳原子以外,还有其他原子,如氧、氮、硫、硅等存在,同样以共价键相连接,该类高分子叫杂链高分子,如聚酰胺、聚酯、聚甲醛、聚碳酸酯等。这类高分子主要是通过缩合聚合或者开环聚合反应制备,其优点是耐热性和强度性能都比纯粹的碳链聚合物要高一些,通常可以作为工程塑料,但因主链带有极性,所以容易水解、醇解或者酸解。

分子主链含硅、磷、铝、钛、砷、锑、锗等元素的高分子叫元素高分子,如生物大分子、硅橡胶(聚二甲基硅氧烷)。这类高分子的特点是具有无机物的热稳定性、有机物的弹性和可塑性,但强度较低,制备成本比较高。

分子主链上不含碳原子,也不含有机取代基,是纯粹由其他元素组成的高分子叫无机高分子,如聚二硫化硅、聚二氯一氮化磷等。这类高分子由于元素的成键能力较差,通常得到的高聚物分子量比较低,而且容易水解,强度也比较差,但这种高聚物的耐热性和硬度较高。

高分子链的空间构型主要有线形结构、支化结构和交联结构。一般高分子结构都是线形的,且分子长链可以蜷曲成团,分子间无键合,如聚苯乙烯、尼龙66(聚己二酰己二胺)等,这类高分子的特点一般是热塑性的,加热可以熔融而且在适当的溶剂中亦可以溶解。支化高分子的分子链上带有长短不一的支链基团,有树形、星形和无规支化之分。其中,树枝状聚合物是以中心核为起点呈树枝状延展开来的高度完美的聚合物,它有高度的几何对称性和流动性,且易于加工成型,容易成膜,难结晶,具有特殊的密度和折射率。星形聚合物是分子链通过扩链剂作用使几条链连在一点上,主要作为特殊的前段聚合物使用,这类高分子由于高度支化,支化链相互缠结导致性质跟交联聚合物类似,难溶解,只能溶胀,但可以适度熔融。与线形高分子不同的是,交联高分子的分子链在三维空间中相互交叉,联结成网络结构,交联后通常可使聚合物的耐热性和强度都有所提高,同时也会降低聚合物的延伸率和可溶性甚至不溶,而且交联程度的大小对交联产物的性能有很大影响。

此外,有些高分子的主链不是一条单链,而是一条像"梯子"和"双股螺旋"的结构,这类聚合物由于受热时,链不易被打断,即使打断几个,只要不在同一个梯格中也不会降低分子量,所以热稳定性特别好。如聚丙烯腈在绝氧和氮气保护的条件下,进行加热可以发生芳构化而形成梯形高分子,进一步升温可得碳纤维,作为耐高温聚合物的增强填料。

1.4.2　高分子凝聚态结构

高分子的凝聚结构是指高分子链之间的排列和堆砌结构,也称为超分子结构。在研究影响材料性能的各种因素时,不能忽视的是,尽管一种材料的基本性质取决于它的分子结构,但其本体性质则是由分子的排列状态所控制的。如果把物质的成分看作是砖的话,那么决定一座房子的最终性能和特征的是用怎样的方式把砖垒起来。所以链结构是决定高聚物基本性质的主要因素,从而间接影响材料的性能,而凝聚态结构是决定高聚物本体性质的重要因素,直接影响材料的可加工性和使用性能。研究高分子凝聚态结构特征、形成条件及其对制品性能的影响是设计材料和控制产品质量的重要基础。

高分子凝聚态结构主要是研究分子链因单键内旋转或环境条件变化而引起的分子链构象变化和凝聚态改变。不同条件下,分子链构象可能呈无规线团构象;也可能排列整齐,呈现伸展链、折叠链或螺旋链等构象。研究高分子凝聚态的目的,一方面是要探明聚合物的凝聚状态及表征这种状态的各种结构参数;另一方面是要阐明造成聚合物凝聚形态的结构因素和加工成型等外部因素。实验证明,即使有同样链结构的同一种高聚物,由于加工成型的条件不同,制品性能也有很大差异。

由于高聚物结构的不均一性,人们很长一段时间内搞不清楚它们的凝聚态结构,长而柔的链分子如何形成规整的晶体结构是很难想象的,特别是这些分子纵向方向长度要比横向方向大许多倍;每个分子的长度又都不一样,形状更是变化多端。起初人们认为高聚物是缠结的乱线团构成的系统,像毛线一样,无规整结构可言。自从用 X 射线研究了许多高聚物的微观结构后,发现虽然许多高分子宏观上外形不规整,但它们确实包含有一定数量且排序良好的微小晶粒。这些晶粒内部的结构和普通晶体一样,都是三维远程有序排布,由此证明了高分子内部也存在部分结晶的结构。

固态高分子材料按其分子链排列的有序性可分为晶态结构、非晶态结构以及取向态结构。非晶态结构是一个比晶态更为普遍存在的凝聚态,不仅有大量完全非晶态的聚合物,而且即使在晶态聚合物中也存在非晶区。非晶态结构包括玻璃态、橡胶态、黏流态、熔融态以及结晶聚合物中的非晶区。由于对非晶态结构的研究比对晶态结构的研究要困难得多,因而对非晶态结构的认识还比较粗浅。

对于非晶态结构,目前主要有两种理论模型,即无规线团模型和两相球粒模型。其中无规线团模型结构完全无序,为均相无规线团,中子小角散射的实验结果也证实了这一点,其主要特点是分子排列无长程有序,各大分子链间可以相互贯通、相互缠结,但不存在局部有序,就如同一麻袋蚯蚓。在非晶态高聚物的本体和溶液中,分别用高能辐射交联,结果两者交联的倾向相同。此外,两相球粒模型认为非晶结构局部有序,在这些区域内,分子链折叠、排列比较规整,但比晶态的有序性差,有序区域的尺寸约 3～10 nm,有序粒子的存在为结晶的迅速进行准备了条件,这一点也较好地解释了高聚物结晶速率极快的事实。同时,非晶态高聚物的密度也较分子链在完全无序状态下的模型计算所得的密度要大,这也表明了有序和无序粒子是同时存在的。

1.5 高分子材料的性能

1.5.1 高分子材料的热变性

高分子材料与小分子物质相比具有多方面的独特性能,其性能的多样性源于其结构的特殊性和复杂性。结构确定的材料,当其分子运动形式确定后,其性能相应也就能确定,因此,材料内部分子运动的状态是连接材料微观结构和宏观性能的重要桥梁。当外部条件使分子的运动状态发生变化时,即从一种分子运动模式变为另一种模式,其物理性能也会随之发生变化。按照热力学的观点称作转变;按照动力学的观点称作松弛。随着电子、运输、航空、生物医学和其他工业的发展,人们对高分子材料的各种物理性能也提出了更高的要求。高分子的物理性能主要包括热力学性能、力学性能、高弹性、黏弹性、溶液性质以及流变性等。

在外力作用下,高分子材料从一种平衡状态通过分子运动而转变到另一种平衡状态是需要时间的,这种时间演变过程称作松弛过程,所需时间称为松弛时间。低分子物质对外场的响应往往是瞬时完成的,因此松弛时间很短,而高分子材料的松弛时间可能很长。高分子的这种松弛特性来源于其结构特性,由于分子链的分子量巨大,几何构型具有明显不对称性,分子之间的相互作用很强,本体黏度很大,因此其松弛过程进行得很慢。例如,将一根橡胶条一端固定,另一端施以拉力使其发生一定量的变形。当保持该变形量不变时,可以测出橡胶条内的应力随拉伸时间仍在变化。相当长时间后内应力才趋于稳定,橡胶条又再次达到新的平衡。

了解高分子材料的松弛时间十分重要,由于高分子材料结构具有多重性,不同运动单元的松弛时间不同。运动单元越大,运动所受阻力越大,松弛时间就越长,因此其总的运动模式具有一个广阔的松弛时间谱。材料的不同性质是在不同的松弛过程中表现出来的。

温度是分子运动激烈程度的描述,高分子材料的分子运动也强烈地依赖于温度的高低。一般规律是温度升高,各运动单元的热运动能力增强,同时由于热膨胀的作用,分子间距增加,材料内部自由体积也相应增加,有利于分子的运动,使松弛时间缩短。松弛时间与温度的关系大致可用艾林(Eyring)公式来表示:

$$\tau = \tau_0 e^{\frac{\Delta E}{RT}}$$

式中 τ 是松弛时间,τ_0 是常数,ΔE 是运动活化能,R 是气体常数,T 是绝对温度。由式可见,温度升高,即 T 变大,松弛过程加快。

由于高分子材料的分子运动既与温度有关,又与时间有关,因此,观察同一个松弛现象,升高温度和延长外力作用时间得到的效果是相同的,这一性质也决定了我们在研究和测量高分子材料物理性能时,或者规定好测量温度,或者规定好测量时间或速度,否则不易得到正确可靠的结果。

不同类型的高分子材料受温度的影响不同,温度对非晶态线形聚合物的影响整体上可分为五个区间。

当温度较低时,分子的热运动能力小,链段运动处于冻结状态,只有侧基、链节、短支链等小运动单元的局部振动发生,因此在此状态下高分子材料的弹性模量高、形变小。当有外力时,外力撤去后,形变立即消失,恢复原状,这种状态称为玻璃态。

随着温度的不断升高,链段活动能力增强,部分链段能够通过绕主链上的单键进行内旋转,从而改变分子链的构象,使形变迅速增加,模量甚至能降低3～4个数量级,该段对应的温度范围称为玻璃化转变温度,在此温度段内高分子材料的形变对温度的变化十分敏感。

玻璃化转变是高分子材料状态变化中的普遍现象,玻璃化转变的实质是链段运动被冻结或者解冻。在玻璃化转变前后,材料的热熔、力学及电化学性质都发生了明显的变化,由于高分子材料在发生玻璃化转变时,具有热力学二级相变的特征,早期也曾被认为是二级相变。实际上高分子材料的玻璃化转变并非真正意义上的热力学二级相变,因为一个真正的二级相变应是热力学平衡过程,与加热的速度和测量方法无关,而聚合物的玻璃化温度的确定却强烈地依赖加热的速度和测量方法。测量这些性能随温度的变化则可以准确地确定玻璃化转变温度的大小。

影响玻璃化转变温度的因素主要包括主链和侧链结构、增塑剂、分子量、分子间作用力和共混共聚等。同时掌握影响玻璃化转变因素的规律十分重要,因为它提供了改变材料玻璃化温度从而改善材料耐热性和耐寒性的方法。

对于玻璃化转变的机理,从不同的角度,曾出现过几种理论,其中影响最大的是1950年提出的自由体积理论。该理论认为液体或固体的宏观体积从微观上可分成两部分,一是分子本身占有的体积,这部分是宏观体积的主要构成部分;二是分子堆砌时形成的空隙的体积,而这种未被占据的自由体积则是分子赖以移动和构象重排的场所,其大小决定了分子的运动状态。

在玻璃化温度以上,自由体积较大,为链段的自由移动提供了足够的空间保障,此时的高分子材料处于高弹态。温度降低时,自由体积逐渐减小,当温度降至玻璃化转变温度时,自由体积降至最小值,此时的自由体积不足以提供链段运动的空间,链段的运动被冻结,高分子材料处于玻璃态。在玻璃态中,材料的宏观体积随温度的变化值仅仅取决于分子自身占有的体积,自由体积处于冻结状态,保持不变。

温度进一步升高,链段开始具备充分的运动能力。在外力的作用下,一方面,通过链段运动使分子链呈现局部伸展的构象,材料可以发生 100％～1000％ 的大变形;另一方面,此时的热能还不足以使整个链上的分子运动,分子链内相互缠结形成网络,链段又有恢复卷曲的倾向。在这种条件下,两种作用彼此牵制,进而达到平衡。处于该区间的高分子材料,模量低,形变大,但是当外力去除后,形变仍可恢复,这种力学状态称为高弹态。

温度继续升高,链段的热运动进一步加剧,在外力作用下,链段会沿外力作用的方向产生协同作用。这种协同作用不仅使分子链形态发生变化,而且还会导致分子链解缠结,分子重心发生相对位移,形变迅速增加,弹性模量下降到 10 MPa 以下,宏观表现为塑性形变和黏性流动,该温度区间称为黏流温度。

当温度高于黏流温度时,高分子链重心发生相对位移的运动占据了绝对的优势,形变继续发展,高分子材料变成熔融状的液体,这种状态称为黏流态。高分子制品的加工成型多在该范围内进行。

由此可见,非晶态线形聚合物在不同条件下可以存在三种状态,即玻璃态、黏流态和高弹态,三种状态之间可以通过温度的调整进行切换。在转变过程中,玻璃化转变温度和黏流态转化温度是两个十分重要的物理量。从分子运动的观点来看,玻璃化转变温度对应着部分链段的运动状态,而黏流温度则对应着整个分子链段的运动状态。当温度低于玻璃化转变温度时,所有分子链段运动被冻结,温度高于黏流温度时,整个分子链段会发生解缠结,出现整链滑移的运动,而介于两者之间,部分分子链段发生运动,但整个分子链的重心不发生相对位移。

不同高分子材料具有不同的转变温度,在常温下处于不同的力学状态。橡胶的玻璃化转变温度较低,常温下一般处于高弹态,表现出良好的高弹性,玻璃化转变温度是其使用的最低温度,即俗称的耐寒温度;塑料的玻璃化转变温度较高,常温及以下温度则处于较硬的玻璃态,玻璃化转变温度是其使用的最高温度,即耐热温度。

另外须指出的是,从热力学相态的角度看,玻璃态、高弹态和黏流态均属于液相态,非晶态线形聚合物处于这三种状态时,分子排列均是无序的。三态之间的主要区别在于变形能力的不同和模量的差异。而从分子热运动的角度来看,三态的差别仅仅是分子链段运动能力的不同而已,因此从玻璃态到高弹态再到黏流态的切换均为同相转变,而不是热力学相变。

结晶态聚合物的力学性能与结晶度以及分子量的大小有关。低结晶度聚合物中的结晶区小,一般小于 40%,而非结晶区较大,非结晶部分的力学强度与其玻璃化转变温度有关,而结晶部分则由熔点决定其力学状态。当温度处在玻璃化转变温度和熔点温度之间时,虽然非晶区的链段开始运动,但由于晶区还没熔融,微晶部分限制了整个链段的运动,所以材料仍然处于高弹态。只有当温度高于熔点时,晶区开始熔融,整个链段的分子才会发生相对移动,此时的高分子材料才能进入黏流态。当结晶度大于40%时,此时的聚合物被称为高结晶度聚合物,结晶相可以形成连续相。当温度升高时,其玻璃化转变温度不明显,而晶区熔融为其主要的状态变化,晶区熔融后直接进入黏流态,或者先变为高弹态,继续升温超过黏流温度时再变为黏流态。

从分子运动的角度看,玻璃化转变及结晶熔融都是由链段运动状态改变引起的,通常称为高分子的主转变,对于低于玻璃化温度或者熔点的转变称为次级转变。次级转变是由小于链段的小尺寸结构单元,如链节、侧基及长键等的运动状态改变引起的松弛过程,这些松弛过程的松弛时间较短,活化能较低,因而发生的温度较低。

研究高分子材料的次级转变有重要的实际意义和理论意义。由于次级转变反映了材料在低温区的分子运动状态,故借此可以研究材料的低温物理性能,如低温韧性及耐寒性等。对塑料而言,只有具备良好的低温韧性,才有更高的使用价值。现代科学技术的发展要求高分子材料在低温甚至超低温领域也能适用,而研制和开发低温材料需要研究高分子的次级转变,另外,研究次级转变也有助于了解高分子微细结构及运动状态与材料性能的关系。

不同高分子材料发生次级转变的分子运动模式不同。对于非晶高分子材料而言,主要有小于链段的小范围主链运动和侧基、侧链的运动。小范围主链运动包括碳-碳链上键长的伸缩振动、键角的变形振动、链节围绕单键的扭曲振动以及杂链高分子中杂原子部分的运动。而结晶高分子的情况较为复杂一些,一方面,非晶区部分也存在上述小范围分子运动的模式,且其运动还同时受到晶区的牵制;另一方面,晶区部分存在多种分子运动的组合,比如晶型的转变、晶区的链段运动、晶区内部侧基和链段的运动以及晶区缺陷的局部运动等。

体形聚合物由于分子链间存在交联的化学键,所以限制了整链分子的运动,因此其特点是既不溶解又不熔融。当交联度较小时,网链较长,网链构象的变化仍可按高斯链处理。此时高分子材料仍具有玻璃化转变温度,根据环境温度高于或者低于玻璃化转变温度,可判断材料是处于高弹态还是玻璃态。当交联度变大时,链段运动困难,玻璃化转变难以发生,材料始终处于玻璃态。尽管如此,在合适的条件下,链段仍能运动,根据链段运动与否可判断其是处于玻璃态还是高弹态。

温度对高分子材料的影响主要表现在材料的耐寒性和耐热性方面,有机高分子材料在长期的高温环境下,一般会发生软化、熔融、分解、氧化、环化、交联和降解等反应,会破坏材料的尺寸稳定性和结构稳定性。在低温或者超低温环境中,高分子材料可能会出现硬化及脆化等现象,发生这些变化后将导致材料的性能下降,寿命缩短,以至于失去使用价值。因此评价和改善高分子材料的耐热性和耐寒性至关重要,即要求在使用的温度和环境中,材料在相对长的时间内不发生上述变化。

对于结晶度高的材料而言,其使用温度主要由熔点决定;对于非晶无定型高分子材料来说,使用温度主要由玻璃化转变温度所决定,如塑料,玻璃化转变温度是其耐热性的标志,而对橡胶来说,玻璃化转变温度则是其耐寒性的标志。改善高分子材料耐热性的关键是提高材料的玻璃化转变温度、熔点以及分解温度,主要方法如提高分子链的刚性,在主链中减少单键,引入共轭双键或环状结构;改善分子链的规整性,提高结晶度,或者引入极性基团,使分子间产生氢键,增强分子间作用力,提高玻璃化转变温度;采用交联的方法,限制分子链的运动,此举既可以改善材料的耐热性,又可以提高材料的物理和力学性能;采用复合掺杂的方法,将其与 30% 左右的玻璃纤维复合后,不仅可以提高强度,还可以很好地改善其耐热性。

对于橡胶材料来说,为了保证其弹性不受损,则不能采用改善材料的刚性或者结晶度、交联等方法,原则上只能从提高化学键键能的角度着手,使之不易发生热降解或者热交联。

对橡胶来说,要改善高分子材料耐热性,原则上应考虑增大分子链的柔顺性,减少分子间的作用力,削弱分子链中规整部分的化学结构和组成,降低其玻璃化转变温度,从而降低其结晶的能力。主要方法有增塑法和改性法,其中增塑法是采用凝固点低、黏度大、沸点高和蒸气压低的增塑剂来降低橡胶材料的玻璃化转变温度,而改性法则是用化学方法改变橡胶分子链结构,如改变顺式和反式结构的比例,从而降低结晶速度。

1.5.2　高分子材料的导热性

对于非金属材料,扩散速率主要取决于邻近原子或分子的结合强度。主键结合的材料热扩散快、热导率比较大,是良好的导热体;次价键结合的材料

热扩散慢、热导率较小,所以导热性差。根据固体物理理论,热导率 λ 与材料的体积模量 B 的关系为:

$$\lambda = C_P(\rho B)^{\frac{1}{2}} l$$

C_P 为比热容,ρ 为密度,B 为体积模量(本体模量,均匀压缩时),l 为热振动的平均自由行程(声子),即原子或分子间距离。

高分子材料因其是靠分子间范德华力的作用相互结合起来的,分子或原子之间的间隙较大,所以其热导率低、导热性差,结晶型高分子材料的导热性稍高,非结晶型的热导性较低,且其热导率的值随着分子量的增大而变大。所以随着低分子量的增塑剂的加入,会使其热导率下降。

此外,温度和取向也是影响热导率的因素之一,高分子材料的热导率会随着温度的变化有所波动,但波动范围一般不会超过 10%。

1.5.3 　高分子材料的热膨胀性

热膨胀是由温度变化而引起的材料尺寸和外形的变化,它既是聚合物的基本属性,又与聚合物的结构和性能密切相关。根据固体物理理论,热膨胀系数(B)与热容(C_V)成正比:

$$\beta = \gamma \frac{C_V}{V k_T}$$

其中 γ 为表征原子振动频率和材料体积(V)关系的格吕奈森(Grüneisen)常数,k_T 为等温压缩系数。材料中原子或分子随温度变化的振动或移动与组分相互作用有关,温度升高将导致原子在其平衡位置的振幅增加,这种振动以及振幅的大小直接影响材料的热膨胀系数。对聚合物而言,与金属和无机材料相比,聚合物的热膨胀较大,长链分子中的原子沿链方向是共价键相连的,而在垂直于链的方向上,邻近分子间的相互作用是弱的范德华力,因此结晶聚合物和取向聚合物的热膨胀有很大的各向异性。在各向同性聚合物中,分子链是杂乱取向的,其热膨胀在很大程度上取决于微弱的链间相互作用。

当温度低于玻璃化转变温度时,聚合物链段的运动被冻结,此时聚合物的热膨胀机制主要是克服原子间的主价力和次价力,膨胀系数较小。当温度高于玻璃化转变温度时,链段开始运动,同时分子链本身由于链段的扩散运动也随之膨胀,此时膨胀系数较大,在玻璃化转变温度附近发生转折。聚合物热膨胀有一个特殊的现象,某些结晶聚合物沿分子链轴方向上的热膨胀系数为负值。即温度升高,非但不膨胀,反而发生收缩,如结晶型聚乙烯材料。产生这种现象的原因一般认为是由于链段上原子间共价键的作用很强,而链段间的相互作用很弱,在受热时只能发生横向的运动,从而产生轴向的收缩。

对于结晶聚合物而言,其结晶区的物质包含非晶物质、晶区之间的连接链和晶桥三部分。结晶区间的连接链和晶桥在结构上的差异并不明显,在一定的条件下它们呈现类似的热行为。低温时两者都对晶区中非晶物质的热膨胀起抑制作用,但在玻璃化转变温度以上,连接链和晶桥有本质差别。孤立的连接链除了其链端受阻外,相对运动自由,构象众多,存在熵效应,此时晶区可以看作是交联点。而晶桥在横向上是有序的,轴向刚性很大,且有负的膨胀系数,对材料的膨胀有抑制作用,因此晶态聚合物的热膨胀行为很大程度上取决于晶桥。

非晶态聚合物的热膨胀系数在玻璃化温度前后是不相同的,并呈现相异的温度依赖性。以聚合物的比容对温度作图,曲线的斜率就是热膨胀系数,比容随温度的升高而增大。在玻璃化转变温度附近,此系数发生转折,可以观察到两条不同斜率的直线,它们的交点就定义为玻璃化转变温度。当实验数据无法观察到明显的转折时,可将它们的直线部分外推,外推直线的交点即玻璃化转变温度。

当温度高于玻璃化转变温度时,非晶态聚合物的热膨胀系数为 $6.0\times10^{-4}\sim1.0\times10^{-3}/℃$,当温度低于玻璃化转变温度时,热膨胀系数则突然降低至 $1.0\times10^{-4}\sim3.0\times10^{-4}/℃$。通过测量样品的热膨胀系数,可以间接判断该样品是否为非晶态。热膨胀是聚合物及其复合材料的重要结构参数,热膨胀系数测量是研究聚合物复合材料简捷有效的方法。

近年来计算机技术和激光技术的快速发展,使样品的热膨胀测量变得更为方便和精确,由不同仪器的特长和功能相结合,实现联用分析,扩大分析范围是热分析仪器发展的一个趋势。和其他仪器的联用,可以实现样品的热膨胀和力学性能、电阻率、导热系数等物理性能的同步测量。这对于研究聚合物的热行为和力学行为以及相关聚合物基复合材料的性能,尤其是聚合物基复合材料的设计是很有价值的。

1.5.4 高分子材料的导电性

我们通常所见到的聚合物是不导电的绝缘体,自从美国科学家黑格

(A. J. Heeger)和麦克迪尔米德(A. G. Macdiarmid)发现聚乙炔具有明显的导电性质后,有机聚合物不能导电的结论就被打破了。有机聚合物的电学性质从绝缘体到导体的转变促进了分子导电理论和固体离子导电理论的发展,从而引起了众多科学家的关注,成为有机化学中的研究热点。近年来,随着集成电路和大规模集成电路的迅速发展,电磁波及静电等问题给我们的生活带来了很大困扰。电子线路和元件越来越集成化、微型化和高速化,使用的电流也为微弱电流,致使控制信号的功率与外部入侵的电磁波噪音功率相近,因此容易造成误动作、图像障碍和噪声障碍,妨碍警察通信、防卫通信、航空通信,造成卫星总装试障碍等等,其后果是可想而知的,而导电高分子材料就是为了解决这些实际应用中的问题而发展起来的。

材料的导电性是由于材料内部存在的带电粒了的移动引起的,这些带电粒子可以是正、负离子,也可以是电子或空穴,通常称为载流子。载流子在外加电场的作用下沿电场方向移动,就形成了电流。材料导电性的好坏与物质所含的载流子的数目及其运动速度有关。材料的导电性通常是用电阻值来衡量的,金属材料是人们最熟悉的导体,它的电阻率一般在 10^5 Ω·cm 以下。对于导电高分子材料来说,根据以上所说的不同导电类型,很容易明白高分子材料的电阻率应该处于一个较宽的范围内。通常的划分方法是,以电阻率 10^{10} Ω·cm 为界限,在此界限以上为绝缘高分子材料,在其以下统称为导电高分子材料。

大多数高聚物都存在离子电导性,那些带有强极性基团的聚合物由于本征解离的缘故,可以产生导电离子。此外,在合成、加工和使用过程中,加入的添加剂、填料、水分和其他杂质的解离,都会产生电离现象,特别是在没有共轭双键或电导率极低的非极性聚合物中,其导电机制主要是离子电导。在共轭聚合物、电荷转移络合物、聚合物的离子自由基盐络合物和金属有机聚合物材料中则含有很强的电子电导。如在共轭聚合物中,分子内存在空间上一维或二维的共轭键,π 电子轨道相互交叠,使得其具有类似于金属自由电子的特征,π 电子可以在共轭体系内自由运动,分子间的跃迁则是通过跳跃机理实现。

离子导电和电子导电各有自己的特点,离子传导时,分子聚集越密,载流子的转移通道就越窄,电导率的压力系数为负值;电子传导时,电子轨道的重叠加大,电导率加大,压力系数为正值。大多数聚合物中离子电导和电子电导同时存在,视外界环境的不同,温度、压力和电场等外界条件对其影响也各有不同。

1.5.5　高分子材料的光学性能

大多数聚合物当不含结晶、杂质或者疵痕时都是透明的,如聚甲基丙烯酸甲酯、聚苯乙烯等,对可见光的透过程度达 92％以上。聚合物结构的不均匀性,表面或者内部的疵痕、裂纹、杂质、填料、结晶以及光的反射和吸收等都是其产生散射和透明度损失的原因。聚合物的折光指数,即折光率,一般都在 1.5 左右,对于无应力作用下的非晶态聚合物来说,其在光学上也是各向同性的,因此只有一个折光指数。然而对于结晶或各向异性的高分子材料,折光指数沿不同的主轴方向会有不同的数值,这被称为双折射,非晶态聚合物因分子取向的差异而产生双折射现象,双折射是非均质晶体的特性,这类晶体的所有光学性能都与双折射有关。研究双折射现象是探索高分子材料形变微观机理的有效方法之一,由应力感生的双折射也可应用于高分子材料的光弹性应力分析。

光泽度是评价高分子材料光学性能的一个重要参数,光泽度的测量一般是以镜面为参照物,在规定的入射角下,试样的镜面反射率与同等条件下基准面的反射率之比为光泽度。光泽度为 10％～30％的物理表面,称为蛋壳光泽表面;光泽度为 30％～70％的物理表面,称为半光泽表面;光泽度为 70％～90％的物理表面,称为高光泽度表面。塑料制品的光泽度越高,说明其表面越光亮,但塑料制品的光泽度要比镜面低,在需要提高其使用的光泽度时,必须进行电镀及抛光等二次增亮处理。

影响塑料光泽度的因素首先是树脂和添加剂的选择,树脂本身的特征对塑料制品表面光泽度的影响较大,是控制塑料制品表面光泽度的最有效方法。一般而言,对于同一种树脂,其合成方法不同,相应制品的光泽度也不尽相同,如聚丙烯,不同聚合方法合成的制品,其光泽度从高到低分别是无规共聚聚丙烯、均聚聚丙烯和嵌段共聚聚丙烯。其次是分子量的影响,分子量对高分子材料的影响主要体现在分子量分布的宽度上,分子量分布越宽,其相应制品的光泽度就越低。在所有塑料用添加剂中,影响光泽度的因素主要包括填料的品种、形状、粒度以及填充量,填料的粒径越小,填充量越少,则对其光泽度的影响就越小。

1.5.6　高分子材料的化学反应

高分子化学反应主要是研究聚合物分子链上或者分子间官能团转化的化

学反应历程。早在 19 世纪中叶,科学家就开始对天然高分子的结构和化学改性进行广泛的研究,研究聚合物的化学反应不仅能在理论上探索和验证高分子的结构,还能推导出影响高分子性能的因素,进而扩大高分子的种类和应用范围。聚合物的化学反应主要包含聚合度基本不变的反应,如侧基和端基的变化;聚合度变大的反应,如交联、接枝、嵌段和扩链等;聚合度变小的反应,如降解和解聚等。

　　高分子的官能团可引起各种化学反应,但由于其存在链结构和聚集态结构,导致链上的官能团很难全部发生反应,这样一来,高分子链上就含有未反应和反应后的多种不同基团,类似共聚产物。例如,聚丙烯腈的水解反应不能简单地用小分子的"产率"来描述,只能用基团转化率来表征,即起始基团生成各种基团的百分数,由于聚合物分子反应的复杂性和不均匀性,使得基团的转化率不可能达到 100%。

　　影响聚合物化学反应的因素主要包括物理因素和化学因素,其中物理因素主要有聚集态的影响和链结构的影响。对于晶态高分子而言,小分子的反应试剂很难扩散进入晶区范围,晶区不能反应,官能团的反应通常仅限于非晶区领域。对于非晶态高分子,当聚合物分子处于玻璃态时,链段运动被冻结,分子的活动受限,难以进行反应;当聚合物分子处于高弹态时,链段活动增大,反应加快;对于处于黏流态的高分子则可以顺利进行化学反应。当高分子链溶解在溶液中时,可呈现螺旋形或无规线团状态,溶剂改变,链构象亦会发生改变,官能团的反应性也会发生明显的变化。而对于高分子溶液来说,即使是均相反应,当高分子的溶解情况发生变化时,反应速率也会发生相应的变化。轻度交联的聚合物,须加适当的溶剂进行膨胀,才容易进行反应。如苯乙烯一二乙烯基苯共聚物,要用二氯乙烷溶胀后,才易发生磺化或氯甲基化反应。

　　化学因素主要包括几率效应和邻近基团效应,当高分子链上的相邻侧基作无规成对反应时,中间往往留有未反应的孤立单个基团,最高限度受到概率的限制,称为几率效应,如聚氯乙烯与锌粉共热脱氯成环,按概率计算,环化度只能达到 86.5%,并与实验结果相符。聚合物中原有基团或反应后形成的新基团的电子效应和位阻效应均可能影响到邻近基团的活性,使其活性增加或者降低,这种影响成为邻近基团效应,如聚甲基丙烯酸酯类聚合物碱性水解时,可以形成五元环或者六元环状的中间体,继而起到催化加速的作用。此外,邻基效应还与高分子的构型有关,如全同聚甲基丙烯酸甲酯比无规或者间同水解快,原因是全同结构的基团位置易于形成环酐中间体。

通过研究高分子的化学反应,可以对高分子材料改性,例如,引入功能基团,使得非反应性的高聚物变成反应性的高聚物,从而进一步改变原有材料的特性,以适应需要,还可以从常用的高分子化合物中制备另一类不能通过单体直接聚合得到的高聚物,例如,聚乙烯醇是从聚乙酸乙烯酯水解得来的。同时利用高分子化学反应还可以制备不同组成分布的共聚物。通过高分子的化学反应不仅可以帮助了解和证明聚合物的结构,认识高分子老化及裂解原因,而且还能找出相应的预防方法,延长使用寿命。对高分子功能基反应的研究,还促进了其他相应学科的发展,如高分子催化剂的研究,推动了化学工业的发展,而高分子试剂的应用,开辟了有机合成的新途径。

1.5.7　高分子材料的老化

无论是天然的还是合成的高分子材料,都会发生老化现象,即其在成型、储存和使用过程中都会发生结构的变化,其物理性能和机械性能逐渐恶化,以至最终丧失使用价值。老化的本质可归结为降解和交联两种化学反应:降解会引起聚合物的相对分子量减少,进而导致其机械性能和电性能降低,并可能出现发黏和粉化等现象;交联则可以引起聚合物相对分子量的增加,交联到一定程度前能改善和提高聚合物的物理机械性能和耐热性能,但随着分子间交联的增多,逐渐会形成网格结构,使得聚合物不断变硬、变脆,以至于变成不熔融也不溶解的产物。

引起高分子老化的原因主要分为两部分,一部分是内因,包括高分子的化学结构,即链节的组成和结构,大分子链节的排列方式、端基的性质、支链的长短和多少等,而这些情况恰恰与合成反应的历程及条件紧密相关;还有其物理结构,即高分子的聚集态,如无定形态、结晶态、取向态以及高聚物与其他材料的混溶状态等,此外,成型加工条件和外来杂质也会对其老化有或多或少的影响。另一部分是外因,包括物理因素,如光、热、电、机械应力和高能辐射等;化学因素,如氧气、臭氧、烟雾、酸、碱以及化学试剂等;还有生物因素,如微生物、霉菌、白蚁、昆虫和鼠类等。实际上,外因往往是多方面的,但光、热、氧、电等对高分子材料的作用则是引起高分子材料老化的主要外因,其中主要的老化类型有热氧老化、大气老化、光老化、臭氧老化和电老化。

热氧老化是聚合物老化的主要形式之一,热作用的局部放电能使气隙表面聚合物的温度显著提高,在较高的温度下,高聚物分子所获得的热能将会超过分子主链化学键的键能,从而导致高聚物的降解。在温度和氧气的共同作用下,聚合物容易发生自动脆化氧化反应,并产生大量的自由基和氢过氧化物,继而发生降解或交联反应,使得聚合物的性能变差。影响聚合物热氧老化的结构因素主要包括聚合物的饱和程度、支化结构、结晶度、金属离子、取代基和交联键等。

高分子材料因自然环境而导致的性能劣化,称为大气老化或环境老化,由于紫外光波长短、能量高,因而对聚合物有强烈的破坏作用。高分子材料在吸收紫外光能量后,光子处于激发状态,这种激发态分子能产生光物理作用和光化学反应。光作用局部放电过程中产生的光,主要是在紫外光波长范围内,能够引起聚合物的降解。在氧气和臭氧的存在下,光化学反应引发高分子的氧化降解反应,称为光氧化反应,光氧化反应是聚合物大气老化的主要因素。其中含有双键的聚合物分子能够吸收紫外光,容易被激发而引起光氧化反应,而对于某些聚合物而言,比如仅含有单键的“纯粹”高分子,则几乎不吸收紫外光,所以不易被激发,具有较好的光稳定性。但仅含单键的“纯粹”聚合物是不存在的,任何高分子都不可避免地含有一些杂质,包括催化剂残渣、各种添加剂以及由于聚合或加工时的热氧作用而产生的过氧化物、羰基化合物等氧化产物。这些杂质在吸收了紫外光后,能引发高分子的光氧化反应,因此,理应对光比较稳定的聚乙烯、聚丙烯等聚合物,由于这些杂质的存在,也变得十分活泼而不耐光了。

化学作用局部放电时,在聚合物内部或者表面会产生臭氧、一氧化氮、水、一氧化碳、二氧化碳和其他一些小分子,而这些小分子的存在能够加速高聚物的降解过程。臭氧对聚合物分子的作用比较特殊,它不同于一般的氧化反应,对于饱和的高分子而言,其通常具有较好的耐臭氧性,然而对于含有双键的聚合物分子来说,则极易受到臭氧分子的袭击。在一般条件下,臭氧对橡胶的作用比较缓慢,当橡胶处于应力作用下的时候,臭氧的作用就十分迅速了,以至于能够引起龟裂现象,如硫化天然橡胶在被拉伸 $5\%\sim25\%$ 时,极易遭到臭氧袭击而发生破坏。遭受臭氧袭击的橡胶表面会出现许多裂纹,这些形成的裂纹,其方向总是垂直于应力拉伸的方向,而且不管是在阴暗处还是黑暗处,裂纹的形成与在日光下一样迅速。

电老化也是高分子材料的一种常见老化现象,在电老化的过程中,电场总是和其他因素共同起作用。一方面,电场的存在能够加速热、氧和机械等作用的老化;另一方面,其他各种形式老化过程的发展导致聚合物结构的改变和分子中低分子含量的增加,这都极大地促进了电老化的发生。聚合物内部和表面的局部放电是强电场中聚合物老化的主要原因,电场作用使得在局部放电过程中产生大量的带电粒子,这些粒子在电场中被加速,当其获得足够大的能量后,就会与聚合物的分子主链碰撞时发生主链断裂,从而导致聚合物的相对分子质量降低。

为防止高分子材料的老化,延长其储存和使用期限,一方面,需要通过改进聚合工艺,选择适合的聚合方法,采用优良的引发剂、催化剂并确定其合理的用量,消除聚合物中不稳定的端基,尽量减少聚合过程中在聚合物内产生的杂质,从而改进聚合物本身的结构,使材料本身的弱点尽可能减少,同时还必须注意减少成型加工造成的材料缺陷,从而提高聚合物本身在储存和使用时对外因作用的稳定性。另一方面,采用加入特定添加剂或物理防护的方法来抑制光、热、氧等外因对聚合物的降解。通过添加各种稳定剂来提高聚合物的稳定性,是当前为降低聚合物老化速度而广泛采用的一种十分重要的方法。

1.5.8　高分子材料的燃烧性能

高分子材料与人们的日常生活息息相关,然而,目前生产和使用的高分子材料在加热到700℃以上后,绝大多数是可以燃烧的,所谓高分子材料的阻燃是指在相对较低的温度(一般认为是低于600℃)或虽高于这个温度,但火源放出的热量较小,高分子材料不易维持其燃烧的性质。详细地说,就是高分子材料于空气中,在一定高的温度下,仅发生碳化,不产生火焰,或虽碳化、着火,但火源供给的热能减少或消失后,燃烧不易维持,即有焰燃烧和无焰燃烧维持的时间很短。

高分子材料受热后会分解出许多不同的可燃性气体物质,这些可燃性气体物质进一步分解,可以产生活性非常大的自由基 $HO^\bullet$ 和 $H^\bullet$,这些自由基能立即与其他分子反应生成新的自由基,如此进行的连锁反应被称为燃烧,而且高分子材料的燃烧速度与产生非常活泼的自由基有着十分密切的联系。

高分子材料的燃烧是一个很复杂的物理化学反应过程,这个过程一般分为五个阶段:第一步是聚合物受热熔融,高分子材料受热后,物理机械性能急剧下降,继而软化成黏稠状;第二步是解聚,高分子材料的大分子链开始断裂,之后会慢慢降解;第三步是分解,高分子材料进一步受热后,断裂的分子链被分解成气态、液态、固态(碳化物)和微粒物质;第四步是燃烧,高分子材料在被分解成可燃性气态物质时会与空气混合发生化学反应,释放出热和光;最后一步是延燃,高分子材料燃烧所释放出来的热促使材料的固态、液态和气态温度上升,在有充足的空气供给条件下,使燃烧继续维持并不断传播。

不同高分子材料由于其分子结构、元素组成以及官能团的区别,其燃烧特性也不尽相同,即使是同一种材料,由于其使用条件不同,阻燃性能也不一样,一种材料是否具有阻燃性,主要由使用的具体要求而定。一般用材料的氧指数(OI)来衡量它们的阻燃性,根据氧指数的划分,当材料的 OI 大于 22 时,称为易燃材料,如天然橡胶、聚乙烯、丙纶等;当材料的 OI 在 22～27 之间时,称为难燃材料,如氯化聚乙烯、聚碳酸酯、聚酰胺等;当材料的 OI 大于 27 时,称为高难燃材料,如氯丁橡胶、聚四氟乙烯氯纶等。实际上材料的阻燃特性还和它的物理性能,如比热容、热导率、熔点、分解温度以及燃烧热等有关。

1.5.9　高分子材料的力化性能

高分子力化学是建立在高分子化学与力学基础上的交叉学科,主要是研究高分子材料在应力作用下的力活化、力降解及力合成,采用物理方法解决高分子材料制备和加工中的化学问题。高分子的力化学反应主要包含两大类,一是在外力作用下高分子链断裂而发生的化学反应,包括力降解、力化学交联、力化学合成等。

用应力使得链断裂生成的自由基与溶剂、自由基受体或氧等反应而使链终止,聚合物的平均分子量降低,分子量分布改变,这种反应叫力降解。它可能发生在固态、黏流态以及聚合物溶液、悬浮液中,如生胶在较低温度下在塑炼机中塑炼,在一定时间内,空气中的氧终止了断链生成的自由基,因而降低生胶的黏度。树脂熔体在挤出机中挤出时,也会发生这种降解。

在分子链中间位置上生成自由基时,若引发或经合并生成横键,则产生交联结构,或者当交联聚合物在力作用下断链后,重新合并或经过交换合并,也会重新生成交联结构。这类结构变化叫力化学交联。它有时与力降解同在一个系统中发生,如橡胶在机械疲劳中的结构变化就可能是这样。利用这类交联可以提高聚合物的耐疲劳能力。

二是应力活化聚合物反应,当应力尚不够使高分子的化学键断裂而只是加速其化学反应时,这种反应叫应力活化聚合物反应。聚合物在弹性变形时,链未断裂以前,其键角、键长发生变化,增加了能量储备,降低了反应活化能,提高了反应速率。例如,橡皮的臭氧龟裂只有在拉伸时才发生,且裂纹与拉伸方向垂直,这些有方向性的裂纹发展速率,与聚合物的伸长率有关。若无拉伸,即伸长率为零时,橡皮表面臭氧化生成一层臭氧化物后,反应速率渐渐变慢以至停止。它不包括由化学能转变成机械能的现象,后者属于化学力学的范畴。

早在 100 多年前,人们就已经应用高分子力化学反应对高分子进行加工改性了,如采用塑炼法使天然生胶发生化学反应,把它由弹性体变成可成型的塑性材料,从而兴起了天然橡胶工业。目前,高分子力化学反应在聚合物的粉碎、混合、挤出等加工过程中,起着颇为重要的作用。

力化学是以不同的作用方式使材料的物理化学结构发生变化,在力化学作用下可以使不同聚合物发生反应,制成性能更为优异的材料;使聚合物与含有活性基团的化合物接枝,提高反应活性;使无机纳米粒子有机化,改变其界面性质,更好地与高分子材料混合分散制出高性能的材料,包括采用力化学合成嵌段和接枝共聚物、力化学制造纳米粒子改性聚合物材料。

力化学反应同时也是一种完全绿色的反应过程,没有三废,在越来越提倡环保的时代,已引起工业界的高度关注,当今的科研界正在将研究结果从特殊点延伸到普遍意义。此外,还应进一步加强对材料改性、能量利用率等的应用研究,使机械力化学的研究成果尽快转化为新材料研究与设计的手段,研发出效率更高的粉磨设备,更好地发挥机械力化学的优势,开拓更广阔的应用前景。

1.6　高分子材料的若干应用

材料是人类生产和生活的物质基础,材料科学的发展直接影响着人类科学技术的进步和生活水平的提高,在三大材料(高分子材料、金属材料、无机非金属材料)高速发展的今天,材料对于人类的重要意义也越发显著,材料也与能源和信息并列作为现代科学技术的三大支柱,其应用也渗透在生产生活的方方面面,如医疗、军事、国防、工业、农业及其他学科。

而高分子材料又是材料科学中具有跨时代意义的一支,它具有种类多、结构性能丰富、应用多样化等众多特点,不但能够替代一些传统材料在生产生活中的作用,还能够提供和创造更多丰富而实用的性能特点,其优越性在众多材料中独领风骚。

因为高分子化合物有很多与低分子化合物不同的性能,如机械强度大、弹性高、可塑性强、耐热、耐磨、硬度大、耐腐蚀、耐溶剂、电绝缘性强、气密性好等,所以高分子材料有着非常广泛的用途。人们最熟悉的莫过于塑料,根据塑料不同的使用特性通常将其分为通用塑料、工程塑料和特种塑料。生活中常用的有聚乙烯,其中低密度聚乙烯因为柔韧性好、成膜性好和冲击性能好,所以主要用于包装用薄膜、农用薄膜、塑料改性等,而高密度聚乙烯因具有较好的热性能、电性能和机械性能而比较多地用于管材、薄膜、注射用品等。聚丙烯则主要用于透明制品、高性能管材等方面。聚氯乙烯由于具有自阻燃的特性而且成本低廉,所以在建筑领域应用广泛,比如下水管材、塑料门窗、板材、人造皮革等。聚苯乙烯可用于制造一种透明材料,该材料可用于生产汽车灯罩、日用透明件等。

仅塑料这一种高分子化合物就给我们带来了这么多的便利,而目前高分子材料的发展更加尖端,由结构材料向具有光、电、声、磁、生物医学、仿生、催化、物质分离及能量转换等效应的功能材料方向发展。高分子材料的生产中也加入了很多其他技术,如等离子技术、激光技术、辐射技术等。同时,人们也在探索和研发环境更加友好的绿色材料。近几年,我国的生物可降解医用高分子材料开发获得新进展,由中科院长春应用化学研究所承担、长春圣博玛生物材料有限公司和东北师范大学参与的吉林省"双十"科技攻关项目"生物可降解医用高分子材料及其制品的开发"通过吉林省科技厅主持的专家鉴定,该项目整体技术已达到国际先进水平。生物可降解医用高分子材料作为用于诊断、治疗和器官再生的材料,由于不需要二次手术,可以减轻病人痛苦,简化手术程序,具有提高治疗效果、延长病人生命和提高病人生存质量等作用,近年来被广泛应用于制造药物控制释放载体、手术缝合线、骨固定和修复器件以及组织工程支架等领域。该项目也对其基本性能、功能性、靶向性、生物学评价和临床应用进行了研究,成熟后可投放市场,经济效益可观,具有广阔的市场应用前景和重大的社会经济意义。

高分子材料作为一种重要的材料,经过约半个世纪的发展已经在各个工业领域中发挥了巨大的作用。从高分子材料与国民经济、高新技术和现代生活密切相关的角度说,人类已进入高分子时代。高分子材料工业不仅要为工农业生产和人们的衣食住行等不断提供大量类多面广、日新月异的新产品和新材料,同时也为发展高新技术提供更多更有效的高性能结构材料和功能材料。鉴于此,我国高分子材料应在进一步开发通用高分子材料品种、提高技术水平、扩大生产以满足市场需要的基础上重点发展五个方向:工程塑料、复合材料、液晶高分子材料、高分子分离材料、生物医用高分子材料。近年来,随着电气、电子、信息、汽车、航空、航天、海洋开发等尖端技术领域的发展,高分子材料在不断向高功能化转变方面日趋活跃,并取得了重大突破。

1.6.1　高分子材料在"以塑代钢"方面的应用

高分子材料在机械工业中的应用越来越广泛,"以塑代钢""塑代铁"成为目前材料科学研究的热门和重点。这类研究拓宽了材料选用范围,使机械产品从传统安全笨重、高消耗向安全轻便、耐用和经济转变。如聚氨酯弹性体的耐磨性尤为突出,在某些有机溶剂,如煤油、砂浆混合液中,其磨耗低于其他材料。聚氨酯弹性体也可以制成浮选机叶轮、盖板,广泛使用在工况条件为磨粒磨损的浮选机械上。又如聚甲醛材料具有突出的耐磨性,对金属的同比磨耗量比尼龙小,用聚四氟乙烯、机油、二硫化钼、化学润滑剂等改性,其摩擦系数和磨耗量更小,由于具有良好的机械性能和耐磨性,聚甲醛大量用于制造各种齿轮、轴承、凸轮、螺母、泵体以及导轨等机械设备的结构零部件。在汽车行业大量代替锌、铜、铝等有色金属,还能取代铸铁和钢冲压件。

1.6.2　高分子材料在燃料电池方面的应用

高分子材料电解质膜的厚度对电池性能影响很大,缩减薄膜的厚度可大幅度降低电池内阻,可获得较大的功率输出。全氟磺酸质子交换膜的大分子主链骨架结构有很好的机械强度和化学耐久性,氟素化合物具有憎水性,水容易排除,但是电池运转时保水率降低,又要影响电解质薄膜的导电性,所以要对反应气体进行增湿处理。高分子电解质薄膜的加湿技术保障了薄膜的优良导电性,同时也带来了电池尺寸变大、憎水增大、系统复杂化及低温环境下水处理的管理问题等。高分子电解质膜燃料电池(PEFC)的发展离不开新材料的发现及其在燃料电池中的应用,今后随着高性能、低成本的高分子材料的开发研究,有希望实现商业应用,成为新的产业增长点。现在一批新的高分子材料,如增强型全氟磺酸型高分子质子交换膜、耐高温芳杂环磺酸基高分子电解质薄膜、纳米级碳纤维材料以及新型导电高分子材料等等,已经得到研究工作者的关注。

1.6.3　高分子材料在种子处理方面的应用

高分子材料在现代农业中的应用主要是种子化学处理。新一代种子化学处理一般分为:物理包裹,即利用干型和湿型高分子成膜剂包裹种子;种子表面包膜,即利用高分子成膜剂将农用药物和其他成分涂膜在种子表面;种子物理造粒,即将种子和其他高分子材料混合造粒,以改善种子外观和形状,便于机械播种。

目前高分子材料在现代农业种子处理中的研究已经从传统的石油基高分子材料逐步转向天然型以及功能型高分子材料。其中较为常见和重要的高分子材料类型包括糖类天然高分子材料、在低温情况下维持较好膜性能的高分子材料、高吸水性材料、温敏材料以及综合利用天然生物资源开发的天然分子材料等,其中利用可持续生物资源并发的种衣剂尤为引人关注。

1.6.4　高分子材料在隐身技术方面的应用

智能隐身材料是伴随着智能材料的发展和装备隐身需求的增多而发展起来的一种功能材料,它是一种对外界信号具有感知功能和信息处理能力,可以自动调节自身电磁特性功能、自我指令并对信号做出最佳响应的材料。区别于传统的外加式隐身和内在式雷达波隐身设计思路,智能隐身材料为隐身材料的发展和设计提供了崭新的思路,是隐身技术发展的必然趋势,高分子聚合物材料以其可在微观体系即分子水平上对材料进行设计,通过化学键、氢键等组装而成的具有多种智能特性的超分子结构成为智能隐身领域的一个重要发展方向,在这里只对雷达波智能隐身材料进行说明。雷达是迄今为止最为主要和有效的远程电子探测设备,随着雷达技术的改进和发展,现代雷达对各种军用目标构成了致命的威胁,雷达波隐身仍然是目前隐身技术发展的重点,雷达波智能隐身是雷达波隐身发展的一个重要方向。据报道,用一种只能纤维增强的导电聚合物作为隐身的结构材料在雷达波智能隐身中得到了应用,不仅降低了雷达散射的截面,同时还把飞机的质量减轻了 50%,雷达波智能隐身的一大热点是动态适应雷达吸波材料,该材料能够感应入射的电磁波谱,以对特定频率电磁波进行强吸收。

　　高分子材料的加工使用是人类材料科学进化史上的一座里程碑,它为人们打开了广阔世界的大门,是人类技术革命的物质基础,合成高分子材料的研究和发展使得人们完成了从使用单一天然材料到广泛应用合成高分子材料的历史性跨越,为生活和航天、医疗和国防等行业的发展奠定了基础。据统计,全世界高分子材料的年产量(按体积计)已远远超过钢铁和其他有色金属之和。高分子材料已经成为国民经济的重要支柱和未来产业竞争的重要基础,在社会生产和国民经济中有着举足轻重的地位。

第②章 高分子原材料相关产业

高分子材料产业起步于20世纪50年代,发展历史不长。科学界通过高分子化学、高分子物理、高分子成型加工和高分子反应工程等学科和产业部门的通力合作,开发出一批高分子材料及相应生产技术。目前,全世界合成高分子材料的年产量,按体积计已超过了钢铁材料的产量。由于高分子材料可以人工合成,其原材料资源非常广泛,包括石油、煤炭、植物等均可以转化成为高分子材料,因此开发的新材料层出不穷,广泛应用于汽车、电子、建筑、纺织等各个领域,同时高分子材料本身的生产制造和上下游涉及产业亦非常丰富。第2～5章依据《国民经济行业分类标准》(GB/T4754-2017),以产业链逻辑分析叙述高分子材料产业整体发展情况、趋势以及国内产业的布局,包括产业链前端的高分子原材料相关产业,产业链中段以化工为代表的高分子材料制造产业和高分子材料成型及加工产业,以及产业链后端高分子材料应用产业(见图2-1)。

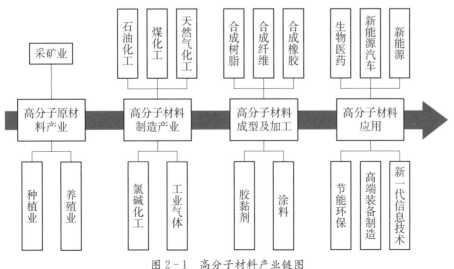

图 2-1 高分子材料产业链图

2.1 高分子原材料产业

2.1.1 总述

与高分子原材料相关的产业主要为农业及采矿业。在农业方面,包括小麦种植、玉米种植、薯类种植、棉花种植、天然橡胶种植、水产养殖等产业;农业作物中的大豆、大米、小麦、玉米等具有纤维、多糖、蛋白质、聚酯等物质,是高分子材料的天然原料。在矿业方面,包括烟煤和无烟煤开采洗选、石油开采、天然气开采等产业;煤、石油、天然气等是化工高分子材料的主要原材料。

2.1.2 天然高分子材料与农业的关系

天然高分子是一种可持续发展的资源,动物和植物是用作工业原料和材料的天然高分子的主要来源。天然高分子材料按性质可分为多糖类,包括纤维素、淀粉、甲壳素等;蛋白质类,包括大豆蛋白、丝蛋白、胶原蛋白等;聚酯类,包括聚乳酸等;其他高分子材料,如木质素、紫虫胶、天然橡胶等。

1. 纤维素

纤维素是地球上最丰富的可再生资源,广泛存在于木材、稻草、麦秸、玉米秆、毛竹、亚麻、大麻、棉花等植物中。与农业中稻谷种植、小麦种植、玉米种植、棉花种植、麻类种植、林木育苗等种植业有关,可以通过种植棉花、麻类等,利用作物棉花、大麻、亚麻等提取获得;也可以通过栽培木材,利用桉树、落叶松树、椴树、松树、冷杉树、禾本科植物等提取获得;同时一些种植业废弃物,如秸秆、蒿草、壳蔓等也含有较丰富的纤维素可供提取。植物每年通过光合作用可产生约 2 000 亿吨的纤维素。

2. 淀粉

淀粉是绿色植物进行光合作用的最终产物,广泛存在于植物的种子、块茎、根茎等组织中,尤其是谷类,如小麦、稻米、玉米等,薯类作物中也有大量储存。淀粉与农业的小麦种植、玉米种植、豆类种植、薯类种植、蔬菜种植、香蕉等亚热带水果种植等种植产业有关。可以通过种植谷物,利用大麦、小麦、玉米、高粱、燕麦等作物提取获得;也可通过种植薯类,利用甘薯、马铃薯、木薯等作物提取获得;通过种植豆类,如蚕豆、绿豆、赤豆、豌豆等也可提取淀粉;也可以种植香蕉、菠萝等水果中获得淀粉;另有一些细菌、藻类中也含有淀粉。

不同植物的淀粉含量也不相同,淀粉含量最多的为禾谷类,其次为豆类以及薯类,油料中的淀粉含量相对较少。

3. 甲壳素

甲壳素主要存在于虾、螃蟹等甲壳类动物的甲壳,蘑菇、酵母、微生物的细胞壁,乌贼、贝壳等软体动物骨骼以及昆虫的表皮内,它是继纤维素之后地球上最丰富的天然有机物,每年生物合成量约有 1 000 亿吨。甲壳素主要与农业中的海水养殖、内陆养殖、食用菌种植等产业有关,通过养殖虾、螃蟹等甲壳类动物可从其甲壳中提取丰富的甲壳素;也可养殖乌贼、贝壳等软体动物从其骨骼中提取甲壳素;另外一些微生物、酵母、蘑菇中的细胞壁也可提取甲壳素。

4. 蛋白质

蛋白质是由多种氨基酸组成的天然高分子化合物,存在于一切动植物细胞中。在材料领域研究开发的蛋白质主要包括大豆蛋白、玉米醇溶蛋白、丝蛋白等。蛋白质与农业中的豆类种植、玉米种植、畜牧养殖等产业有关,可通过种植栽培大豆、玉米,获得大豆蛋白、玉米蛋白等蛋白质,其中玉米虽然蛋白质含量较少,但玉米蛋白成分具备较高的疏水性,因此发展应用前景良好;也可通过养殖蚕虫,获取蚕丝从中提取丝蛋白;另外羊毛、羽绒等也可提取出一定量的蛋白质纤维。

5. 天然橡胶

天然橡胶主要是从人工栽培的橡胶树中获得,由橡胶树分泌的乳汁经过凝固、加工而制得的弹性固体,与农业中的天然橡胶种植产业有关。

2.1.3　高分子原材料与采矿业的关系

高分子材料大多由化工合成,如聚丙烯材料由石油裂解制得丙烯,再由丙烯经过化学工艺合成所得;高分子材料的原材料与化工行业原料密不可分。我国化工产业主要包括煤化工、石油化工、天然气化工等,其原料主要为煤矿、石油矿、天然气矿、晶质石墨矿等。因此,采矿业为高分子材料提供了原料。

"富煤、少油、缺气"是我国化石能源的基本特点,煤炭仍旧是我国的主导能源,同时也是化工材料产业的基础能源和重要原料。煤化工是以煤为原料,经化学加工使煤转化为气体、液体和固体燃料以及化学品的过程。经过"十二五"和"十三五"的示范和升级示范发展,新型煤化工产业平稳发展,现代煤化工技术主要包括煤焦化、煤气化及煤液化。近年来,随着对高品质清洁能源、化学品的需求不断增加,企业科技创新能力的投入加大,煤制烯烃、煤制芳烃、低阶煤分级利用等新技术取得突破,基本实现了从煤炭资源到油气燃料和基础化工品的转化。

此外,原油和天然气也是非常重要的工业原料。其中原油被称为工业的血液,是现代能源工业的重要组成部分,石油化工行业是以石油及天然气为主要原料,通过各种不同加工方式生产石油产品、石油化工产品的加工工业。石油产品又被称为油品,主要包括汽油、煤油、柴油等各类燃料油、润滑油以及液化石油气、石蜡、沥青等产品;石油化工产品则是由石油炼制过程提供的原料油进行进一步化学加工获得的产品。以石油化工为基础的三大合成材料:塑料、合成纤维、合成橡胶已应用到工业制造和日常生活中的众多领域。

2.2 高分子原材料相关产业发展情况和前景

2.2.1 天然高分子原材料相关农业发展情况

1. 天然橡胶产业

我国天然橡胶产业发展至今已有百年历史,现已成为世界第五大天然橡胶生产国,2017 年国内年度天然橡胶产值占世界年度天然橡胶产值的近10%。我国种植的天然橡胶与进口的天然橡胶或橡胶初产品主要应用于制作子午线轮胎、胶皮手套等。

发展初期,我国橡胶树品种主要从马来西亚、印尼、斯里兰卡等国引进,包括 RRIM600、PR107 和 GT1 等 3 个品种,目前仍以国外品种为主。热研73397 是我国种植面积最大的自主选育品种,1995 年开始在国内大规模推广,该品种在海南和广东植胶区种植面积超过 20 万公顷。此外,云研 774、云研772、大丰 95、热研 879、热研 917 等品种也是我国自主选育,但种植规模太小。橡胶树属于高大热带乔木,天然橡胶乳汁取自树皮,橡胶树属于长周期作物,相较于短周期作物,橡胶树生产具有跨期调节的特点。国内一般种植后第 8 年开始切割树皮获取乳汁,由于橡胶树生长周期长,所以品种更新换代速度慢,对生产的影响时间长,实际生产过程中需要根据胶园管护水平和植胶环境而定。

2015 年,我国橡胶种植面积达到了 80 万公顷,后续几年为扩大橡胶树种植面积和规模,云南、福建、海南等省份将以往的水稻、小麦等农作物栽种区更换为橡胶栽植区。根据农业农村部农垦局统计资料,2017 年国内天然橡胶种植规模为 116.73 万公顷,产量为 81.37 万吨。2018 年国内天然橡胶的自产量达到 81.7 万吨。通过近些年的整合与优化,我国目前在天然橡胶种植领域已经克服了小规模、高生产成本及产品一致性较差的弊端,2019 年我国天然橡胶产业初步实现规模化、标准化和效益化的发展目标,同时我国各天然橡胶种植区的产业结构得到了有效的优化。

国内对天然橡胶的进口依赖度始终保持在 70%以上,并呈现出逐步上升的态势。

在发展前景方面,天然橡胶作为天然高分子材料,是众多高性能材料和工业制品的重要原材料之一,现已广泛应用于交通设施、机械制造、航空航天、医疗卫生等领域,是当前现代工业、国防建设和国民经济建设不可或缺的重要资源。目前国内天然橡胶产业已形成较为成熟的种植和加工体系,海南、云南、广东三大天然橡胶优势种植区域已建成,天然橡胶生产企业和农场也正在进行集团化、产业化和股份制改革,国家正研究建立国产天然橡胶期货期权制度,为生产者提供套期保值交易避险平台。天然橡胶产业的研发推广体系也相对完善,中国热带农业科学院成为农业基础科研和应用科学研究的核心机构。

随着"一带一路"倡议的提出,海南、云南等地抓住契机,以海南自由贸易区和云南边境自由贸易区为平台,大力推进"走出去"战略,以直接投资、租赁当地的橡胶种植地或是购买当地的天然橡胶加工厂等方式在境外开展天然橡胶的种植、初加工、仓储、物流、贸易等活动,参与国际橡胶产业竞争与合作。此举有助于提升我国橡胶产业的市场竞争力和产业能级,还能弥补国内天然橡胶产业的需求缺口,保证国内天然橡胶资源的持续稳定供应。

2. 谷物种植

小麦、玉米等谷物不仅是事关国计民生的重要农产品,也是淀粉、蛋白质等天然高分子材料的主要来源。我国粮食产量整体呈上升趋势,2020 年全国粮食总产量 66 949 万吨,比 2019 年增长 0.9%。其中谷物产量 61 674 万吨,比 2019 年增长 0.5%。2020 年稻谷产量 21 186 万吨,增产 1.1%;小麦产量 13 425 万吨,增产 0.5%;玉米产量 26 067 万吨,持平略减。

2020 年我国粮食播种面积 11 676.8 万公顷,比 2019 年增长 0.6%。其中谷物播种面积 9 796.4 万公顷,比 2019 年增长 0.1%。

在发展趋势方面,随着农业机械化、智能化水平的提高,谷物的亩均生产率不断提升。2015 年全国玉米平均产量仅为 392.9 千克/亩,彼时新疆奇台高产纪录 1 409 千克/亩,通过智能化生产调控实现亩产超越平均产量 3.5 倍,单亩增收 1 000 千克。在满足国家粮食安全的前提下,谷物向高价值方向发展,一方面是更高品质的粮食供应;另一方面是对于其中蛋白质、淀粉等高分子原材料的提取和应用。

变性淀粉的应用

变性淀粉又可称为改性淀粉、修饰淀粉和淀粉衍生物等。变性淀粉是指通过物理、化学、生物等方法,对淀粉进行改性,从而获得新的性能,其中化学方法是最主要、应用最多的方法。

变性淀粉因为具有优越的可再生性、生物降解性,使其在医药工业、纺织工业、造纸工业中都有广泛的应用。

在医药领域,变性淀粉安全无毒以及良好的生物相容性等特征适用于医药制品的制造,是片剂的赋形剂和医用手套的润滑剂等产品的重要原材料。变性淀粉还可以作为给药载体,在药物传递中起着重要作用。

在纺织领域,阳离子淀粉等变性淀粉能有效降低浆液黏度,同时增强液体的流动性及渗透性,易于轻纱上浆,提高纺织产业的生产效率。

在造纸工业中,淀粉是在纤维、矿物填料之后的第三大原材料。在造纸中运用变性淀粉可以有效提高纸张的性能,包括改善表面纹理、提高纸张强度等。变性淀粉不仅可以用作纸制品的胶黏剂,还可以用于湿部添加、层间喷涂、纸张表面施胶等。

3. 农业废弃物的高价值利用

随着现代农业的快速发展,农业产量产能快速提升的同时,大量的农业废弃物也随之产生。农业废弃物具有量大面广、种类繁杂、可再生、可利用、地域性显著等特点。据统计,我国每年产生秸秆近 9 亿吨、稻壳 8 000 万吨,约 1/4

未能资源化利用;每年产生蔗渣700万吨,综合利用效率低;每年产生畜禽粪污约38亿吨,综合利用率不到60%。为推进农业废弃物的高效利用,2016年,国家农业部等六部门联合下发《关于推进农业废弃物资源化利用试点的方案》。当前我国农业废弃物的资源化利用向多元化方向发展。

在农业废弃物作为高分子材料原料化利用情况方面,由于农业废弃物来源面广、价格低廉,植物源农业废弃物中丰富的纤维性组分和高蛋白资源,可以作为原料生产人造纤维板材、纸张、发泡缓冲材料、纳米纤维素等材料。植物纤维发泡缓冲材料制备技术具有工艺简单、成本低廉等特点,有着良好的产业化应用前景。另外通过将木质纤维类农业废弃物中的纤维素、半纤维素分别进行分离、提取、纯化,利用改性技术将其功能化,获得吸水树脂、重金属吸附剂等高附加值产品。分离纯化的纤维素通过一定的物理化学处理后可以获得纳米纤维素,纳米纤维素可以用于分散剂、增强剂,纳米薄膜还可以用于制备储能材料,具有广阔的应用前景。

玉米芯资源化利用

我国目前玉米播种面积、总产量、消费量仅次于美国,位居世界第三。玉米年产量约达到1.1亿~1.6亿吨,可产下脚料玉米芯约2000万吨,以往每年都有大量的玉米芯被直接废弃或是作为燃料烧毁,几乎无法产生有利价值。

玉米芯中含有32%~36%的纤维素、35%~40%的半纤维素、25%的木质素以及少量的灰分。对玉米芯进行深加工,可以实现资源价值的最大化利用。除了用来种植食用菌和制成栽培料、有机肥料;玉米芯可以用作工业原料生产木糖醇、糠醛等工业产品,此种工艺较为成熟且具有附加值高等优点。玉米芯炼制的功能糖不仅有木糖醇,还有低聚木糖、食品级木糖等。玉米芯加工改制成化工合成的中间体——糠醛,糠醛不仅可以用于制造橡胶、塑料、合成纤维、农药、涂料、化学试剂和各种助剂,还可以用作肥料,对改良盐碱地和提高土壤肥力具有良好作用。

当前,相关企业、厂商和技术部门以玉米芯为基础原料进行工业制备的方向共有三类:一是采用玉米芯生产功能糖产品;二是生产功能糖的废渣,被用来生产新能源乙醇和提取木质素;三是生产的废水用于沼气发电,剩余固废物用于农民养蘑菇或是生物发电。

生产功能糖后的玉米芯废渣,纤维素含量高达60%,是酶法转化生产纤维素乙醇的理想原料。在现有工艺条件下,每7~8吨玉米芯可生产1吨纤维素乙醇等产品。在不考虑半纤维素、木质素综合利用的情况下,利用玉米芯生产纤维素乙醇,总成本约8000~8500元/吨,比粮食乙醇成本高1000~1500元左右。

聚乳酸在可降解塑料制品中的应用

可降解塑料是现今化工行业的一大重要产品,2019年全球的塑料产量达到4亿吨。随着世界多国生态环境保护力度的加强,原先难以分解的塑料产品无法满足环境保护的要求。国内在2018年禁止废塑料进口,并且于2020年出台了新的限塑令,包括禁止使用不可降解吸管,在此背景下,可降解塑料就随之兴起。而聚乳酸是可降解塑料中最有前景的材料。

目前淀粉复合材料、聚乳酸、聚己二酸/对苯二甲酸丁二酯是可降解塑料中排行前三的材料,三者总占比将近90%。相比其他的可降解塑料,聚乳酸在硬度和透明性上有着无可比拟的优势,因此是可降解塑料的必备基础材料。

淀粉是聚乳酸的原始材料,国内主要从玉米深加工中获得,每生产1吨聚乳酸大约要消耗1.9吨玉米,国内的玉米产量稳定在2.6亿吨左右,足够支撑聚乳酸的生产。

2020年底,我国规定餐饮行业中禁止使用不可降解吸管,之后聚乳酸吸管的使用逐渐成为潮流。聚乳酸吸管拥有良好的可生物降解性,降解生成的二氧化碳和水蒸气对环境友好,不会产业大的污染问题。另外,聚乳酸吸管相比起普通的纸吸管有更高的光泽度、透明性和良好的手感,也不易泡软,可以满足市场上多数饮品的需求。

4. 相关养殖业的发展情况

随着全国渔业系统积极推进渔业供给侧结构性改革,渔业经济发展稳中有进。2019 年全国海水养殖业产值 3 575.29 亿元,淡水养殖业实现产值 6 186.60 亿元。

水产养殖是我国农业结构中发展最快的产业之一。我国水产品的产量主要来自水产养殖,水产养殖近三年保持稳定增长。2019 年,全国水产品养殖产量为 5 079.07 万吨,其中淡水养殖水产品产量为 3 013.74 万吨,海水养殖水产品产量为 2 065.33 万吨。

从细分产业来看,以南美白对虾及螃蟹养殖为例。南美白对虾是如今世界上养殖产量最高的三大虾类之一,中国科学院海洋研究所张伟权教授最先将南美白对虾从美国引进,并于 1992 年突破了育苗关,之后逐步发展至在全国各地推广养殖。天津市滨海新区杨家泊镇对南美白对虾养殖的技术最为成熟,其养殖的虾世界闻名。随着我国对虾市场的饱和以及其他对虾品种的引入,南美白对虾的海水养殖产量增速开始放缓,养殖面积在 2017 年下降严重,后续逐步增加。到 2019 年我国南美白对虾的海水养殖产量为 114.44 吨,养殖面积为 16.80 公顷。

在螃蟹养殖方面,2014—2019 年间,我国海水养殖的螃蟹面积逐年下降,青蟹海水养殖面积在 2017 年后略有回升趋势。产量方面,多年来持续稳定增长,但增加值不高。在淡水养殖方面,河蟹是我国最重要的淡水蟹类,由于河蟹的适应性较强,养殖范围广,目前主要集中在江苏、安徽、湖北等地,其他地方也在扩大养殖规模。

2.2.2　高分子原料相关采矿业发展情况和前景

1. 国内采矿业发展情况

我国不仅是矿产资源大国,也是世界上最大的矿产品生产国、消费国和贸易国,矿产资源勘查、开发利用水平不断提升。截至 2018 年,全国已发现矿产资源 173 种,已查明资源储量的矿产资源有 162 种。随着社会需求的大幅增加,采矿业发展也较为迅速,我国大多数的主要矿产资源查明资源储量保持了较长时间的增长态势。

采矿业在我国国民经济中占有重要地位,2017 年全国规模以上采矿业企业资产总计为 93.681 亿元,占同类工业总资产量的比例为 8.3%;主营业务收入47.443亿元,占工业主营业务收入总和的4.2%;利润总额4210亿元,占工业利润总额的5.6%。近年来我国采矿业企业数量总体呈现下滑趋势,2018年我国共有采矿业企业11214家,较2017年增加了168家;2019年共有采矿业企业10203家,较2018年减少1011家。

虽然近年我国相关高分子材料所用矿产资源较为充沛,但部分矿产资源仍需大量进口。煤炭方面,2019年全国原煤产量较前两年有所增加,达到38.5亿吨,同比增长4%;煤炭进口量3亿吨,同比增长6.3%。煤炭开采和洗选业产能利用率为70.6%。

我国油气资源总量丰富,非常规油气资源也较为可观。我国的石油资源主要分布在渤海湾、塔里木、珠江口、鄂尔多斯、松辽、柴达木、准噶尔、东海陆架八大盆地;油气资源主要分布在四川、柴达木、塔里木、鄂尔多斯、松辽、渤海湾、莺歌海、东海陆架、琼东南九大盆地。从资源品位上看,石油可采资源中有约63%的优质资源、28%的低渗透资源、9%的重油;天然气方面有76%的可采优质资源,24%的低渗透资源。

我国油气后备可采储量少,尤其体现为陆上优质石油的可采储量不足。相较而言,海洋石油储量较为丰富,今后油气资源勘探开发势必转向海洋尤其是深海领域。

2. 采矿业发展趋势

近年我国经济进入新常态后,矿业也展现了一些新变化、新特点、新趋势。党的十八大以后,相关政策推动了矿业的发展,转变增长方式,推进供给侧结构性改革,"三去一降一补",大力度加强自然保护区建设、国家公园体制建立,对矿业转型升级提出明确要求。

煤炭占我国一次能源生产的70%以上。煤炭的发展方向是高效、清洁利用和可持续发展,把煤炭开采和利用对社会的不利影响降到最低限度。过去我国主要用石油做乙烯原料,现在"煤代油",用煤制造乙烯。目前,全国大概已建成有18套煤制烯烃装置,年生产能力1000万吨。

随着科技创新的发展,大数据、互联网、遥感探测等新技术与矿业交叉融合,数字化、智能化技术和装备研发应用,使矿业发展新动能日益强劲,推进了矿业转型升级。矿山数字化、智能化开采的意义主要在于采用现代高新技术提升传统产业,推动我国矿山采掘向安全、高效、经济、绿色与可持续发展,增强我国矿业行业的核心竞争能力。

2.3   高分子原材料相关产业布局情况

2.3.1   天然橡胶业布局情况

我国属于非传统橡胶种植区,自然环境和气候条件对橡胶树生长影响较大,产业规模的扩展主要依赖科技创新,不同地区品种选择具有较大的差异。农业农村部编制发布《中国农垦品牌目录》,国内划定 1800 万亩的天然橡胶保护区,其中海南 840 万亩、云南 900 万亩、广东 60 万亩。天然橡胶生产保护区划定的条件:风寒侵袭少、海拔高度低于 900 米的宜胶地块。GT1、云研 772 和云研 774 等抗寒性较强的品种主要分布在云南,热研 73397、大丰 95 和热研 917 等品种抗风性较强,主要分布在海南和广东。RRIM600、PR107 两个品种则在海南和云南都有较大规模分布。

2.3.2   种植业布局情况

我国粮食产量主要集中在华东、东北、华中和华北四个地区。2020 年华东粮食产量 16 558 万吨,占比 24.73%;东北粮食产量 13 683 万吨,占比 20.44%;华中粮食产量 12 568 万吨,占比 18.77%;华北粮食产量 9 143 万吨,占比 13.66%。

从省份层面考虑,2019 年黑龙江省粮食总产量位居全国第一,达 7 503 万吨,占全国粮食总产量的 11.3%;排第二位的是河南省,6 695 万吨,占全国粮食总量的比重为 10.1%;山东省以 5 357 万吨位列全国第三,占比 8.1%。黑龙江、河南、山东也是目前国内粮食播种面积最大的三个省份。这些产粮大区也是能够利用农业废弃物及剩余粮食谷物提供大量富含纤维素、淀粉及蛋白质等高分子原材料的区域。

2.3.3   养殖业布局情况

我国水产养殖历史悠久,改革开放以来,我国渔业确定了以养为主的发展方针,水产养殖业发展迅猛,产业布局逐渐从沿海地区和长江、珠江流域等传统养殖区扩展到全国各地。水产养殖受区域资源的影响较大,在全国范围内,山东省及周边地区以及广东福建等都是主要的海水养殖地区;江苏、湖北、江西等地则以淡水养殖为主。根据《中国渔业统计年鉴 2020》,2019 年我国海水养殖产值区域主要分布在山东和福建两省。

从企业方面来看,截至 2021 年 5 月,我国水产养殖行业的参与者仍以中小企业为主,占比达到 90% 以上。整体看来,水产养殖行业企业分布较为分散,从企业注册地看,海水养殖以山东、辽宁、广东等地为主;淡水养殖以湖南、湖北等地为主。

甲壳纤维素在医药产业中的应用

螃蟹、虾、甲虫等甲壳虫类动物壳中含有丰富的甲壳素,2021 年德国 DITF 生物聚合物材料能力中心的研究人员开发出了一类创新办法,可以将生物聚合物与天然纤维素完美结合形成甲壳纤维素,应用于医药产业,作为伤口敷料的主要原材料。此类甲壳纤维素需要先从甲壳类动物中去除蛋白质和矿物质才能提取,目前的技术从蟹壳中提取纤维素已经足够。

此类甲壳素纤维具有可生物降解性,而且生产过程不含任何的添加剂,对环境影响甚微;此外甲壳素纤维制作成的无纺布相较于普通无纺布而言,具有高抗菌性及高透气性,可以加速愈合伤口,因此未来生产应用前景广阔。

DITF 的甲壳素研发项目是一个面向应用的研究项目,德国联邦经济和能源部、巴登-符腾堡州经济、劳工以及住房部为该研发项目提供资助。

2.3.4 采矿业布局情况

1. 煤炭开采

我国煤炭资源分布不均,整体呈现北多南少、西多东少的格局,煤炭资源多集中在西北部地区,储量超过 60%。煤炭资源主要消费地与分布地也不均衡,陕西北部及山西东南部为化工用煤的主产地,但化工用煤的主要消费地却在河南、山东等华东及华中地区,区域之间煤炭运输以铁路和公路运输为主;国内冶金用煤的主产地在山东南部、安徽北部和山西的中部,但冶金用煤的主要消费地在华北、华东等沿海地区,煤炭运输以铁路运输为主;山西及陕西北部、内蒙古西部为国内动力煤的主产地,华东、华南等地区是动力煤的主要消费地,煤炭运输以铁路、水运联合运输为主。

《全国矿产资源规划(2016—2020 年)》文件中确定将重点建设神东、陕北、黄陇、晋北、晋中、晋东、蒙东(东北)、两淮、鲁西、河南、冀中、云贵、宁东、新疆等 14 个大型煤炭生产基地。

其中神东、晋北、晋中、晋东、陕北五个大型煤炭基地,主要担负向华东、华北、东北等地区供给煤炭的功能,并作为"西电东送"北通道电煤基地。蒙东(东北)基地担负向东北三省和内蒙古东部地区供给煤炭的功能。冀中、河南、鲁西、两淮四个基地,担负向京津冀、中南、华东地区供给煤炭的功能。云贵基地担负向西南、中南地区供给煤炭的功能,并作为"西电东送"南通道电煤基地。黄陇、宁东基地担负向西北、华东、中南地区供给煤炭的功能。

"十四五"规划提出要优化煤炭资源开发布局。根据我国煤矿区开发历史、资源潜力、区域经济特征,结合上述 14 个大型煤炭生产基地的建设情况,从资源条件、产能建设、环境容量等方面,科学评价 14 个大型煤炭基地,进而合理分类,确定 14 个煤炭生产基地所属的功能,研究提出煤炭生产基地产能建设规模,优化开发布局,提高保障能力。

2. 石油、天然气资源开发

我国主要的油气资源分布在新疆、陕西、东北、环渤海湾和东海等地。国内的原油主要由中国石油、中国石化、中海油和延长石油等公司生产。长庆油田已超越大庆油田成为我国最大的油田。

我国石油资源集中分布在渤海湾、松辽、塔里木、鄂尔多斯、准噶尔、珠江口、柴达木和东海陆架八大盆地。2019 年在渤海湾、新疆、川渝等地区原油勘探取得新突破,新增探明石油地质储量 9.59 亿吨,同比增长了 9.4%。天然气资源集中分布在塔里木、四川、鄂尔多斯、东海陆架、柴达木、松辽、莺歌海、琼东南和渤海湾九大盆地,其可采资源量 18.4 万亿立方米,占全国的 83.64%(2017 年数据)。

第 3 章　高分子材料制造产业

除天然高分子材料外，高分子材料通常是通过基础化学工业从矿物中提炼出制备高分子化合物的单体或中间体，再通过聚合反应等制备高分子化合物获得的。因此，石油炼化、煤化工、天然气化工、氯碱工业以及工业气体等产业是获取高分子材料单体及中间体的重要产业。其中，石油炼化提供了约73%的乙烯、61%的丙烯、72%的苯、100%的甲苯/二甲苯、54%的乙二醇产能，是获得高分子材料基础材料（单体及中间体）最为主要的产业。煤化工产业则提供了约24%的乙烯、25%的丙烯、28%的苯、90%的甲醇、46%的乙二醇，由于我国缺油多煤，因此煤化工产品是高分子石化基础材料的重要替代物。天然气化工产业提供了约3%的乙烯、14%的丙烯、10%的甲醇，是石油炼化与煤化工产品的重要补充（见表3-1）。

表3-1　高分子材料的主要原料

原材料	主要用途	市场情况
乙烯	乙烯是世界上产量最大的化学产品之一，是石油化工产业的核心，是合成纤维、合成橡胶、合成塑料（聚乙烯及聚氯乙烯）、合成乙醇（酒精）的基本化工原料	2019年，我国乙烯产量2 052.3万吨，同比增长11.5%，据估计，我国乙烯当量需求超过4 800万吨，对应我国的乙烯自给率不到50%，市场缺口大
丙烯	丙烯是三大合成材料的基本原料之一，大量用于生产聚丙烯，也可制备丙烯腈、环氧丙烷、异丙醇、苯酚、丙酮、丁醇、辛醇、丙烯酸及其酯类、丙二醇、环氧氯丙烷和合成甘油等	2019年，丙烯产量达到3 202万吨，产能缺口逐渐填满。对外依存度的需求也逐渐从2013年的14.9%下降至了2018年的8.3%左右。下游产品中，聚丙烯仍为需求最大的领域，约占61%

（续表）

原材料	主要用途	市场情况
丁烯	丁烯主要用于脱氢制丁二烯,用于制造丁基橡胶、聚异丁烯橡胶及各种塑料	2019 年,国内丁二烯总产能为 405.9 万吨,较上一年增加 17 万吨。2019 年,丁二烯需求量约为 327.5 万吨,同比增加 8.0%。对于进口货源依赖度有所降低,国内丁二烯自给能力继续提升
苯	苯是最简单的芳烃,其产量和生产的技术水平是一个国家石油化工发展水平的标志之一,可以作为制取塑料、橡胶、纤维、染料、去污剂、杀虫剂等的原料	2019 年,我国纯苯产量为 1 086.20 万吨,同比增长 31.24%。2019 年,我国纯苯进口数量为 193 万吨,同比减少 24.62%,对外依存度不断减小
甲苯	甲苯主要用于生产油类、树脂、天然橡胶和合成橡胶、煤焦油、沥青、醋酸纤维素,也是氯化苯酰和苯基、糖精、三硝基甲苯和许多染料等有机合成的主要原料	我国甲苯产量不断提升,2019 年,中国甲苯产量为 790.744 万吨,同比增长 27.02%。进口数量逐年减少,2019 年,我国甲苯进口数量为 33 万吨,对外依存度不断降低
二甲苯	二甲苯是由 45%～70% 的间二甲苯、15%～25% 的对二甲苯和 10%～15% 邻二甲苯三种异构体所组成的混合物。间二甲苯主要用作溶剂,用于医药、染料中间体、香料等	目前我国二甲苯总体产能逐步提升,但随着对苯二甲酸与精细化工的产能加大,国内需求缺口将再度扩大,产量进口量将进一步提升
对二甲苯	对二甲苯主要用于制备对苯二甲酸以及对苯二甲酸二甲酯,进而生产聚对苯二甲酸乙二醇酯	2019 年我国对二甲苯产能为 2 053 万吨,进口依存度为 50.50%,相较 2018 年的 61.16%,对二甲苯对外依存度有较大下降
乙炔	乙炔主要作工业用途,一定条件下乙炔聚合生成苯、甲苯、二甲苯、萘、蒽、苯乙烯等芳烃,是制造乙醛、醋酸、苯、合成橡胶、合成纤维等的基本原料	我国乙炔产量较大,大量出口,进口数量较少。电石法制乙炔约占国内总产量的 95% 以上,由于电石乙炔具有能耗高、高污染等特征,受目前环保政策影响,整体产能逐步减小
萘	萘是工业上最重要的稠环芳香烃。主要用于生产邻苯二甲酸酐、染料中间体、橡胶助剂和杀虫剂等。可以从石油、煤焦油中提炼出来	2020 年上半年我国工业萘进口量达 5 960 吨,出口量达 1 298 吨。在煤焦油深加工市场产能过剩,以及环保要求趋严的态势下,产能较为紧张,目前来看工业萘的进口量仍然较大

3.1　石油炼化产业

石油炼化是指以石油为原料生产石油产品的加工产业,处于石油化工全产业链的中上游,是现代工业的重要基础,也是我国的支柱产业之一。石油被称为"工业的血液",通过石油炼制而成的汽油、煤油、柴油、天然气等是当今世界最主要的能源供应者。

3.1.1　高分子材料的基础材料及生产工艺

除了汽油、柴油等作为燃料的能源产物外,通过石油炼化得到的主要高分子基础材料包括:乙烯、丙烯、苯、甲苯/二甲苯、乙二醇等。通过对基础材料的进一步聚合,可以形成如聚乙烯、聚丙烯、聚氯乙烯、丁苯橡胶等各类高分子材料,从而制造各类塑料制品、纤维制品、橡胶制品、建材、涂料、纺织品、汽车、电子产品等。可以说,人们的衣、食、住、行都离不开石油化工产品。

石油炼化产品生产包括三个环节,首先是炼油,通过对原料油和气(如丙烷、汽油、柴油等)进行分馏,从而获得各种燃料油(汽油、煤油、柴油等)以及润滑油、液化石油气、石油焦炭、石蜡、沥青等产品。其次,将炼油过程中获得的产物裂解(裂化)、重整、分离,可获得制造高分子材料的重要基础材料,如乙烯、丙烯、丁烯、丁二烯、苯、甲苯、二甲苯、萘等。最后从这些基础材料制得各种有机化学品,以及制造各类高分子材料,如塑料、合成纤维、合成橡胶等(见图 3-1)。

1. 石油炼制

石油的炼制过程主要包括常压和减压蒸馏、催化裂化、催化重整、延迟焦化、加氢裂化五个最重要环节。

1)常压和减压蒸馏

常压和减压蒸馏是将原油通过常压、减压蒸馏后,可以分成沸点范围不同的油品,作为后续加工的原料用于裂解或制成各类成品油。

2)催化裂化、加氢裂化

催化裂化是最重要的石油炼制过程之一,采用裂解的方式在热和催化剂的作用下使重质油发生裂化反应,转变为裂化气、汽油和柴油,裂化气含丙烯、丁烯、异构烃等。

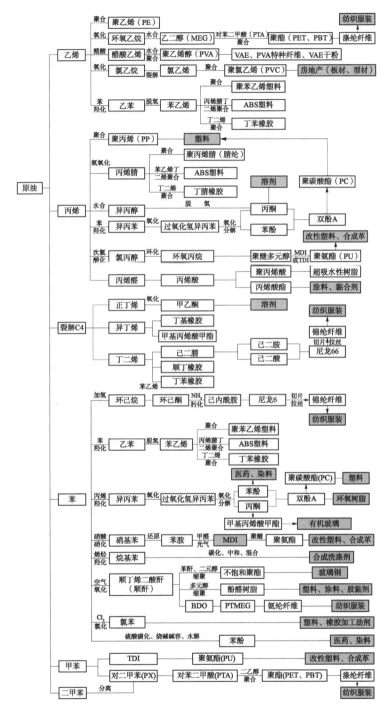

注：NH₃ 为氨气；Cl₂ 为氯气；MDI 为二苯基甲烷二异氰酸酯；TDI 为甲苯二异氰酸酯；BDO 为 1,4-丁二醇；PTMEG 为聚四氢呋喃

图 3-1 石油化工产业链图

与催化裂化不同的是加氢裂化不仅能够使重质油品裂化生成轻质油品，又可以防止生成大量焦炭，还可以将原料中的硫、氮、氧等杂质脱除，具有收率高、产品质量好的特点。

3）催化重整

催化重整是在催化剂和氢气的存在下，对汽油馏分中的烃类分子结构进行重新排列形成新的分子结构的过程，是将常压蒸馏所得的轻汽油转化成含芳烃较高的重整汽油的过程。该过程中的主要产品是苯、甲苯、二甲苯等芳烃，副产物氢气可作为炼油加氢的原料。

4）延迟焦化

延迟焦化是以贫氢的重质油为原料，在高温下进行深度的裂化和缩合反应，把重质油变成组成上基本上为碳的石油焦和碳氢比增加了的焦炉气，实现了资源的合理利用。延迟焦化原料可以是重油、渣油，甚至是沥青，延迟焦化产物分为气体、汽油、柴油、蜡油和焦炭。

2. 乙烯裂解

石油化工中大多数的中间产品（有机化工原料）和最终产品（三大合成材料）均以烯烃和芳烃为基础材料，主要由乙烯装置提供。乙烯装置在裂解制乙烯的同时，会副产大量的丙烯、丁烯、丁二烯以及三苯（苯、甲苯、二甲苯），是石化基础材料的重要来源。乙烯可生产许多产物和中间产物，产品占石化产品的 70% 以上，因此乙烯产量是衡量一个国家或地区石油化工生产水平的标志（见图 3-2）。

乙烯裂解主要包括烃类裂解和裂解产物分离两个过程。其中，裂解是以石脑油、轻柴油等为原料，在高温下发生碳碳键断裂，在生成烯烃的同时，还生成乙炔、芳烃和焦油等副产物。裂解副产物可以经过净化和分离得到芳烃（苯、甲苯和二甲苯等基本有机化工原料）、异戊二烯、环戊二烯等。

乙烯装置的工艺路线全世界各国和地区都有所不同，例如，北美主要使用石脑油为原料；欧洲使用乙烷和轻烃；我国使用天然气凝析油、轻烃、石脑油、轻柴油和加氢尾油等。乙烯装置主要用于生产高密度聚乙烯、低密度聚乙烯、线性低密度聚乙烯、聚氯乙烯、环氧乙烷/乙二醇、二氯乙烷、苯乙烯、乙醇以及醋酸乙烯等，是合成纤维、合成橡胶、合成塑料、医药、染料、农药、化工新材料和日用化工产品的重要单体。

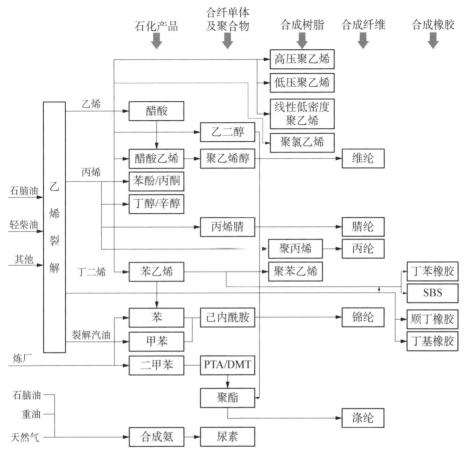

注：SBS 为苯乙烯-丁二烯-苯乙烯；PTA 为对苯二甲酸；DMT 为对苯二甲酸二甲酯

图 3-2　乙烯裂解产品结构图

3. 高分子材料聚合过程

塑料、纤维、橡胶等高分子材料生产主要是将乙烯、丙烯、苯等各类有机化学单体，以及各类添加剂、助剂等原料通过聚合反应形成。常见的聚合方法包括本体聚合、溶液聚合、悬浮聚合、乳液聚合。其中，本体聚合组分简单，通常只含单体和少量引发剂，主要品种有聚甲基丙烯酸甲酯、低密度聚乙烯、聚苯乙烯等。溶液聚合温度可控、黏度低，缺点是聚合度较低，主要品种有醋酸乙烯在甲醇溶液中聚合、丙烯腈聚合纺丝等。悬浮聚合主要用于聚氯乙烯、聚苯乙烯、聚甲基丙烯酸甲酯等工业生产。乳液聚合主要用于合成橡胶的生产，如丁苯橡胶、丁腈橡胶等。

3.1.2 产业发展情况及趋势

目前,我国炼油和乙烯生产能力稳居世界第二,PX产能跃居世界第一,炼油化工行业综合实力不断提高,民营大炼化快速崛起。2018年,我国乙烯总产能达到2505万吨,较2008年增加了1493.1万吨,年均复合增速达9.4%。2018年,我国乙烯总产量达到1841万吨,较2008年增加了815.4万吨,年均复合增速6%(见表3-2)。

表3-2 国内2008—2018年乙烯产能增长表

年份	产能/万吨	产量/万吨	产能利用率/%	产能增速/%
2008	1011.9	1025.6	101.4	1.5
2009	1287.9	1069.7	83.1	27.3
2010	1580.0	1418.9	89.8	22.7
2011	1680.0	1527.5	90.9	6.3
2012	1703.5	1486.8	87.3	1.4
2013	1788.5	1622.5	90.7	5.0
2014	2040.5	1696.7	83.2	14.1
2015	2200.5	1714.6	77.9	7.8
2016	2304.0	1781.1	77.3	4.7
2017	2381.0	1821.8	76.5	3.3
2018	2505.0	1841.0	73.5	5.2

资料来源:国家统计局,产能利用率=产量/产能。

2019年,民营大炼化的炼油产能占比明显提升,从2018年的26%已提升至2019年的31%,而"三桶油"以及其他国有炼厂的产能占比由2018年的74%下降到2019年的69%,民营大炼化的相继投产正在逐渐打破国有炼厂行业垄断的格局。

2019年,我国炼油产能达8.6亿吨,原油加工量达6.52亿吨,国内炼油产能过剩趋势严重,并有向炼化一体化下游低端扩展之势。随着民企的崛起和外资的进入,国内炼油和乙烯能力重又进入新一轮较快增长通道,到2025年炼油能力将升至10.2亿吨,炼化领域将朝着一体化、规模化、集群化的方向发展。

我国是全球油气进口第一大国,目前国内高分子基础材料烯烃、芳烃供给仍存在缺口,尤其是乙烯、PX 进口依存度较高。2019 年我国乙烯、PX 对外依存度仍有 56%、51%,资源紧缺是制约行业发展的重要因素。

1. 结构性产能过剩,落后产能淘汰加快

随着我国供给侧结构性改革的深入推进,产业转型升级、经济结构调整任务不断加重,炼油化工产业面临结构性矛盾,主要表现为结构性产能过剩,即单纯炼油能力过剩、高端石化产品发展滞后。《2019 中国能源化工产业发展报告》指出,2018 年,我国石油消费超过 6 亿吨,对外依存度达 70% 左右,原油加工增速快于成品油产量增速。2017 年,排除出口因素,炼油产能利用率仅为 61.1%,远低于全球炼油企业 85% 的正常标准。

近年来,我国逐步新建改造了一批具有世界规模的炼厂,也同时淘汰关闭了一些规模小、效率低的炼厂,规模效率显著增强,但与世界水平仍有一定差距。同时,随着原料价格的上涨,以及人力、环保等成本的不断上升,规模较小的炼厂利润空间将不断降低,产能淘汰加快。

2. 产业结构加快转型,下游延伸提升价值

面对炼油产能过剩、化工产能不足的结构性矛盾,炼化产业结构转型升级的首要方向是从燃料型炼油向"燃料＋化工型炼油"转变,通过将炼油向化工延伸来拓展发展空间,推动产业转型升级。而随着石油化工和基础化工利润空间的萎缩,石化后端的精细化工和化工新材料生产成为产业发展的重点方向。通常石化产业的初级产品即单体、中间体等基础材料产品价格较低,而精细化工产品价格可增值数百倍,根据美国商业部工业经济局公布的数据,将原油加工成芳香烃等初级产品,可增值 2 倍,加工为烯烃、乙二醇、苯胺等中间体可增值 4 倍,而加工成树脂、橡胶、纤维等高分子材料可增值 8 倍,之后将其应用形成医药、农药、涂料等产品,其产值将增值百倍。因而石油炼化产业结构加快转型,以炼化一体化为主要方式,延伸下游产业,提升产品价值。

炼化一体化是炼油和化工相结合的生产模式。通过先进炼油装置与煤制氢、石脑油裂解制乙烯、甲醇制烯烃、乙烷裂解制乙烯等装置优化组合,将原油充分且高效利用,同时向下游延伸,配套聚乙烯、聚丙烯、乙烯-醋酸乙烯共聚物等聚烯烃装置,形成产品多样化、规模化的炼油—化工一体化生产模式。以此实现副产物的综合利用,同时降低综合成本,进一步提高效率。同时,炼化一体化在供水、供电、节能、环保及安全等方面的配套设施共建共用,可以节省建设投资 10％以上，提高节能减排效果 15％左右。因此，发展炼化一体化可实现经济和环境效益最大化，是国内外石化产业发展的趋势。

目前，我国已投产一批千万吨级炼化一体化项目，其中包括恒力石化、盛虹炼化、镇海炼化、舟山石化等。此外，为了响应"一带一路"的倡议，以恒逸石化、恒源石化等为代表的民营石化企业也开始在海外实施炼化一体化项目，进入国际化发展阶段，参与国际竞争，未来炼化一体化具有良好的发展潜力。需要注意的是，炼化一体化项目投资大、回报周期长、原料价格波动大，随着国内石化市场的不断开放，竞争不断加剧，因此需要注重顶层设计，各炼化厂之间产品路线错位发展，避免盲目建设从而导致新一轮的产能过剩。

3. 环保和安全要求日趋严格，产业趋向集中规范化生产

近年来，环境保护和安全生产越来越受到重视，对石油化工产业的监管日趋严格，我国紧锣密鼓地出台了一系列环境保护和安全管理的法规及规范。安全方面，国家发布了《危险化学品建设项目安全监督管理办法》《危险化学品安全管理条例》以及《建设项目安全设施"三同时"监督管理暂行办法》等管理文件，对危险品的生产、建设、储存、运输等方面进行重点监督管理。环保方面，原国家环境保护部颁布了《建设项目环境影响评价分类管理名录》《环境保护综合名录》等文件，对高污染高耗能产业提出了相关管理规定。

自习近平主席在联合国大会上提出力争 2030 年前碳达峰、努力争取 2060 年前实现碳中和的目标后，如何做好碳达峰碳中和的各项工作，是当前社会各界的重大课题。由于石油化工的属性决定了其能耗与碳排居各行业前列，在淘汰落后产能的同时，大力推广节能减排技术、建立循环经济是石化产业绿色发展的主要方向。

由于石油化工行业普遍存在高污染高能耗的特征，国家也出台各项政策针对新建石油炼化项目施行入园发展，使石油化工产业在空间上集聚、管理上规范，形成规模化经济效应，实现土地资源节约、配套设施共享、污染集中治理、危险统一管理等目标。

3.1.3　国内石油炼化产业分布情况及案例

目前我国拥有八大石油炼化基地，主要分布于长三角、环渤海、泛珠三角地区。其中，长三角地区大型炼化基地分别位于上海金山和奉贤两区、宁波镇海、江苏连云港，以及刚投产运行的浙江舟山绿色石化基地；环渤海地区炼化

基地位于大连长兴岛、河北曹妃甸两地;泛珠三角地区炼化基地分别位于广东惠州以及福建古雷(见表 3 - 3)。

表 3 - 3　我国八大石油炼化基地情况

石油炼化基地	产　能	主要产业链
大连长兴岛	660 万吨全球单体最大的对苯二甲酸工厂,150 万吨乙烯	原油—芳烃—对苯二甲酸—聚酯—化纤
江苏连云港	110 万吨乙烯、280 万吨对苯二甲酸	原油—芳烃—对苯二甲酸—聚酯—化纤
河北曹妃甸	400 万吨乙烯、550 万吨对二甲苯	原油—芳烃—对苯二甲酸—聚酯—化纤;烯烃、芳烃-合成树脂、合成橡胶-新材料、精细化工
上海化工区	120 万吨乙烯	乙烯、芳烃、烧碱-合成树脂、合成橡胶-精细化工
宁波镇海	220 万吨乙烯	精细化工、新材料;烯烃、芳烃、烧碱-合成树脂、合成橡胶-新材料、精细化工
舟山石化	800 万吨对苯二甲酸、280 万吨乙烯	芳烃—对苯二甲酸—聚酯—化纤;烯烃、芳烃、烧碱-合成树脂、合成橡胶-新材料、精细化工
大亚湾石化区	220 万吨乙烯	乙烯、芳烃-合成树脂、合成橡胶-精细化工
福建古雷/泉港	古雷:80 万吨乙烯;泉港:110 万吨乙烯	烯烃、芳烃、烧碱-合成树脂、合成橡胶-精细化工、新材料

项目案例

恒力石化炼化一体化项目

恒力石化炼化一体化项目位于我国大连长兴岛西北沿海区域,项目占地 645 公顷,总投资 562 亿元。该项目以 450 万吨/年芳烃联合装置为核心,建设 2000 万吨/年炼油化工装置、公用工程及辅助生产设施和码头工程,项目年产值 2300 亿元,员工近 6000 人。

加工原油为沙重、沙中、马林原油,采用全加氢工艺路线,加氢规模为 2300 万吨/年。产品中可用于生产高分子材料的有机单体或中间体包括对二甲苯、纯苯、聚丙烯、醋酸、芳烃等,其下游主要发展"对二甲苯、乙二醇—聚酯—民用丝、工业丝、聚酯薄膜、工程塑料等"全产业链(见表3-4)。

表3-4 恒力石化一体化项目产品产量表

产　品	产量/万吨
对二甲苯	434
纯苯	97
化工轻油	163
95#国Ⅴ汽油	255
92#国Ⅴ汽油	206
国Ⅴ柴油	161
航空煤油	371
商品液化气	65
聚丙烯	44
润滑油基础油	54
醋酸	35
重芳烃	13
硫磺	52

 项目案例

浙石化炼化一体化项目

浙江石油化工有限公司4 000万吨/年炼化一体化项目位于舟山市岱山县渔山岛舟山绿色石化基地。项目分两期实施,其中一期建设规模为2 000万吨/年炼油、520万吨/年芳烃和140万吨/年乙烯。主体工程包括22套炼油装置和15套化工装置;二期工程炼油、芳烃和乙烯等核心装置规模与一期相同,包括22套炼油装置和12套化工装置(见表3-5)。

表 3-5　浙石化 4000 万吨/年炼化一体化主要产品产能

序号	主要产品	一期(万吨/年)	二期(万吨/年)
1	丙烯	27.65	32.76
2	丙烷	47.93	49.66
3	国Ⅵ汽油	378.85	378.42
4	航煤	284.41	290.46
5	国Ⅵ柴油	172.81	155
6	苯	151.91	129.03
7	对二甲苯	401.2	398.77
8	乙烯原料	393.26	403.21
9	硫黄	28.8	46.7
10	乙二醇	73.87	65
11	线性低密度聚乙烯	23	21.2
12	高密度聚乙烯	25.8	/
13	均聚聚丙烯	54	54
14	共聚聚丙烯	8.42	9
15	抗聚聚丙烯	27	27
16	聚碳酸酯	26	26
17	苯酚	20.69	/
18	丙酮	13.64	/
19	甲基丙烯酸甲酯	9	/
20	丙烯腈	27.04	/
21	丁二烯	22.34	23.18
22	苯乙烯	120	60
23	新型环保塑料发泡材料	/	10
24	低密度聚乙烯	/	27.1

　　舟山石化项目提供的主要高分子基础材料或中间体包括乙烯、丙烯、丙烷、苯、对二甲苯、乙二醇、苯酚、丙酮、苯乙烯、丁二烯、甲基丙烯酸甲酯等,直接生产的高分子材料包括聚乙烯、聚丙烯、新型环保塑料发泡材料等。

同时,舟山绿色石化基地以浙石化项目多余原料及产品为基础,延伸下游产业链,发展下游精细化工、高分子材料等产品,包括乙醇胺、乙撑胺、聚醚多元醇、高纯碳酸酯、甲基丙烯酸羟丙酯、各类树脂、丙烯腈-丁二烯-苯乙烯塑料、丁苯橡胶、丁腈橡胶、特种不饱和聚酯、聚甲基丙烯酸甲酯、尼龙66、特种聚烯烃等,打造"原油—烯烃—下游合成树脂、合成纤维、合成橡胶"的全产业链。

3.2 煤化工产业

煤化工是指以煤为原料,经化学加工使煤转化为气体、液体和固体燃料及化学品的过程,主要包括煤的气化、液化、干馏以及焦油加工和电石乙炔化工等。

我国石油、天然气等资源匮乏,且进口常常受到地缘政治等因素的影响,对我国的能源安全保障带来很大的隐患。由于石油是生产大部分化工产品的原料,资源的匮乏使得很多化学原料依赖进口,成本居高不下。而我国煤炭资源丰富,煤种齐全,发展煤炭液化、气化等现代煤转化技术,对发挥资源优势、优化能源结构、补充石油供需缺口具有良好的战略意义。

3.2.1 高分子材料的基础材料及生产工艺

除柴油、汽油等能源产品外,煤化工产业主要生产可替代石油化工的产品。通过气化、焦化工艺,生产合成气、焦炭等主要产物。其中,焦炭是电石法制乙炔的重要原料,可通过合成气制备乙二醇、甲醇,再进一步反应获得乙烯、丙烯、甲醛、二甲醚等高分子材料的化学单体、中间体。

1. 煤的气化、焦化、液化

煤化工生产主要以煤气化、焦化、液化三种方式进行。

煤气化:煤气化是指在一定温度及压力下使得煤中有机质与气化剂(如水蒸气/空气或氧气等)发生反应,将固体煤转化成含有一氧化碳、氢气、甲烷、二氧化碳、氮气等成分的合成气。

煤焦化:煤焦化又称煤炭高温干馏,是以煤为原料,在隔绝空气的条件下,加热到950℃左右,经高温干馏生产焦炭,同时获得煤气、煤焦油并回收其他

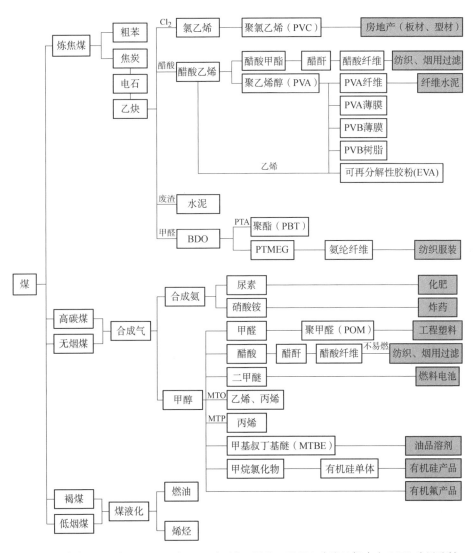

注：Cl$_2$ 为氯气；BDO 为 1,4-丁二醇；PTA 为对苯二甲酸；PTMEG 为聚四氢呋喃；MTO 为甲醇制
烯烃工艺；MTP 为甲醇制丙烯工艺

图 3-3　煤化工行业产业链

化工产品的一种煤转化工艺。焦炭的主要用途是炼铁，少量用作化工原料制造
电石、电极等。煤焦油是黑色黏稠性的油状液体，其中含有苯、酚、萘、蒽、菲等重
要化工原料，它们是医药、农药、炸药、染料等行业的原料。焦炉气中除了含有
可燃气体一氧化碳、氢气、甲烷之外，还有乙烯、苯、氨气等。

　　煤液化：煤液化可分为间接液化和直接液化两类。煤直接液化是将煤在氢气和催化剂作用下通过液化生成粗油,再经加氢精制转变为汽油、柴油等石油燃料制品的过程。煤直接液化工艺过程主要包括煤的破碎与干燥、煤浆制备、催化剂制备、氢制取、加氢液化、固液分离、液体产品分馏精制等。

2. 煤制烯烃

煤制烯烃即煤基甲醇制烯烃,是指以煤气化产生的合成气为原料合成甲醇,再通过甲醇制取乙烯和甲醇制丙烯技术。经过脱硫的合成气(一氧化碳和氢气)在一定温度和压力条件下通过催化剂的作用产生甲醇,同时生成少量的烃、醇、醚、酸、酯等化合物,再将甲醇脱水为二甲醚,然后转化为低碳烯烃,通过氢转移、烷基化和缩聚反应生成烷烃、芳烃、环烷烃和较高级烯烃。

3. 煤制乙二醇

乙二醇是重要的化工原料和战略物资,用于制造聚酯(涤纶、包装、薄膜等)、炸药、乙二醛,并可作为防冻剂、增塑剂、溶剂等,煤制乙二醇是代替石油乙烯生产乙二醇的重要途径。

目前国内以煤为原料制备乙二醇,主要有直接法、烯烃法、草酸酯法三条工艺路线。直接法以煤气化制取合成气,再由合成气直接合成乙二醇。烯烃法是经甲醇合成,甲醇制烯烃得到乙烯,再经乙烯环氧化、环氧乙烷水合及产品精制最终得到乙二醇,该过程将煤制烯烃与传统石油路线乙二醇相结合,技术较为成熟,但成本相对较高。草酸酯法是以煤为原料,通过分离合成气得到一氧化碳和氢气,其中一氧化碳通过催化偶联合成及精制生产草酸酯,再经与氢气进行加氢反应并通过精制后获得聚酯级乙二醇的过程。该工艺流程短、成本低,是目前国内最受关注的煤制乙二醇技术。

3.2.2 煤化工产业发展情况及趋势

1. 现代煤化工产业整体市场需求增速快,发展迅猛

我国煤炭资源占总能源的 70%,传统煤化工产品生产规模均居世界第一:合成氨、甲醇、焦炭、电石的产量分别占全球产量的 32%、28%、58%、93%。同时,现代煤化工产品的主要功能是替代石油化工产品,潜在市场容量巨大,下游用途十分广泛,主要应用领域包括塑料、管材、家用电器、汽车、有机溶剂等,整体市场需求增速与宏观经济增速高度相关。

《煤炭工业发展"十三五"规划》指出,把推进煤炭深加工产业示范作为煤炭清洁高效利用四项重点措施之一,该项措施包括改造提升传统煤化工产业,

在煤焦化、煤制合成氨、电石等领域进一步推动上大压小,淘汰落后产能;以国家能源战略技术储备和产能储备为重点,在水资源有保障、生态环境可承受的地区,开展煤制油、煤制天然气、低阶煤分质利用、煤制化学品、煤炭和石油综合利用等五类模式以及通用技术装备的升级示范。2015 年以来,我国煤制烯烃、煤制乙二醇产能不断提升,2019 年煤制烯烃达到 1 582 万吨,较上年增长 21.5%,发展迅猛。

表 3‑6 2015—2019 年我国新型煤化工项目产能统计表

年份	煤(甲醇)制烯烃/万吨	煤制气/亿立方米	煤制乙二醇/万吨	煤制油/万吨	焦炭/亿吨
2015	792	31.1	212	289	6.87
2016	818	31.1	250	738	6.90
2017	1 242	51.1	264	921	6.70
2018	1 302	51.1	438	953	6.45
2019	1 582	51.1	483	921	6.65

2. 高碳排放、高耗水等环境问题仍需解决

目前,我国煤化工产业因水资源消耗大、能耗高和污染重等问题,受到较多争议,且环境保护设备投入成本极大,对产业发展形成一定制约。据测算,1 000 立方米煤制气约消耗 6 吨水、3 吨煤;1 吨煤制油约消耗 10~15 吨水、5 吨煤;1 吨煤制甲醇约消耗 10 吨水、1.6 吨煤。一般认为,煤化工的用水量是石油化工项目用水量的 3~5 倍。同时,煤化工过程都要直接或间接排放一定量的二氧化碳,因此碳排放量居高不下。

2015 年,环保部相继出台了《水污染防治计划》《现代煤化工建设项目环境准入条件(试行)》,要求煤化工企业必须优先选择在水资源相对丰富、环境容量较好的地区布局,并严格限制煤化工项目的准入。

随着环境保护及绿色发展的理念不断深入,煤化工产业能耗、水耗和"三废"排放不断下降。如新疆庆华能源集团投入 17 亿元解决环保问题,占设备投资的 20%左右,污水处理成本 26 元/吨,形成的中水主要用于厂区绿化和循环用水。神华宁煤 400 万吨/年煤炭间接液化项目通过选择先进节水技术,最大化使用空冷器,循环冷却水系统采用节水消雾型冷却塔,蒸发损失率可减少 19%,每年可节水 500 多万立方米。目前水耗已由设计值的 10 吨水/吨油品下降到 5.82 吨水/吨油品,每万元工业增加值水耗为 17.8 吨,远低于 68.2 吨的全国工业平均水平。同时,煤化工部分技术具有固碳属性,比如以煤为原料合成尿素,每吨产品可消耗约 735 千克二氧化碳。

3. 现代煤化工产业向下游高附加值领域延伸

现代煤化工产业最关注的两个指标是原油和煤炭。据专家测算,在国内煤炭与国际原油对等联动的情况下,我国煤制油、煤制烯烃、煤制乙二醇的盈亏点油价分别约为 70 美元/桶、45 美元/桶和 55 美元/桶,但近年来油价低位徘徊使得大宗石油化工产品价格下降,煤化工行业出现大面积亏损,产业受国际油价市场波动影响,面临较大的风险。

2017 年,国家发展和改革委员会、工业和信息化部联合发布了《现代煤化工产业创新发展布局方案》,首次提出煤化工相关产业融合发展理念,明确了加快推进关联产业融合发展的重点任务,提出了现代煤化工产业应与煤炭开采、电力、石油化工、化纤、盐化工、冶金建材等产业融合发展,构建循环经济产业链和产业集群的模式及路径,以及推动优势企业实施升级改造工程,促进产业绿色、高效、规模化、高端化发展。

现代煤化工产业正逐步将产业链做长,向下游高分子材料生产制造延伸成为主要趋势。通过煤化工路线研发生产下游高分子产品,如聚酯纤维、聚氯乙烯、聚乙烯醇等聚烯烃产品及精细化工产品等,提升产品附加值。

3.2.3　煤化工产业国内分布情况及案例

根据《煤化工产业中长期发展规划(2006—2020)》,我国目前已经打造了黄河中下游、蒙东、黑东、苏鲁豫皖、中原、云贵和新疆七个国家级煤化工基地。

2018 年 3 月,国家发展和改革委员会、工业和信息化部对外公布了《现代煤化工产业创新发展布局方案》,明确未来重点规划和布局的四处现代煤化工产业示范区:内蒙古鄂尔多斯、陕西榆林、宁夏宁东、新疆准东。

宁夏宁东能源化工基地

宁夏宁东能源化工基地位于宁夏回族自治区中东部,其中,神华宁煤集团建成了全球单套装置规模最大的 400 万吨煤炭间接液化示范工程、世界首套年产 50 万吨煤制烯烃装置。截至 2017 年底,宁东基地形成煤炭产能9 140万吨、煤化工产能2 225万吨,其中煤制油400万吨、煤制烯烃260万吨,是全国最大的煤制油和煤制烯烃生产基地。目前该项目维持约85%~90%的高负荷运行。

同时,为了推动煤化工向下游方向发展,依托现有甲醇、乙烯、丙烯、碳四、精苯、醋酸乙烯、聚乙烯醇、1,4-丁二醇等产品积极发展化工新材料、专用化学品、生物医药、农药以及涂料等与高分子材料相关的产业项目。

内蒙古鄂尔多斯煤化工基地

目前鄂尔多斯已构建起全国最大的现代煤化工产业集群,同时产业链向中下游延伸,促进了鄂尔多斯产业的升级提档、结构优化。

神华集团鄂尔多斯煤直接液化生产基地位于内蒙古自治区鄂尔多斯市伊金霍洛旗,采用具有自主知识产权的神华煤直接液化工艺,以煤炭为原料,通过化学加工过程生产优质的柴油、石脑油、液化气、汽油等产品,项目年产500万吨油品。一期工程总投资245.35亿元,由三条主生产线组成。每条生产线包括煤液化、煤制氢、溶剂加氢、加氢改质和催化剂制备等14套主要生产装置。每年消耗煤炭970万吨,生产各种油品320万吨,其中,汽油50万吨、柴油215万吨、液化气32万吨、苯和混合二甲苯24万吨。

2020年,鄂尔多斯全市煤制精甲醇737万吨、聚乙烯90.1万吨、聚丙烯100.6万吨、乙二醇34.4万吨,增长态势良好。

陕西榆林国家级能源化工基地

陕西榆林建设形成煤制烯烃240万吨、煤基油品160万吨、煤制甲醇220万吨、煤制醋酸20万吨、聚氯乙烯135万吨、煤焦油加氢222万吨、兰炭 6 900 万吨的产能。2018 年,全市转化原煤约 10 277 万吨,煤炭转化率 22.6%。此外,全球首套煤油气综合利用装置稳定运行,煤间接液化、煤焦油加氢等国内外领先的自主技术实现产业化,世界首套万吨级煤制芳烃工业试验装置、全球首个煤油混炼工业示范等成果通过鉴定。

陕煤集团榆林化学有限责任公司煤炭分质利用制化工新材料示范项目位于榆神工业区,总占地面积约 13 平方千米,计划总投资 1 262 亿元,是目前在建全球最大的煤化工项目,共包括 27 个工艺装置及配套的公用工程。项目年转化煤炭约 2 400 万吨,产品主要包括 1 500 万吨煤炭中低温热解、560 万吨甲醇、180 万吨乙二醇、200 万吨烯烃以及以此为中间原料的下游产品。同时,陕西榆林国家级能源化工基地通过煤制烯烃、煤制乙二醇等原料,延伸产业链,引进下游企业,发展精细化工、聚烯烃、聚酯、对苯二甲酸、涤纶化纤、纺织材料等高分子材料制造产业,形成煤—烯烃—高分子材料的完整产业链。

3.3 天然气化工

天然气化工是化学工业的分支之一,是以天然气为原料生产化工产品的工业,是燃料化工的组成部分,也可将天然气化工归属于石油化工。目前,天然气仍是石油化工产业的重要支柱,全球约有 85% 的合成氨及化肥、90% 的甲醇、80% 的氢气、60% 的乙炔、40% 的乙烯及衍生品是由天然气原料和天然气凝析液原料生产的。

3.3.1 高分子材料的基础材料及生产工艺

天然气化工通过净化分离和裂解、蒸汽转化、氧化、氯化、硫化、硝化、脱氢等反应可制成合成气、甲醇、乙炔、氢氰酸等,通过对其进一步加工合成可制得乙烯、丙烯、聚甲醛、聚氯乙烯、聚乙烯醇、二甲醚、聚甲基丙烯酸甲酯等高分子相关材料。

天然气化工的加工过程主要包括天然气的热裂解以生产乙炔和炭黑、天然气蒸汽转化或部分氧化制合成气等(见图 3-4)。

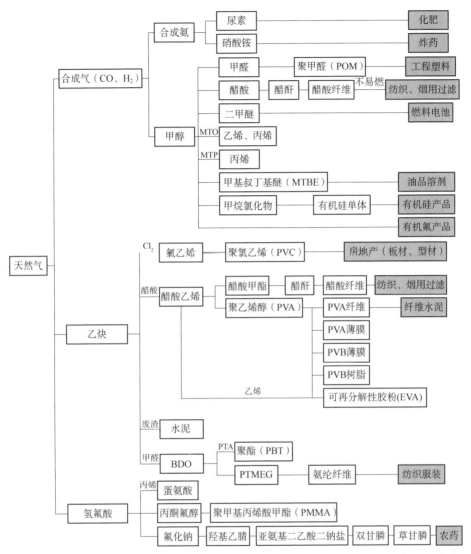

注: MTO 为甲醇制烯烃工艺;MTP 为甲醇制丙烯工艺;Cl₂ 为氯气;BDO 为 1,4-丁二醇;PTA 为对苯二甲酸;PTMEG 为聚四氢呋喃。

图 3-4 天然气化工产业链

1. 天然气裂解制乙炔

天然气中的低碳烷烃在高温下能大量吸收能量而分解为低碳不饱和烃和氢,通过控制温度与反应时间从而获得所需要的产物。例如,甲烷于常压、低压下在 1 400～1 500℃裂解,产生微量乙烯;而在 1 100～1 300℃裂解甲烷时,则有一定数量的乙烯生成。现代工业常用干性天然气作为原料,经热裂解制乙炔,或裂解制炭黑。而从湿性天然气分离回收的乙烷、丙烷、丁烷可以作为裂解制乙烯的原料。

2. 天然气制合成气

天然气制合成气的工艺主要有:甲烷-蒸汽转化工艺、甲烷部分氧化工艺、甲烷自热式转化工艺、甲烷两段转化工艺等。天然气制合成气的主要目的是生产合成氨和甲醇,甲醇是重要的有机化工原料,下游产品包括甲醛、醋酸、二甲醚、乙烯、丙烯等。与煤和石油制甲醇相比,天然气制甲醇具有流程简单、成本低廉等优点。

3. 天然气制氢氰酸

氢氰酸是一种用途广泛的化学品,可用于制造尼龙、杀虫剂、灭鼠药、丙烯腈、丙烯酸树脂等,也可用于有机合成、等离子蚀刻等,其中合成己二醇和甲基丙烯酸酯树脂对氢氰酸的需求量很大。天然气制氢氰酸主要是氨氧化法,甲烷、氨气、氧气在高温催化作用下生成氢氰酸是生产氢氰酸的主要方法。

3.3.2 天然气化工的发展情况及趋势

1. 天然气化工稳步增长

天然气作为一种新型清洁环保能源,已经在全球获得广泛关注和推广使用。目前天然气的使用仍以能源为主,天然气原料用于化工的比重较少。

近年来,我国天然气的开发利用取得了长足发展,从新成立企业数来看,2010—2020 年我国天然气化工企业呈现逐年上升趋势。自 2013 年起,我国天然气化工新成立企业出现爆发式增长,在 2019 年达到了峰值的 8.53 万家。2020 年,我国天然气化工新成立企业有 6.3 万家。

表 3-7 2000—2009 年我国天然气化工新成立企业数量统计情况/万家

年份	企业数量	年份	企业数量
2000	0.89	2005	1.25
2001	1.02	2006	1.33
2002	1.07	2007	1.28
2003	1.23	2008	1.31
2004	1.26	2009	1.63

2. 资源不足、成本偏高成为制约因素

我国天然气资源较为匮乏,天然气主要依赖进口,相较于美国等地区,原料价格偏高,且供应量受限。通过煤化工制天然气可以缓解部分资源紧张的情况,但由于环境污染较大、成本偏高,未来天然气资源仍将处于供不应求的状态。

2018 年,我国天然气产量为 1 615.3 亿立方米,消费量为 2 830 亿立方米,供需缺口达 1 220 亿立方米。天然气自给率逐年下降,对外依存度逐年升高。至 2019 年 5 月,我国天然气自给率仅为 57.46%,对外依存度达 42.54%。进口天然气已经成为我国天然气供给不可或缺的一部分,并且有着继续向上发展的趋势。

3. 延伸产业链、提升产品附加值成为主要趋势

部分天然气化工企业通过延伸化工产业链、提高产品附加值的方式发展。充分利用天然气中的丙烷、丁烷,提高产品附加值,并与石油化工、煤化工产业充分合作,多化联合,充分利用原材料,进一步提升产品竞争力。同时,通过提升精细加工水平,减少单位产值能耗、提高副产物综合利用率,从而降低成本、提升市场竞争力。

3.3.3　天然气化工产业国内分布情况及案例

陕西、四川、新疆三大省份天然气产量占全国总产量的 71.33%,集中度较高,其中陕西天然气产量稳居第一位。目前我国天然气原料的获取方式包括油气开采、国外进口等,且进口需求量较大。

我国的天然气化工开始于 20 世纪 60 年代,主要工厂分布于沿海地区以及油气资源产区。其中,山东、江苏、广东三省为天然气化工企业数量最多的地区,分别为 80 492 家、75 189 家、69 649 家,占全国总量的 9.68%;其次是以浙江、河南、河北、辽宁、陕西、四川、湖北 7 个省份为代表的第二梯队,占比 25.81%。

中国石化集团重庆川维化工有限公司

中国石化集团重庆川维化工有限公司(简称川维化工)位于重庆市长寿经济技术开发区,前身是中国石化集团四川维尼纶厂,1979 年建成投产,1983 年竣工验收并整体进入中国石化,是国内最大的天然气化工企业。

川维化工天然气加工能力为 15.5 亿立方米/年,拥有聚乙烯醇多品

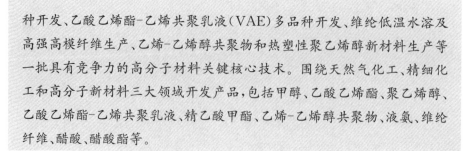

种开发、乙酸乙烯酯-乙烯共聚乳液（VAE）多品种开发、维纶低温水溶及高强高模纤维生产、乙烯-乙烯醇共聚物和热塑性聚乙烯醇新材料生产等一批具有竞争力的高分子材料关键核心技术。围绕天然气化工、精细化工和高分子新材料三大领域开发产品，包括甲醇、乙酸乙烯酯、聚乙烯醇、乙酸乙烯酯-乙烯共聚乳液、精乙酸甲酯、乙烯-乙烯醇共聚物、液氨、维纶纤维、醋酸、醋酸酯等。

3.4　氯碱化工

氯碱化工指的是工业上用电解饱和氯化钠溶液的方法来制取氢氧化钠、氯气和氢气，并以它们为原料生产一系列化工产品，称为氯碱工业。氯碱工业是最基本的化学工业之一，产品广泛应用于轻工业、纺织工业、冶金工业、石油化学工业等领域。

3.4.1　与高分子材料相关的产物及生产工艺

氯碱化工上游原材料包括工业盐、乙炔等，将原盐通过电解的方式，得到其核心产品——"氯"（液氯以及下游的含氯产品）和"碱"（主要指烧碱），同时得到副产品氢气。再通过氯化氢与乙炔合成氯乙烯从而制成聚氯乙烯。在整个过程中，烧碱、氯产品、聚氯乙烯是氯碱化工的主要产品（见图3-5）。

1. 离子膜电解法制烧碱

目前常用的电解制碱技术是离子交换膜法。该方法利用离子交换膜对阴阳离子具有选择透过的特性，容许带一种电荷的离子通过而限制带相反电荷的离子通过，以达到浓缩、脱盐、净化、提纯以及电化合成的目的。在电解浓食盐水溶液的过程中，钠离子在电场作用下透过阳离子交换膜向阴极室移动，进入阴极液的钠离子连同阴极上电解水而产生的氢氧离子生成氢氧化钠，同时产生副产物氢气和氯气，可作为工业气体，也可合成氯化氢。

2. 电石法制聚氯乙烯

工业上一般使用电炉熔炼法与氧热法将煤化工产生的焦炭与生石灰置于2 200℃左右的电炉中熔炼，从而合成电石（主要成分是碳化钙）。电石经破碎、

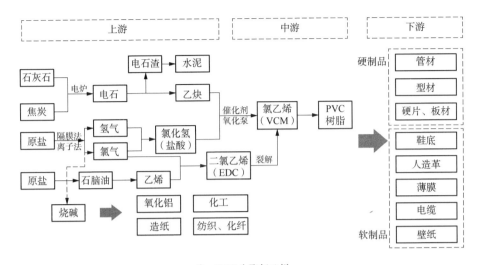

注：PVC为聚氯乙烯

图3-5 我国氯碱行业产业链图

水解、提纯后制成乙炔。乙炔与氯化氢（氯碱工业的产品氢气和氯气合成制得）通过氧化汞催化作用合成氯乙烯，再经聚合法合成聚氯乙烯。

3.4.2 氯碱化工产业的发展情况与趋势

1. 氯碱产能过剩，严格控制新增产能，增速趋于平稳

目前我国氯碱工业产能全球第一，烧碱、氯、聚氯乙烯等新增产能依旧受到严控，尽管可能发布等量或减量置换细则，但总产能依旧受到控制，产业总体增长趋于平稳。

我国烧碱产量变化主要受经济形势、新增产能数量、市场景气程度、"碱氯平衡"制约等因素影响，产量增长速度近几年呈现较大差异。2018年我国烧碱产量3420万吨，同比增长0.9%，聚氯乙烯产量1874万吨，同比增加5.6%。

2. 产业逐步整合，行业集中度不断提高

2020年底，我国烧碱生产企业158家，较2019年新增5家，退出8家，总产能4470万吨，较上一年新增205万吨，退出115万吨，产能净增长90万吨。2020年底，我国聚氯乙烯生产企业减至70家，总产能2664万吨，新增产能201万吨，退出规模为55万吨，产能净增146万吨。产品结构得到不断优化，企业效益明显改善。

3. 行业向一体化、综合化方向发展

目前，随着国内化工行业向一体化、综合化方向发展，越来越多的氯碱项

目成为综合性项目,其最终产品不再是单一的烧碱或者是液氯,而是将逐步向下游高价值产业方向拓展。因此未来对氯碱行业的研究重心,可能会转变成为新型氯碱项目的综合盈利能力。同时,氯碱行业可以产生大量的副产品——氢气,在未来氢燃料电池得到迅速发展之后,其氢气资源将得到更为有效的利用。

4. 环保政策倒逼产业绿色化转型

环保类政策是近几年影响氯碱行业的主要政策之一,《关于汞的水俣公约》的正式生效对行业的影响周期较长。2016 年 4 月,第十二届全国人大常委会第二十次会议决定批准《关于汞的水俣公约》,禁止生产及进出口含汞产品。我国聚氯乙烯生产以电石法为主,而电石法生产中使用氯化汞作为触媒,是汞消耗最大的行业,其汞消耗量占全国总消耗量的 60%,我国电石法制聚氯乙烯无论是产能还是产销量都占据全行业的 80% 以上。国际汞公约的签署,将对电石法制聚氯乙烯的发展形成制约,倒逼聚氯乙烯行业转型升级,走清洁化生产道路,有利于行业长远健康发展。

目前我国氯碱行业进入了以调结构增效益为主的稳定增长阶段,在节能趋严、减排从紧、环保高压的背景下,氯碱行业设备能力、技能、环保技术日益提升,依托研发、技改推动氯碱行业技术进步,向着环保低碳、低能耗、规模化效益方向发展。

3.4.3　氯碱化工产业国内分布情况及案例

由于氯碱工业技术难度较低,且原料获取便利,目前我国烧碱产能分布仍较为分散,主要集中在华北、西北和华东三个区域,占全国总产能的 80% 以上。其中华北地区产能占比达到 37%,西北占比 23%,华东占比 20%。西南、华南及东北地区烧碱产能相对较低,每个区域的产能份额在 5% 及以下水平。

上海氯碱化工股份有限公司

上海氯碱化工股份有限公司(简称氯碱化工)主要制造和销售烧碱、氯及氯制品,以及聚氯乙烯塑料树脂与制品。烧碱年生产能力达到 72 万吨、二氯乙烷 72 万吨、液氯 60 万吨、特种聚氯乙烯树脂 2.4 万吨。

　　氯碱化工在上海化工区充分发挥上下游产业链的协同效应,与国际化工公司紧密合作,在化工区建立了装置配套、管道输送的一体化运营模式。一体化产业链模式主要以赛科公司乙烯产品为龙头、公司的氯碱产品为基础,以德国巴斯夫、科思创、美国亨斯迈公司异氰酸酯、聚异氰酸酯和聚碳酸酯等精细化工为中间体和涂料,以胶黏剂等精细化工产品为终端,形成了较为完整的化工原料、中间体、产品和废弃物的互供共享的一体化产业链,为园区主体二苯基甲烷二异氰酸酯/甲苯二异氰酸酯/碳聚酸酯等装置提供原料氯和烧碱,并利用乙烯原料,二次用氯,消化副产品氯化氢气体,制造二氯乙烷,充分实现资源的高效转化。一体化商业模式提高了公司长期稳定生存和发展的能力,也为下游客户获得长期稳定可靠的氯碱产品供应提供了保障。

　　目前,公司正着力推进特种聚氯乙烯树脂开发。针对下游客户的反馈,对于高聚合度聚氯乙烯树脂的核心技术进行持续改进,先后开发了低气味医用树脂和高白度制品用树脂;对消光聚氯乙烯树脂进行进一步提升,开展高塑化性能技术开发和高效聚合技术开发;针对公司新项目需求,开发了适用医用树脂的新型聚合技术。

3.5　工业气体产业

　　工业气体是将空气、工业废气等上游原材料经过物理或化学手段制成的包括氧气、氢气、二氧化碳、一氧化碳、各类惰性气体等在内的气体产品,广泛应用于冶金、化工、机械制造、集成电路、电子等产业。

　　工业气体产品主要分为三类:空气气体、合成气体以及特种气体。其中,空气气体是从空气中分离出来并经过压缩后制备而成的,主要包括氮气、氧气、氩气等。合成气体不是通过空气分离方法制得,一般通过合成氨工业、石油工业等副产气体等方式制成,主要包括氢气、二氧化碳、乙炔等产品。特种气体包括氦、氖、氚、臭氧等,主要通过气体合成、压缩、分离等方法制得,工业气体是高分子材料生产制造过程中重要的辅助原料。

3.5.1 与高分子材料相关的产物及生产工艺

高分子材料制造中常用的工业气体包括：氢气、氧气、氮气、氨气、二氧化碳等，主要用作化学反应过程中的辅助原料、反应介质、中和介质以及控制反应速率等。

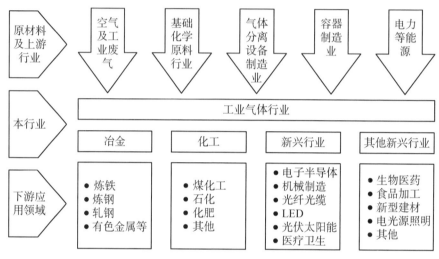

图3-6 工业气体行业产业链体系

工业气体生产按工艺主要可以分为两类：空气分离与副产物利用，其中空气分离主要用于生产氧气、氮气以及各类稀有气体。目前应用最广泛的是低温空气分离技术（深冷法），依托空气分离装置进行，利用空气中各组分沸点不同的特性，通过压缩、去杂质、膨胀、液化等工序，将空气液化并通过精馏来达到不同组分的分离。

氢气、二氧化碳、氯气、硫化氢等气体产品则是在其他生产过程中产生的副产物进行收集和提纯后制备而成。例如，二氧化碳虽然在自然界中大量存在，但其主要产品是通过合成氨、石油炼化等过程中的副产气经过分离纯化后形成。氢气主要通过水煤气法，利用煤、石油、天然气通过蒸汽催化形成。氯气则是通过烧碱工业中电解氯化钠形成的。

3.5.2 工业气体产业发展情况及趋势

工业气体广泛应用于各类工业领域，其中，冶金、化工、医疗等行业对工业气体的需求量较大。冶金和化工对工业气体的需求分别占比 29.5％ 和 27.5％。其中大宗集中用气市场主要分布在基础石油化工、煤化工、钢铁和有色金属行业，主要利用空分气体中的氧气、氮气。而新兴分散用气市场的应用领域包括作为反应及中和介质应用在精细化工、生物医药等行业，以及应用于气相色谱仪、化学化验等检测内。

表 3-8 我国工业气体下游应用分布结构

行业	占比/％	行业	占比/％
冶金	29.5	食品	4.0
化工	27.5	玻璃	4.4
医疗	10.4	其他	16.0
电子	8.2		

1. 工业气体产业保持较快增长

我国气体品种日益增多，产量日益增大，需求规模不断提升，给气体行业带来良好的发展机遇。随着经济的高速发展，我国已逐渐成为世界上气体行业最活跃的市场之一。市场规模由 2012 年的 745.32 亿元快速增长到 2017 年的 1 199.90 亿元，年均复合增长率达到 9.99％。

工业气体应用范围广，在工业领域，气体的生产和供应与供水供电共同被视为重要的基础设施。目前，空分设备、基础化学原料供求普遍较为稳定，变动较小。随着国家对环境保护以及工业尾气排放目标的进一步明确，原材料中的工业尾气的供应也将更加充足。同时，随着工业气体在各行各业中的应用不断深入，未来用量将会不断增加、纯度不断提升，同时也对我国的微电子、航空航天、生物医药、新材料等高新技术产业提供了强有力的基础保障。

2. 空分设备呈现大型化、国产化趋势

空分设备是生产多种工业气体的重要设备之一，空分设备的设计和制造也是现场制气企业最为重要的业务之一，国际知名的空分设备企业有林德公司、法国液化空气集团等大型跨国集团，国内空分设备生产的企业主要包括杭州杭氧股份、开封空分集团、四川空分集团等。

近年来，特大型空分设备国产化进程加速，成套技术与核心部机实现突破。目前空分设备正朝产量大型化、气体压力及纯度更高等方向发展。杭州杭氧股份、开封空分集团与四川空分集团已实现成套技术国产化，沈鼓集团、陕鼓集团完成大型压缩机组、膨胀机等关键部机的国产化配套。目前,国产60 000立方米/时等级及以下的空分设备市场占有率已达90%以上,制氧容量位居世界首位;在60 000立方米/时等级以上市场中,国内企业达到与外资企业竞争的水平,比如,杭氧股份在此等级以上空分设备国内市占率达50%以上。

3. 特种气体不断丰富,工业气体外包比重逐步提高

随着科学技术的发展,近年来特种气体的品种也与日俱增,据不完全统计,现有单元特种气体达260余种,特种气体已成为高科技应用领域不可缺少的基本原材料。特种气体从应用领域上分为:电子气体、高纯气体、标准气体。随着非低温气体分离技术(吸附、膜分离)、混配技术和提纯技术的发展,更多的特种气体产品将逐步走向市场。

传统上我国大型钢铁冶炼、化工企业自行建造空气分离装置,以满足自身气体需求。随着产业横向分工的快速发展,气体外包供应商可以满足个性化的气体需求,如不同种类、纯度和压力等,有效减少企业在工业气体设备、技术、研发上的投入。工业气体逐步实现市场化供应,也有助于气体企业间实现资源相互利用、相互调剂,避免产品过剩和浪费。

3.5.3 工业气体产业国内分布情况及案例

目前我国大型的化工及钢铁企业会建设专用的空分设施,而中小企业投资建设独立空分装置并不经济。工业气体产品大多为危险品,其储存、运输成本高昂,因此工业气体产业在产业布局上往往靠近大型钢铁、石化、电子产业等生产基地。

其中,大宗集中用气主要应用于钢铁、有色金属、石油化工产业,用于富氧燃烧、提供化学原料等。特种用气市场则针对单一气体需求量小、品种多的产业,如集成电路制造、食品、精细化工等领域,为企业提供高纯度、多样化的气体供应,以满足各类市场。

表3-9 我国工业气体行业企业按区域分布情况

地区	占比/%	地区	占比/%
华东	50.57	西南	7.79
华南	10.33	西北	6.93
华北	9.62	东北	5.77
华中	9.00		

目前,我国工业气体企业数量最多的省份为江苏省,为 93 814 家,其次是广东省,有 26 115 家,排名第三的是山东省,有 21 758 家企业。从区域来看,华东地区的工业气体相关企业数量最多,达到了 169 161 家,排名第二的是华南地区,仅有 34 547 家。

1. 零售气体市场主要企业

化工与高分子材料的生产制造中不可避免地需要相应的气体,尽管目前我国众多化工园区均配备空分设备,但涉及许多特殊气体的企业则必须从零售气体企业外购。目前我国的零售气市场由内资企业主导,在地域上呈现较为分散的市场竞争格局,主要区域均呈现少数主导供应商与大量中小经销商共存的局面。

表 3-10　我国零售气体主要企业及经营状况

主要企业名称	企业基本情况
大阳日酸(上海)气体有限公司	大阳日酸株式会社和日本三井物产共同在我国设立的外商独资企业。该公司主要生产和供应高纯液氧、液氮、液氩等工业用气体,产能达到 15 000 标方每小时。
浙江海天气体有限公司	专业从事各类气体、液体的生产、销售与运输。公司现有 10 个下属子公司和机构,日产低温液体 700 吨,其中高纯液氮 400 吨、高纯液氧 30 吨、高纯液氩 30 吨、超纯氢 800 标方每小时。
福建久策集团	拥有福州久策工业气体有限公司和惠州久策工业气体有限公司及两个大型化学危险品运输车队。福州久策工业气体有限公司主要生产液态氧、液态氮、液态氩、医用氧并充装各种工业气体、特种气体,经营气体产品相关配套设备。惠州久策工业气体有限公司生产溶解乙炔,拥有气体充装站和钢瓶检测中心,并经营各种气态、液态工业气体及相关配套设备
哈尔滨黎明气体集团	我国东北部地区较大的专业气体生产企业,为客户提供液态氧、氮、氩等各种空分气体。该公司主营业务以零售为主,产品大部分为液态气体,客户主要分布在辽宁、吉林、河北、北京、天津及黑龙江。黎明气体集团具有较强的气体生产能力和储运能力,共建有四套空分机组,每天可生产液态气体 500 吨
重庆朝阳气体有限公司	重庆地区规模最大的专业气体公司,具备 50 万升/天的液态气体生产能力。公司生产和销售的主要气体产品包括医用氧(含家庭医用氧),工业级和高纯超高纯的氧、氮、氩、氢、氦,工业二氧化碳,各类混合气体以及液态氧、氮、氩,并为客户提供气体知识咨询、产品运输、气体工程等全过程服务
四川侨源气体股份有限公司	西南地区规模最大的高纯度液态气体生产企业,已实现年产液态气体 40 万吨、瓶装气体 240 万瓶的生产能力。截至 2016 年 12 月 31 日,侨源气体总资产 6.68 亿元,净资产 3.26 亿元,2016 年度销售收入 3.82 亿元,净利润 4312.76 万元

2. 现场制气市场主要企业

化工与高分子材料生产制造离不开工业气体,因此现场制气成为众多化工及高分子材料园区所必需的基础设施。而现场制气业务对于制气企业有着较高的进入壁垒,对资金实力、运营经验、品牌要求较高,在大型和高端现场制气项目市场呈现寡头垄断的竞争格局,中小型制气项目(20 000 标方每小时以下)的市场集中度相对较低,也是新进入公司主要的目标市场。

表 3-11　我国零售气体主要企业及经营状况

主要企业名称	企业基本情况
美国普莱克斯公司	全球领先的工业气体专业公司,同时也是北美和南美洲最大的工业气体供应商,普莱克斯于 1988 年进入我国市场,并于 1992 年在北京设立了首家合资企业,至今在国内已设立 13 家独资企业和 11 家合资企业,生产销售网点覆盖华北、华东和华南地区。2016 年度普莱克斯营业收入为 105.34 亿美元
空气化工产品有限公司	世界领先的工业气体供应商,其业务遍及全球 50 多个国家。致力于为全球范围内的科技、能源、工业制造和医疗保健等行业的客户提供一系列产品、服务和解决方案,产品包括大气气体、工艺和特种气体、高性能材料、设备和能源等。该公司分四个业务部门:商业气体、吨位气体、电子和高性能材料、设备和能源。2016 年度销售收入 95.24 亿美元,其中工业气体销售收入 72.59 亿美元,占 76.22%
林德集团	总部位于德国,是全球领先的气体和工程集团,分公司分布在全球 100 多个国家,2016 财年销售额达到 169.48 亿欧元。林德在我国各个主要的工业中心拥有约 50 家全资及合资公司,以及 150 多个运行现场。作为在 20 世纪 80 年代率先进入我国的国际气体公司,林德已成为我国最大的气体供应和工程企业之一,服务于化工、石化、冶金、制造、电子、食品和医疗等领域
法国液化空气集团	总部位于法国,成立于 1902 年,是全球重要的工业和医用气体及相关服务的提供商,向众多的行业提供氧气、氮气、氢气和其他气体及相关服务。法液空业务遍及全球 80 个国家,2016 年的销售额达到 181.35 亿欧元。法液空在我国的业务发展很快,目前在我国已拥有 3 000 多名员工。法液空在华主要经营活动为:液空中国从事工业及医用气体的运营;液空杭州和鲁奇公司从事工程和制造业务,即在我国设计和制造空分装置以及建造制氢工厂
梅塞尔集团	总部设在德国法兰克福,在 30 多个国家拥有 60 家公司,2016 年度销售额为 11.46 亿欧元。梅塞尔集团于 90 年代中期起投资我国,在我国布局主要集中在南方,至今已在上海、江苏、浙江、湖南、广东、福建、四川、重庆、云南建立了多家企业,总投资额超过 10 亿美元,目前是我国最大的高纯氦/氙供应商

（续表）

主要企业名称	企业基本情况
盈德气体集团有限公司	创建于 2001 年 10 月,该集团在 2015 年的市场占有率为 38.9%,是我国最大独立现场工业气体供货商,其主要气体产品为氧气、氮气及氩气。2016 年度,该集团收入为 84.04 亿元人民币,其中现场供气业务的收入为 70.21 亿元人民币,占集团业务收入约 83.5%
杭州杭氧股份有限公司	是我国最大的空分设备生产商,目前正积极开拓现场制气项目。截至 2017 年 6 月 30 日,杭氧股份共有气体公司 27 家,气体产业当年 1—6 月实现营业收入 18.02 亿元人民币,同比增长了 22.55%。气体产业已成为杭氧股份的战略支柱产业。截至 2017 年 9 月 30 日,杭氧股份总资产 111.97 亿元人民币,净资产 45.33 亿元人民币,当年 1—9 月营业收入 17.36 亿元,净利润 10 890.61 万元人民币
上海加力气体有限公司	成立于 2001 年,公司业务主要以小规模现场制气为主,是我国第一家以现场制气为主要经营方式的专业气体公司,也是目前我国中小型现场制气市场中所占份额最大的公司。该公司产品主要应用领域有电子、金属加工/热处理、造船/海洋工程、玻璃、光伏、化工、轮胎等,主要客户分布在辽宁、山东、江苏、上海、广东、江西、河南、内蒙古、重庆、云南、新疆等省份

第 4 章 高分子材料成型及加工产业

通常我们看到的高分子材料包括：塑料、橡胶、纤维、胶黏剂、涂料以及功能性高分子材料等。它们涉及的产业主要包括：橡胶和塑料制品业、化学原料和化学制品制造业、化学纤维制造业以及涂料、胶黏剂等产品的生产制造行业。

4.1 合成树脂与塑料制造业

塑料的主要成分是合成树脂(在塑料中的含量一般在 40%～100%)，树脂通常是指受热后有软化或熔融范围，软化时在外力作用下有流动倾向，常温下是固态、半固态，有时也可以是液态的有机聚合物。由于含量较大，树脂的性质决定了塑料的性质，因此常把树脂与塑料混淆。事实上，树脂不仅用于制造塑料，还是涂料、胶黏剂、合成纤维的原料，绝大多数塑料除树脂外还需要加入增塑剂、热稳定剂、抗氧剂、阻燃剂、发泡剂、着色剂等助剂，以改善加工性能或产品性能。

从产业链来看，合成树脂及塑料制品制造的上游主要是石油化工基础原料制造以及化学助剂制造业，中游包括初级形态塑料及合成树脂制造业、塑料制品业等，下游主要应用于家电、汽车、农业、交通等各个领域。

初级形态塑料及合成树脂制造也称初级塑料或原状塑料的生产活动，包括通用塑料、工程塑料、功能高分子塑料的制造活动。塑料制造业是指以合成树脂为主要原料，经挤塑、住宿、吹塑、模压等工艺加工成型的各种制品的生产以及利用回收的废旧塑料加工再生塑料的活动，包括塑料薄膜、板、管、型材、丝、绳、泡沫塑料、人造革、包装箱、容器、日用塑料制品、人造草坪、塑料零件制造等。

4.1.1 合成树脂与塑料的分类与特征

目前被广泛认可的塑料分类方式是按性能和用途分，分为通用塑料、工程塑料、特种塑料、生物塑料四种。由于四种塑料之间的界限较为模糊，同种树脂可生产不同的塑料制品，其性能不同，用途不同，因此该分类方式只能作为参考，不能完全以此定义（见表4-1）。

通用塑料：人们习惯将产量大、价格低、用途广、影响面宽的塑料品种称为通用塑料。目前，聚乙烯、聚丙烯、聚氯乙烯、聚苯乙烯以及丙烯腈-丁二烯-苯乙烯共聚物是应用最为广泛的五大通用塑料。

工程塑料：一般是指可用作工程材料或替代金属材料的工业用塑料，可在较苛刻的化学、物理环境中长期使用。目前应用最广的五大工程塑料分别为聚酰胺、聚碳酸酯、聚甲醛、热塑性聚酯、聚苯醚。

特种塑料：是指综合性能较高的一类塑料。

生物塑料：指以淀粉等天然生物质为基础制造而成的塑料，主要原料是可再生的天然生物质资源如淀粉（如玉米、土豆等）、植物秸秆、甲壳素及食物垃圾等。

表4-1 常见的合成树脂或塑料特性及应用

类别	材料名称	特性	应用
通用塑料	聚乙烯	良好的耐低温性、绝缘性、化学稳定性，耐腐蚀但不耐热	薄膜制品、管材包装、电线包裹层、注塑成型制品及中空制品等，超高分子量聚乙烯可作为工程塑料，用于制造缆绳、工业零件、防弹衣、降落伞等
	聚丙烯	耐热性好，其耐腐蚀性、拉伸强度、刚性和透明度比聚乙烯好，缺点是耐低温冲击性差，较易老化	用于包装和薄膜材料，也应用于汽车、家电、管材等领域，具有较强的竞争力
	聚氯乙烯	柔韧性、无毒无污染、化学稳定性高、绝缘性好	用于生产人造革、薄膜、电线保护层，也可生产塑料板材、门窗、管材以及制造各类防腐管道、插座、玩具等制品

（续表）

类别	材料名称	特性	应用
	聚苯乙烯	常温下透明度高、耐腐蚀、绝缘性好，但耐热性差、耐氧化差、刚度大但具有脆性。通过加入聚丁基橡胶可以制成耐冲击性聚苯乙烯（HIPS）	用于轻工、日用、装潢、照明、包装等领域，是良好的绝缘材料和隔热保温材料
	丙烯腈-丁二烯-苯乙烯共聚物	是一种强度高、韧性好、易于加工成型的热塑型高分子材料	用于机械、电气、纺织、汽车和造船等工业领域，可制成汽车零部件、管材、拉杆箱等产品
工程塑料	聚酰胺	具备密度低、抗拉强度高、耐磨、自润滑性好、抗冲击性好等特性	用于制造风扇叶片、轴承、阀座、泵叶轮、各类仪表盘、衬套等。目前在汽车工业、电子工业的消费比例最大
	聚碳酸酯	具有突出的抗冲击能力，耐蠕变和尺寸稳定性好等特性，具有良好透明度	用于生产各种安全灯罩、信号灯、透明板、玻璃、挡风板等
	聚甲醛	具有较好的力学性能，吸水性小，尺寸稳定，有光泽，抗热强度，弯曲强度，耐疲劳性强度高，耐磨性和电性能优良	用于工业机械、汽车、电子电器、管道及配件、精密仪器、建材等领域。制作转动机械零件、各种齿轮、轴承、阀门、油泵轴承座、开关阀等产品
	热塑性聚酯	力学性能良好，且耐热、耐化学药品、电性能优良。在加工方面具有良好的模塑流动性，结晶速度快，加工成本低	用于电器、汽车、飞机制造等领域以及通信、家电、交通运输等工业，制作耐高温的电子零部件、制作耐高电压的电气零部件、集成电路的插座、印刷线路板、熔断器等
	聚苯醚	综合性能良好，电绝缘性好，吸水小，但有应力开裂倾向。缺点是熔融流动性差，加工成型困难	用于电子电器、汽车、家用电器、办公室设备和工业机械等方面，另外可制作外科手术器具、消毒器等医疗器具零部件
特种塑料	聚苯硫醚	具有机械强度高、耐高温、耐化学药品、难燃、热稳定性好、电性能优良等优点	在电子、汽车、机械及化工领域均有广泛应用

(续表)

类别	材料名称	特性	应用
	聚砜	硬度和冲击强度高,无毒、耐热耐寒耐老化性好,并具有自熄性,可在 $-100\sim175℃$ 下长期使用	适于制作耐热件、绝缘件、减磨耐磨件、仪器仪表零件及医疗器械零件,在电子电器工业、家用电器、食品、医疗器械等方面应用广泛
	聚酰亚胺	具有极佳的热稳定性,耐高温、耐极低温,具有优良的机械性能、耐辐照性能、介电性能、自熄性,发烟率低,无毒,具有很好的生物相容性	应用在航空航天、微电子、纳米、液晶、分离膜、激光等领域
	聚芳酯	综合性能非常优良、耐高温,具有优异的透明性、紫外线屏蔽性、抗蠕变性、强韧性、应变回复性、耐磨性和高的表面硬度,线膨胀系数小,吸湿性低,尺寸稳定性高,但不耐化学腐蚀	用作机械、电子、汽车零部件、医疗器械、耐高温管材、板材和绝缘薄膜,也可用作耐高温纤维和胶黏剂的原料
	聚醚醚酮	具有机械强度高、耐高温、耐冲击、阻燃、耐酸碱、耐水解、耐磨、耐疲劳、耐辐照及良好的电性能	在特殊领域可以替代金属、陶瓷等材料,可在 134℃ 下经受 3 000 次循环高压灭菌,满足手术和牙科设备的特殊制造需求,可代替金属制造人体骨骼
生物塑料	淀粉基塑料	具有与同类传统塑料制品相同和相近的使用性能,可降解,无毒无污染	用于一次性餐具、包装袋等,也是制药行业生产胶囊的合适材料
	聚乳酸	具有降解为无毒产品的独特优势,但冲击强度低,热强度和阻隔性能较差	用于生产薄膜、纤维、塑料容器、杯子和瓶子
	脂肪族聚酯塑料	由细菌产生,与其他塑料相比,更具延展性和弹性,可生物降解	广泛用于医疗行业

4.1.2 合成树脂与塑料制造业的现状及发展趋势

近年来,我国塑料产能稳步提升,2019 年我国初级形态塑料产量达到 9 743.65 万吨,同比增长约 10%。从需求端看,随着我国汽车、电子电器和建筑等行业的迅猛发展,工程塑料需求不断增长,2019 年工程塑料行业需求量达到 590 万吨,同比增长 5.6%,目前已成为全球工程塑料需求增长最快的国家。

表 4-2 2015—2019 年我国初级形态塑料产量情况

年份	产量/万吨
2015	7 807.66
2016	8 307.81
2017	8 458.08
2018	8 854.87
2019	9 743.65

目前随着我国对中低端产能的整合,针对规模小、集中度低、工艺较为落后的产业实行限制以及禁止措施,2011 年、2013 年、2016 年、2019 年分别修订了《产业结构调整目录》,以常见的几种塑料及合成树脂为例,限制了 20 万吨/年以下丙烯腈-丁二烯-苯乙烯共聚物、20 万吨/年以下聚乙烯等产品,禁止了湿法氨纶生产工艺、常规聚酯间歇法聚合生产工艺及设备等。

1. 中低端产品向规模化、低成本、功能化等方向发展

我国通用合成树脂及塑料产品主要由大型炼化一体化项目直接生产,由于生产装置的灵活性,可以对材料的产能进行控制,从而降低综合成本,形成良好的规模效应,同时也很好地解决了低端材料产能过剩的问题。

近年来,随着塑料研究的不断突破,我国塑料改性化率稳步提升,改性塑料的性能不断优化。通用塑料与工程塑料的应用领域不断拓展,通过与下游制品业需求相结合,发展高性能、低成本、具有特殊功能的产品是未来塑料的主要趋势。

表 4-3 2011—2019 我国塑料改性产量及改性化率

年份	改性塑料产量/万吨	改性化率/%	年份	改性塑料产量/万吨	改性化率/%
2011	780	16.3	2016	1 563	19.0
2012	860	16.5	2017	1 676	20.2
2013	934	16.0	2018	1 783	20.8
2014	1 057	15.2	2019	1 955	20.4
2015	1 307	17.0			

2. 特种塑料国产化成主要趋势

我国特种塑料产业总体处于发展初期,高端特种塑料市场仍被国外垄断,部分应用领域存在"卡脖子"的情况。由于材料的不可替代性并没有"芯片"这么强,中低端替代品的存在也减缓了"卡脖子"带来的风险,但高端材料仍是工业发展的基础。因此为保障产业链稳定,特种塑料的国产化是未来一段时间的重要发展方向。

目前我国已经初步实现了聚酰亚胺、聚邻苯二甲酰胺、液晶高分子聚合物、聚醚醚酮等品种的产业化,由于对特种塑料的研发起步较晚,在产品高端化、质量、制造成本、原料自给率等方面与国外先进水平相比差距较大。

以聚醚醚酮为例,目前我国聚醚醚酮的进口依存度约为 75%,国内需求增速高达 15%～20%。国内聚醚醚酮行业代表性研发机构是吉林大学。目前我国聚醚醚酮产能主要集中在中研股份、浙江鹏孚隆与长春吉大特塑这三家企业,占我国总产能的 80%,其中中研股份产能达 1 000 吨/年,居全国首位。但国内产品在连续化生产与质量控制方面逊色于进口产品,与领先的外资生产企业差距较大。

从聚酰亚胺材料来看,目前我国进口依存度约 25%。其中,薄膜是最早实现商业化应用的聚酰亚胺产品,目前国内约有 70 家聚酰亚胺薄膜生产企业,产能规模多在百吨上下,主要应用于低端市场。随着我国对高端电子级聚酰亚胺薄膜需求的不断增加,国内企业开始向高性能聚酰亚胺薄膜市场进军。目前国内已具有规模以上电子级聚酰亚胺薄膜生产能力的企业有时代新材、丹邦科技、瑞华泰以及台湾地区的达迈科技、达胜科技等。2019 年我国聚酰亚胺膜总产能达到 1.6 万吨/年,开工率约为 60%,但高端电子级聚酰亚胺薄膜产量仍不足千吨。未来国产化替代将成为主要趋势。

3. 生物塑料国产化困难重重,但仍是主要方向

2019 年全球生物塑料产能合计 211.5 万吨,其中 56% 属于生物可降解塑料,预计 2024 年全球生物塑料产能将超过 240 万吨。除淀粉基塑料之外,聚乳酸是目前产业化程度最高的生物可降解塑料,产能约占全球总产能的 25%。

目前全球聚乳酸年产能约 30 万吨,主要由美国的萘琪沃克公司(Nature Works)和荷兰的科比恩两大巨头垄断。前者是全球唯一聚乳酸单线产能达到 15 万吨级的企业,且具备聚乳酸完整产业链,自产聚乳酸原料不对外销售。而科比恩自 2019 年其泰国工厂投产 7.5 万吨聚乳酸生产线之后,丙交酯(两步法合成聚乳酸的中间体)就开始自用而不对外提供。丙交酯工艺复杂、技术

难度大,且两家公司申请了相关的大量专利,建立起了高技术和知识产权壁垒,丙交酯的供应已成为我国聚乳酸产业的"卡脖子"难题。同时,由于生物塑料的生产工艺复杂,与石油基塑料相比制造成本较高,行业利润难以保证。

目前我国企业正加速布局聚乳酸行业,但整体规模仍较小。截至 2021年,浙江海正生物材料股份有限公司现有 1.5 万吨的聚乳酸合成能力,另有 6 万吨产能在建。河南金丹乳酸科技股份有限公司作为我国乳酸行业龙头,正在发力打通"乳酸-丙交酯"以及聚乳酸合成产线,有望成为第一家具有聚乳酸完整产业链的中国企业。

4.1.3 合成树脂与塑料生产工艺及国内产业布局

1. 合成树脂的生产

合成树脂主要是通过聚合反应将低分子原料单体合成高分子材料生产而成,聚合方法主要包括本体聚合、溶液聚合、悬浮聚合、乳液聚合四种。本体聚合是单体在不加溶剂的条件下,通过光、热、辐射、催化作用引发自身聚合反应的过程,如乙烯、苯乙烯、甲基丙烯酸甲酯等材料的聚合过程都属于本体聚合;溶液聚合是将单体和引发剂溶于溶剂中,在溶液状态下进行的聚合反应,适用于直接使用聚合物溶液的场合,如涂料、胶黏剂、合成纤维纺丝液等;悬浮聚合是溶有引发剂的单体以液滴状态悬浮于水中进行自由基聚合的方法,广泛应用于聚氯乙烯、聚苯乙烯、聚丙烯酸酯等的聚合过程;乳液聚合是以水为溶剂,在乳化剂的作用下进行搅拌聚合,主要用于生产橡胶材料。

2. 塑料的成型加工

热塑性塑料常用的方法有挤出、注塑、压延、吹塑、热成型等,加工热固性塑料一般采用模压、传递模塑、注塑成型等。目前最为常用的加工方法是挤出成型以及注塑成型。

3. 国内产业布局情况

2020 年,我国塑料制品十强省份产量占比高达 79.8%,其中排名第一的浙江和第二的广东占比均高于 16%,产量明显高于其他省份。

初级形态塑料(合成树脂及共聚物)产量来看,我国主要产能分布在长三角地区的江苏、浙江两省,环渤海地区的山东、辽宁两省,泛珠三角地区的广东、福建两省,以及陕西省。产业分布与上游主要的石油炼化、现代煤化工等原料产能分布情况基本一致。

表4-4 2014—2019年我国初级形态塑料产量分省统计/万吨

省份	2014年	2015年	2016年	2017年	2018年	2019年
江苏	1 106.04	1 265.94	1 319.5	1 166.66	930.78	1 130.19
浙江	723.55	817.66	867.48	888.01	926.21	1 134.75
广东	594.16	579.46	664.46	690.65	593.8	654.09
山东	480.53	551.87	641.22	708.08	763.08	834.41
辽宁	299.94	321.36	351.86	319.16	362.5	401.27
福建	277.13	227.94	200.7	235.6	324.91	383.03
湖北	208.66	218.06	224.74	190.94	191.26	202.51
河南	198.99	163.77	179.06	196.37	166.33	197.02
四川	190.86	208.42	231.01	228.33	236.25	280.45
陕西	190.31	344.17	460.21	478.63	475.34	511.87
黑龙江	178.57	160.14	197.62	214.94	197.82	236.29
安徽	104.3	120.36	132.24	136.75	148.25	199.41

金发科技股份有限公司

位于广州科学城的金发科技股份有限公司(简称金发科技)是一家聚焦高性能新材料的科研、生产、销售和服务企业,在南亚、北美、欧洲等海外地区设有研发和生产基地。主要产品包括改性塑料、完全生物降解塑料、特种工程塑料、碳纤维及复合材料、轻烃及氢能源和医疗健康高分子材料产品等六大类,广泛应用于汽车、家用电器、电子电气、通信电子、新基建、新能源、现代农业、现代物流、轨道交通、航空航天、高端装备、医疗健康等行业,是全球化工新材料行业产品种类最为齐全的企业之一,同时是亚太地区规模最大、产品种类最为齐全的改性塑料生产企业。在完全生物降解塑料、特种工程塑料和碳纤维及复合材料领域,技术及产品质量已达到国际先进水平。

金发科技研发投入约为营业收入的4%,已建成1个中央研究院、3个国际研发中心、5个分技术中心、5个化工新材料孵化基地和1个国家产业创新中心,形成以技术研究院、行业研究部、产品研究三轮驱动的研发平台。其中,技术研究院负责系统解决各类产品关键共性技术,提升技术研究效率。行业研究部下设汽车、家电、5G与消费电子、轨道交通与电动工具、绿色包装、医疗健康等行业研究模块及相对应的技术支持与服务模块,以行业关键共性技术为研究方向,紧跟行业发展和前沿技术应用,为行业客户提供专业和整体解决方案。

截至2020年底,金发科技累计申请3763件国内外专利,其中2775件发明专利,533件实用新型专利,11件外观设计专利,275件通过《专利合作条约》提交的国际专利申请,169件国外专利。

浙江海正生物材料股份有限公司

浙江海正生物材料股份有限公司坐落于台州市,是一家专业生产聚乳酸的高科技企业。由浙江海正集团有限公司、中科院长春应用化学研究所、台州市椒江区国有资产经营有限公司共同出资组建。开创了我国聚乳酸材料产业化生产的新局面,以及耐高温聚乳酸的产业化生产。目前,总投资9.5亿元的年产5万吨聚乳酸生产线正在建设中。

4.2　纤维制造业

纤维用途广泛,可织成细线、线头和麻绳,造纸或织毡时还可以织成纤维层;同时也常用来制造其他物料,及与其他物料共同组成复合材料。

从纤维材料产业链来看,上游主要包括棉、麻等天然纤维原料以及石油化工原料,中游主要为天然纤维纺丝以及化学纤维制造,下游主要为纺纱及织造业,包括服装、防弹衣、医用制品,同时也可以用于制造高性能纤维复合材料(见图4-1)。

化学纤维制造业主要包括纤维素纤维原料制造、合成纤维制造和生物基纤维材料制造等。天然纤维制造业包括棉、麻、毛、丝绢等纺织以及印染加工等。

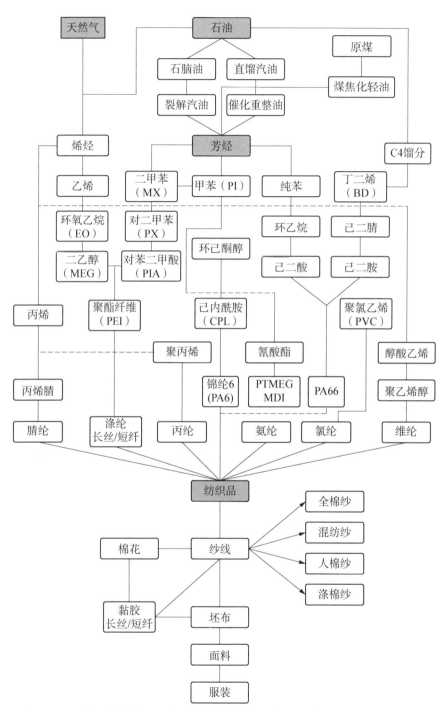

注：PTMEG 为聚四氢呋喃；MDI 为二苯基甲烷二异氰酸酯；PA66 为聚己二酰己二胺

图 4-1　合成纤维制造产业链

4.2.1　纤维的分类与特征

纤维可分为天然纤维和化学纤维,其中化学纤维又可分为人造纤维和合成纤维(见表4-5)。

天然纤维:天然纤维是自然界原有的或从人工培植的植物上、人工饲养的动物上直接取得的纺织纤维。常见的天然纤维包括棉纤维、麻纤维、毛纤维、蚕丝等。

人造纤维:人造纤维主要是以纤维素、蛋白质等天然高分子物质为原料,经化学加工、纺丝后制得,也包括利用废弃的纺织原料经溶解或熔融再加工制成的纤维,主要包括黏胶纤维、醋酸纤维、铜氨纤维、蛋白质纤维、玻璃纤维等。

合成纤维:合成纤维是由人工合成的高分子化合物经纺丝加工制成的化学纤维,以小分子有机化合物为原料,经聚合反应合成的线形有机高分子化合物。常见的合成纤维有涤纶、锦纶、腈纶、氯纶、维纶、氨纶、聚烯烃弹力丝等。

表4-5　常见纤维材料性能及用途

分类		名称	材料性能	用途
天然纤维		棉纤维	棉织物坚牢耐磨,能洗涤并在高温下熨烫,吸湿和脱湿快速而使穿着舒适	用于制造各类纺织品,是纺织、精细化工原料和重要的战略物资
		麻纤维	其强度比棉纤维高,但伸长率小,比棉纤维脆	主要用于制造纺织品,如服装、窗帘、墙布、桌布、床上用品、购物袋等
		羊毛纤维	保暖性极佳、吸湿性好	多用于秋冬季节的服装纺织品
		蚕丝纤维	是自然界中最轻最柔最细的天然纤维,撤销外力后可轻松恢复原状,内胎不结饼、不发闷、不缩拢,均匀柔和	主要用于制造高档纺织品
化学纤维	人造纤维	黏胶纤维	吸湿性好,易于染色,不易起静电	可与棉、毛及合成纤维混纺制造各类纺织品,工业上可用于制造轮胎帘子线、运输带等产品
		醋酸纤维	醋酸纤维透气性好、光滑度高,带有丝绸的光泽,成本低,具有很好的编织性能	常用作装饰用丝绸、西服衬里等面料。工业上用于制造药品的肠溶衣、过滤膜材料等

(续表)

分类	名称	材料性能	用途
	铜氨纤维	比较昂贵,具有会呼吸、清爽、抗静电、悬垂性佳四大功能,性能近似于丝绸	常用作高档丝织或针织物
	蛋白质纤维	蛋白质纤维与羊毛性质类似,但强度低,保暖性不如羊毛,且原料成本较高	主要用于服装制品
	玻璃纤维	绝缘性好、耐热性强、抗腐蚀性好、机械强度高,但缺点是性脆,耐磨性较差	通常用作复合材料中的增强材料、电绝缘材料和保温材料等
合成纤维	聚酰胺纤维	强度高,但耐热性、耐光性差,耐磨性高,在混纺织物中加入聚酰胺纤维,可大大提高耐磨性	可以制造各种医疗及针织品,多用于针织及丝绸工业,如丝袜、蚊帐、弹力外衣、丝绸品等。在工业上大量用来制造帘子线、工业用布、缆绳、传送带、帐篷、渔网等
	聚酯纤维	一般为乳白色,强度高,吸水性低、回弹性好,耐磨性仅次于锦纶	主要作为民用织物或工业织物使用。在汽车及工业领域可以制造帘子线、输送带、绳索、电绝缘材料等
	聚丙烯腈纤维	性能极似羊毛,弹性较好,蓬松而柔软	可与羊毛混纺成毛线,或织成毛毯、地毯、运动服、雨伞布等,主要用于民用
	聚丙烯纤维	具有强度高、弹性好、耐磨、耐腐蚀等特性	广泛用于服装、绳索、渔网、安全带、箱包带、安全网、缝纫线、电缆包皮、土工布、过滤布、造纸用毡和纸的增强材料等
	聚乙烯醇纤维	具有强度高、模量高、伸度低、耐磨、抗酸碱、耐候性好的特点	在工业领域中可用于制作帆布、防水布、运输带、包装材料、缆绳、自行车胎帘子线,可与棉混纺,制作各种衣料等,可代替石棉作水泥制品的增强材料
	聚乳酸纤维	原料易获取、可自然降解,具有很好的耐热性	可制成长丝、短丝、单丝和非织造布等制品,常用作医疗卫生用品及免拆手术缝合线

分类	名称	材料性能	用途
	特种合成纤维	主要分为耐高温纤维、耐腐蚀纤维、阻燃纤维、弹性纤维、吸湿性纤维等	用于航空航天、新型建材、生物工程、环保、国防、轻工服装等领域

纤维复合材料：纤维复合材料，也称纤维增强复合材料，是由增强纤维材料与基体材料经过缠绕、模压或拉挤等成型工艺而形成的复合材料。其中，增强纤维材料是强度高、模量高、耐高温的纤维及织物，如玻璃纤维、氮化硅晶须、硼纤维及以上纤维的织物；而基体材料则起到塑性和黏合的作用，如不饱和聚酯树脂、环氧树脂、酚醛树脂、聚酰亚胺等热固性树脂及苯乙烯、聚丙烯等热塑性树脂。

纤维复合材料通常以其中的增强纤维来命名，常见的有玻璃纤维复合材料、碳纤维复合材料、芳纶纤维复合材料、超高分子量聚乙烯纤维复合材料等。由于纤维复合材料的比强度和比模量比金属高，但重量和厚度更轻，因此是国防、尖端技术方面不可缺少的材料，目前已广泛应用于航空航天、船舶制造、汽车、医疗等领域。

4.2.2　纤维制造业现状及发展趋势

当前我国化学纤维产量约占全球的 2/3 以上，稳居世界第一，纤维加工总量占全球一半以上。据中国化学纤维工业协会统计，2019 年我国化纤产量为 5 827 万吨，同比增长 7.8%，其中黏胶纤维同比增长 2.8%，涤纶同比增长 8.3%，锦纶同比增长 5.9%。与 2015 年相比，"十三五"期间化纤产量以平均每年 4.8% 的速度增长，略高于"十三五"规划的预估值。

在各类化学纤维产品中，涤纶的产量最高，占整个化学纤维产量的 81.71%。其次为锦纶，占整个化学纤维产量的 6.37%。第三为黏胶短纤，占整个化学纤维产量的 6.29%。

从涤纶长丝下游应用来看，目前纺织服装使用占比 52%，家纺使用占比 33%，产业用纺织业使用约占 15%，轻纺目前仍是纤维下游的最大市场。

目前除工艺落后、产能较低的玻璃纤维、人造纤维及纺织制造外，其余高性能纤维材料及制品、纤维纺织品均属于国家鼓励类产业。

1. 化学纤维产业向高性能、功能化方向发展

由于我国轻工纺织业仍然是纤维的主要消费市场,化纤作为替代棉花的主要材料,其市场与棉花价格紧密相连,同时又受到上游化工原料成本的制约。随着近年来国际形势的变化以及由土地、人力等成本上涨带来的压力,中低端化纤行业的利润空间逐渐压缩,大量企业开始向生产高性能、功能化、特殊用途的方向发展。以聚酯纤维为例,目前我国聚酯纤维发展仍不断创新,在产量不断增长的同时,高品质差异化产品比例也不断上升,在功能性、差异化、个性化等方面不断提升,竞争力也不断增强。

2. 绿色化发展趋势逐步显现

随着近年来环保要求的提高,以及碳达峰、碳中和目标的逐渐清晰,纤维行业绿色化发展的趋势逐步显现。目前我国的化学纤维仍占据纤维行业的主要地位,而化学纤维主要原料来源于石油化工等不可再生资源,生产过程中也表现出高耗水、高碳排放的特点。因此,以聚乳酸纤维、再生纤维素纤维、壳聚糖纤维等为代表,使用动植物及副产物等可再生原料生产制造的纤维材料发展迅猛。

3. 全球纤维复合材料将持续高速增长

据美国市场研究公司的报告显示,到 2024 年,全球复合材料市场规模预计将达到 1 308 亿美元,并预测以 7.8% 的年均复合率继续增长。

以碳纤维为例,2018 年我国碳纤维的总需求为 31 000 吨,对比 2017 年的 23 487 吨同比增长了 32%。在经济下行的大环境下,碳纤维产业已经初步体现出战略性新兴产业的勃勃生机(见表 4-6)。

表 4-6 我国碳纤维需求量/吨

年份	进口	国产	年份	进口	国产
2008	8 000	200	2014	12 793	2 000
2009	8 400	200	2015	14 408	2 500
2010	8 983	450	2016	15 963	3 600
2011	8 497	800	2017	16 087	7 400
2012	7 452	680	2018	22 000	9 000
2013	13 611	1 500	2019	23 020	11 700

虽然国产碳纤维在纤维离散系数、断裂伸长率、上浆剂种类及上浆量、行

业整体产能、成本控制等方面与国外知名碳纤维生产商相比还有较大差距,但市场对国产碳纤维的认可度有了显著提升,进口替代在稳步推进中。

需要注意的是,复合材料具有高度定制化的特性,整体产业的发展情况取决于下游主要应用市场的行情。随着技术的不断发展,复合材料的应用领域也会不断扩展,其工艺、技术等也日益成熟,产业总体增长成为必然趋势。

4. 纤维复合材料下游应用领域以高端制造业为主

目前全球复合材料主要为玻璃纤维复合材料和碳纤维复合材料,两者约占整个复合材料市场规模的 90% 以上。在全球玻璃纤维消费市场中,玻璃纤维的主要应用领域集中在建筑、交通运输、工业应用、电子电气、新能源等领域,占比分别达 32%、28%、21%、11% 和 8%。

航空航天领域是碳纤维的主要应用领域之一,碳纤维的使用能使飞机重量减轻 6%~12%,从而显著地降低飞机的燃油成本。在航空航天领域,碳纤维最早用于人造卫星的天线和卫星支架的制造,同时因其耐热耐疲劳的特性,碳纤维在固体火箭发动机壳体和喷管上也得到了广泛应用。

除航空航天领域以外,目前碳纤维复合材料也广泛应用于体育用品、风电、汽车制造、船舶、电子电气等领域。从需求占比来看,目前航空航天、体育用品、风电、汽车制造几大领域的需求规模占比分别为 48%、13%、12%、8%。其他应用领域占比均在 5% 及以下。

4.2.3 纤维生产工艺及国内产业布局

1. 天然纤维加工工艺

天然纤维的加工一般为纺织工艺,以棉纺工艺为例,主要包括清棉、梳棉、并条、粗纱、细纱、络筒、整经、浆纱、穿经、织造等环节。首先清除棉中的杂质,通过梳理、牵伸、并条,使棉形成规格一致、纤维平行的棉条,再对棉条进行牵伸、加捻,使纱条具有一定的强度,通过卷绕形成一根根的经纱,最后通过浆纱工序让丝的单纤维互相黏结,增加断裂强度,烘干后可进行织造。

2. 化学纤维纺丝工艺

化学纤维纺丝工艺主要有熔体纺丝和溶液纺丝两类。熔体纺丝是在熔融状态下挤出送入纺丝机进行纺丝,特点是速度快、过程简单,适用于熔融状态下不发生显著分解的纤维聚合物,主要品种包括涤纶、锦纶、丙纶等。溶液纺丝是将聚合物溶解在溶剂中制得纺丝液,再挤出送入纺丝机,根据纺丝液细流的凝固方式,分为干法纺丝和湿法纺丝两种,适用于熔融时容易分解的成纤聚合物,比如聚丙烯腈纤维、聚乙烯醇纤维以及黏胶纤维等。

3. 纤维复合材料生产工艺

目前纤维复合材料生产工艺种类繁多,主要包括手糊成型、喷射成型、层压成型、缠绕成型、热压罐成型、挤塑成型、模压成型等。纤维复合材料的生产首先是将基体树脂材料渗透到织物内,再通过加热、模压等工艺使其固化成型,形成具有一定刚度和强度的复合材料。

4. 国内产业布局情况

目前,我国化纤产业产能主要集中在江苏、浙江、福建三个沿海省份。这三个省是我国纺织业的主要生产基地,也是化纤上游 PTA 生产的重要基地,有舟山石化、盛虹炼化等炼化基地。

恒力集团有限公司

恒力集团有限公司拥有全球产能最大的对苯二甲酸工厂之一、全球最大的功能性纤维生产基地,员工数量达 12 万,企业竞争力和产品品牌价值均位于国际行业前列。

企业拥有"原油—芳烃、乙烯—精对苯二甲酸、乙二醇—聚酯—民用丝及工业丝、工程塑料、薄膜—纺织"的完整产业链。

在炼油板块,恒力集团拥有 2 000 万吨/年炼化一体化项目;石化板块,恒力(大连长兴岛)产业园对苯二甲酸项目年产能达到 1 200 万吨;在聚酯新材料板块,恒力集团拥有世界领先的技术装备,年聚合产能 500 万吨;在纺织板块,恒力纺织拥有超 4 万台生产设备,产能规模达 40 亿米/年。

恒力集团在苏州、南通、宿迁建有三大化学纤维产业基地,均采用原装进口世界一流设备、全流程数字化智能纺丝装备,目前恒力已成为全球最大的涤纶牵伸丝生产企业,也是国内最大的超亮光纤维、涤纶复合纤维、高品质涤纶工业纤维生产基地之一,是同时拥有民用纤维和工业纤维开发和生产的高新技术企业。

4.3 合成橡胶及橡胶制品业

目前全球橡胶制品的种类和规格有十万多种,在航空航天、电子、汽车、交通运输等产业领域应用广泛。

合成橡胶及橡胶制品业的上游主要包括天然橡胶原料的种植、采集以及石油化工原料生产制造,中游主要为天然橡胶制造业、合成橡胶制造业等,下游主要为橡胶制品制造业,如轮胎、电线电缆、密封材料、轻工日用品制造等。其中,合成橡胶制造业是指用一种或多种单体为原料进行聚合生产合成橡胶或高分子弹性体的生产活动。橡胶制品业是指以天然橡胶或合成橡胶为原料生产各类橡胶制品的活动,其中包括轮胎制造、橡胶板、管、带、零件、再生橡胶等制品的制造。

4.3.1 橡胶的分类与特征

橡胶按来源可以分为天然橡胶与合成橡胶。其中合成橡胶按性能和用途又可分为通用橡胶和特种橡胶,还有一类结构特殊的热塑性弹性体。

天然橡胶:是指从橡胶树上采集的天然胶乳,经过凝固、干燥等加工工序而制成的弹性固状物。

通用橡胶:批量生产的通用橡胶品种有乳聚丁苯橡胶、溶聚丁苯橡胶、顺丁橡胶、异戊橡胶、氯丁橡胶、乙丙橡胶和丁基橡胶等,它们主要用来制造各种轮胎和一般橡胶制品。

特种橡胶:是指具有特殊性能和特殊用途,能适应苛刻条件使用的合成橡胶。如耐300℃高温,耐强侵蚀,耐臭氧、光、天候、辐射和耐油的氟橡胶;耐−100℃低温和260℃高温,对温度依赖性小、具有低黏流活化能和生理惰性的硅橡胶;耐热、耐溶剂、耐油,电绝缘性好的丙烯酸酯橡胶。其他还有聚氨酯橡胶、聚醚橡胶、氯化聚乙烯、氯磺化聚乙烯、环氧丙烷橡胶、聚硫橡胶等,它们亦各具优异的独特性能,可以满足一般通用橡胶所不能胜任的特定要求,在国防、工业、尖端科学技术、医疗卫生等领域有着重要作用。

表 4-7　常见橡胶的性能及其应用

分类		名称	材料性能	应用
天然橡胶			具有优良的回弹性、绝缘性、隔水性、可塑性,经过适当处理后还具有耐油、耐酸、耐碱、耐热、耐寒、耐压、耐磨等宝贵性质	可以制成雨鞋、暖水袋、外科医生手套、输血管、避孕套、各种轮胎、传送带、运输带、防震设备、防毒面具等产品
合成橡胶	通用橡胶	丁苯橡胶	其物理结构性能,加工性能及制品的使用性能接近于天然橡胶,耐磨、耐热、耐老化及硫化速度较天然橡胶更为优良	广泛用于轮胎、胶带、胶管、电线电缆、医疗器具及各种橡胶制品的生产等领域
		聚丁二烯橡胶	具备高弹性、耐寒性和耐磨损等性能	主要用于制造轮胎,也可用于制造胶鞋、胶带、胶辊等耐磨性制品
		异戊橡胶	最接近天然橡胶,具有很好的弹性、耐寒性及很高的拉伸强度,化学稳定性好	广泛运用于轮胎制造行业
		乙丙橡胶	具有良好的耐化学品性、电绝缘性、冲击弹性、低温性能、低密度和高填充性等	广泛用于汽车部件、建筑用防水材料、电线电缆护套、耐热胶管、胶带、汽车密封件、润滑油改性等领域
		氯丁橡胶	有良好的物理机械性能,耐油,耐热,耐燃,耐日光,耐臭氧,耐酸碱,耐化学试剂,缺点是耐寒性和贮存稳定性较差	主要用于制造运输带、电线电缆、耐油胶板、耐油胶管、密封材料、粘胶鞋底、涂料等产品
		丁基橡胶	气密性好、耐热、耐臭氧、耐老化、耐化学药品,并有吸振、电绝缘性能	主要用于制作各种轮胎的内胎、无内胎轮胎的气密层、各种密封垫圈,在化学工业中用作盛放腐蚀性液体容器的衬里、管道和输送带等
	特种橡胶	丁腈橡胶	耐油性极好,耐磨性较高,耐热性较好,黏结力强,缺点是耐低温性差、耐臭氧性差	主要用于制造各种耐油橡胶制品、多种耐油垫圈、垫片、套管、软包装、软胶管、印染胶辊、电缆胶材料等,在汽车、航空、石油、复印等领域应用广泛

（续表）

分类	名称	材料性能	应用
特种橡胶	聚硫橡胶	有优异的耐油和耐溶剂性，但强度不高，耐老化性能不佳，加工性能不好，多与丁腈橡胶并用	主要用于制造输油胶管、印刷胶辊、密封圈以及气量计的隔膜
	氯醚橡胶	黏结性和流动性良好，加工方便，并具有耐热、耐寒、耐油、耐臭氧、耐燃烧、耐酸碱和耐溶剂等性能	在化工、石油、机械和国防工业中的用途极广。可用作软管、衬里、密封垫圈、内胎、减振制品、刹车皮碗、印刷胶辊及电缆外套等，在军事工业上，可以用于制造火箭、飞机的部件
	丙烯酸酯橡胶	具有耐热、耐老化、耐油、耐臭氧、抗紫外线等特点，力学性能和加工性能优于氟橡胶和硅橡胶	主要用于汽车的耐高温油封、曲轴、阀杆、汽缸垫、液压输油管等部件
	硅橡胶	具有无毒无味，耐高温、耐低温、防霉性、电绝缘性等特点	可用于制作厨房炊具、保温瓶、烤箱、微波炉、气压式热水瓶等密封材料、婴儿奶嘴、人造血管，工业上用于制造密封圈、油封、阻燃硅橡胶件、飞机的电线包覆、液压系统、外露系统的各种密封圈、胶管、软管等
	氟橡胶	具有耐热性、抗氧化性、耐油性、耐腐蚀性和耐大气老化性，可在 $200\sim250℃$ 下长期工作，用于深井采油时可承受 $149℃$ 和 420 个大气压的苛刻工作条件	在航天、航空、汽车、石油和家用电器等领域应用广泛，是国防尖端工业中无法替代的关键材料
	热塑性弹性体	其既具备传统交联硫化橡胶的高弹性、耐老化、耐油性各项优异性能，同时又具备普通塑料加工方便、加工方式广的特点	主要应用领域包括汽车、管材、鞋、皮包、运动器材、医用器材等产品领域

4.3.2　合成橡胶及橡胶制品业现状及发展趋势

我国是全球最大的橡胶消费国和橡胶制品生产国,2019 年橡胶制品产量约 743.96 万吨,同比增长约 7.6%。从消费量的占比情况来看,合成橡胶占据约 2/3 的市场。同时可以看出,我国橡胶消费量不断增长的同时,进口依赖度也在不断增加,国内橡胶供需缺口将成为未来几年橡胶业的趋势。

从产业链来看,天然橡胶上游原料主要为橡胶树,而合成橡胶主要来源于石油化工原料。而目前无论是天然橡胶原料还是石化原料,我国资源量都不高,原料供应受国际市场制约。近年来,随着我国制造业的不断发展,橡胶的需求量不断扩大,未来橡胶产业的发展仍是制造业的重要支撑。

目前我国橡胶相关产业中,禁止与限制部分落后工艺及产能较低的橡胶原料制造,比如限制氯丁橡胶类、丁苯热塑性橡胶类、聚氨酯类和聚丙烯酸酯类中溶剂型通用胶黏剂、3 万吨/年以下普通合成胶乳-羧基丁苯胶等,禁止四氯化碳溶剂法制取氯化橡胶生产工艺等,除此之外其余均属于国家鼓励类产业。

中低端通用橡胶产能过剩,亟须向高性能、定制化转型发展。目前我国合成橡胶的生产能力、产量、进口量以及消费量仍处于世界首位,随着我国制造业的发展以及"新基建"、新能源汽车等重要领域的需求拉动,未来我国橡胶市场将持续扩大,但通用橡胶如丁苯、顺丁橡胶等行业产能持续过剩,低端市场竞争激烈。

近年来,随着电力、交通、新基建、新能源汽车等产业的不断发展,对橡胶材料的性能、功能以及绿色化、高端化的需求不断提升,各类橡胶企业通过与下游需求紧密结合,逐步开发高性能、定制化的产品,丰富产品系列,提升产品的附加值成为主要趋势。新产品、新牌号的产品研发也在不断推进,技术升级成为橡胶产业主要方向。

高端市场进口依赖严重,国产化空间巨大。目前我国橡胶产业仍处于大而不强的境地,中低端通用产品产量大,而高端产品薄弱,技术、设备的落后导致产品质量波动大,无法满足航空航天、舰船等国防和轨道交通高端领域的使用。因此,高端橡胶产期依赖进口,存在"卡脖子"的现象。

以溴化丁基橡胶为例,它是一种含有活性溴的异丁烯-异戊二烯共聚物弹性体,具有优良的减振性能、低渗透性以及耐老化性能,在轮胎、医药密封领域应用较多,随着国内轮胎产量的增长,溴化丁基橡胶市场需求也在不断提升。我国虽然初步掌握溴化丁基橡胶生产技术,但由于国内溴化丁基橡胶生产企业较少,产能较低,不能够满足市场需求,因此仍高度依赖进口。

目前高端橡胶国产化成为主要趋势,许多企业不断加大研发投入,一方面吸引更多的科研人才加入,另一方面集中力量攻关高端产品,同时提高生产效率及技术水平,缩小与进口产品的差距,未来橡胶产业发展仍具有较好的前景。

4.3.3 合成橡胶及橡胶制品生产工艺及国内产业布局

1. 天然橡胶加工工艺

天然橡胶加工包括割胶、净化、凝固、造粒、干燥几个主要过程。首先将储藏在树皮乳管中的乳胶取出并收集,再经过过滤、离心、自然沉降等方式去除橡胶乳液中的杂质,再通过添加剂使得乳胶凝固熟化,最后对胶料进行后处理,通过压延、造粒、干燥、包装,将橡胶制成成品。

2. 合成橡胶的制造工艺

合成橡胶的制造工艺可大致分为聚合、混炼、成型、硫化等过程。其中,合成橡胶的聚合是在橡胶单体引发剂和催化剂的作用下进行聚合反应的过程,主要应用乳液聚合法和溶液聚合法两种工艺。混炼是为提高橡胶的使用性能,通过加入各类助剂,通过炼胶机进行混合、搅拌、挤压,增加橡胶的可塑性。橡胶的成型包括压延成型、挤出成型等方式,通过相应的设备将橡胶制成需要的制品形状。橡胶的硫化可以使橡胶可塑性降低,从而提高弹性强度,使得力学性能大大提高,除了某些热塑性弹性体不需要经过硫化外,天然橡胶、合成橡胶都需要加入硫化剂进行硫化。

3. 国内产业布局情况

我国橡胶产业主要分布在东部地区。据企查查数据显示,目前我国共有157.3万家橡胶相关企业,近10年相关企业注册量连年攀升,2019年新增企业达31.7万家,同比增长36%。从地区分布来看,山东以19.4万家排名第一,江苏、广东、浙江、河北分别以14.5万家、14.4万家、13.8万家和12.2万家位列第二至第五。

江阴海达橡塑股份有限公司

江阴海达橡塑股份有限公司(海达股份)位于江阴市周庄镇,主要从事橡胶及其改性产品的研发。公司主要围绕橡胶制品密封、减振两大基本功能,致力于高端装备配套用橡塑部件产品的研发、生产和销售,为全球客户提供密封、减振系统解决方案。

公司拥有行业先进的自动炼胶系统、自动称量配料系统、负压管道输送系统等,可年产各类混炼胶4.5万吨。拥有各类橡胶密封件挤出生产线40多条、各类减振件硫化设备140多台(套)。

该公司产品广泛应用于轨道交通、建筑、汽车、航运等四大领域。

轨道交通领域:公司是轨道交通领域密封、减振部件的主要供应商,已通过国际铁路行业标准认证。主要有轨道车辆橡胶密封和减振部件、盾构隧道止水橡胶密封件、轨道减振橡胶部件等三大类产品。

建筑领域:公司是中国建筑金属结构协会常务理事单位,并被认定为中国建筑门窗配套件科技产业化基地和中国建筑幕墙50强企业核心合作伙伴,主要有应用于建筑门窗、幕墙的密封部件和应用于结构隔震的建筑隔震产品。

汽车领域:公司在汽车全车密封件和减振件研发和生产方面达到了中高端水平,已成为多家知名汽车主机厂及其供应链的合格供应商,具备研发和批量生产汽车密封件和汽车减振件的能力,主要产品有全车密封系统、天窗密封系统、发动机悬置系统、排气吊耳系统、底盘悬架系统等。

航运领域:公司是国内较早研发生产远洋船舶舱盖橡胶密封部件和集装箱用橡胶密封部件的企业,并成功替代进口,在船舶和集装箱橡胶密封件方面有着30多年的研发和生产历史,积累了丰富的产品研发和生产经验,是国家/行业标准《集装箱门框密封条》《船用货舱盖密封条》的主要参编单位。主要产品有:船舶舱盖橡胶密封部件、弹性支撑块、水密门窗密封系统、极地船(高耐寒)橡胶密封部件和各类海洋工程装备用橡胶密封和减振部件。

山东道恩股份有限公司

山东道恩股份有限公司是一家专业从事高性能热塑性弹性体、改性塑料、色母粒等产品的研发、生产、销售与服务的国家级高新技术企业。公司在国内率先实现"动态全硫化热塑性弹性体"产业化,打破国际垄断,是国内品种齐全的高性能热塑性弹性体材料生产商,也是国内热塑性弹性体产量第一的生产企业。2020年生产热塑性弹性体1.96万吨,实现营业收入42 564.73万元。

道恩股份产品涵盖热塑性弹性体、热塑性聚烯烃类防水卷材、苯乙烯基热塑性弹性体、有机硅弹性体、丁腈橡胶和聚丙烯的共混料热塑性硫在橡胶、热塑性弹性体、溴化丁基橡胶、氢化丁腈橡胶以及改性聚丙烯、丙烯腈-丁二烯-苯乙烯共聚物/聚碳酸酯、聚酰胺系列、熔喷料、色母粒等品种,广泛应用于汽车、家电、电子电气、轨道交通、航空航天、医疗卫生和建筑工程等领域。

公司诸多产品核心技术达到国内领先或先进水平,拥有多元化、高水准的研发平台,包括国家级企业技术中心、国家创新能力建设平台、中国合格评定国家认可委员会(CNAS)实验室、国家地方联合工程实验室等四个国家级研发平台,全国石油与化学工业高性能热塑性弹性体工程实验室、山东省高性能热塑性弹性体重点实验室、山东省塑胶弹性体工程技术研究中心、山东省特种橡塑工程实验室等四个省部级研发平台。

近年来,道恩股份围绕高分子复合材料在汽车、电器等主要下游行业的应用需求,进行了有针对性、前瞻性的持续技术研发和产业化生产,并取得了一系列具有国际先进、国内领先水平的技术成果和荣誉,其自主开发的"完全预分散-动态全硫化"制备热塑性弹性体的成套工业化技术,形成了包括产品配方、生产工艺和制造装备在内的成套热塑性弹性体制备工业化技术,具有突出的自主创新能力,公司生产的改性塑料产品和热塑性弹性体产品先后被认定为国家重点新产品。

4.4　胶黏剂制造业

胶黏剂是指通过界面的黏附和内聚等作用,使两种或以上的材料连接在一起的物质,又称黏合剂等。胶黏剂最早应用于木材加工,大量用于胶合板、纤维板等制品,主要使用脲醛树脂、酚醛树脂、三聚氰胺树脂等胶黏剂。我国建筑装饰与木材加工仍是最大的胶黏剂应用领域。随着技术的不断发展,胶黏剂的应用也在不断扩大,目前包括汽车、建材、航空航天、轻工等领域都有广泛的应用。

4.4.1　胶黏剂的分类与特性

胶黏剂的品种繁多,按照基体材料的不同可以分为有机胶黏剂和无机胶黏剂,按照原料来源的不同又可以分为天然胶黏剂和合成胶黏剂。无机胶黏剂主要包括磷酸盐型、硅酸盐型、硼酸盐型、玻璃陶瓷等,具有耐高温、不易燃烧的特点,但易脆裂,用量较少。天然胶黏剂主要在包装、家具、木材等领域广泛应用,其具备价格低、毒性低,但耐水、耐潮及耐微生物作用较差的特性。合成胶黏剂是品种最多、应用范围最广、用量最大的胶黏剂,约占胶黏剂总量的 60% 以上,具有良好的绝缘性、隔热性、抗震性、耐腐蚀性、耐微生物作用等性能。

胶黏剂种类繁多,常见的有环氧树脂胶黏剂、聚氨酯胶黏剂、酚醛树脂胶黏剂、丙烯酸酯类胶黏剂、橡胶胶黏剂、有机硅胶黏剂等(见表 4-8)。

表 4-8　常见高分子胶黏剂的性能及应用

名称	材料性能	应　用
环氧树脂胶黏剂	黏结强度高、通用性强,有"万能胶""大力胶"之称,且价格低廉、工艺简便	在家电、汽车、交通、电子、航空航天等领域得到广泛应用,是当前应用最为广泛的胶种之一
聚氨酯胶黏剂	具备优异的橡胶特性,能适应不同热膨胀系数基材的黏合,黏结力强,还具有优异的缓冲、减震功能。低温和超低温性能超过所有其他类型的胶黏剂	在交通、航天、工业等许多方面都得到了广泛的应用,是目前最重要的胶黏剂品种之一

（续表）

名称	材料性能	应 用
酚醛树脂胶黏剂	优点是黏结力强、刚性大、耐热性、耐老化性好，本身易于改性，也能对其他胶黏剂进行改性	可以用于制造层压板、胶合板，也可以用于制造胶接金属、陶瓷等材料，在木材加工领域中是使用广泛的主要胶种之一
丙烯酸酯类胶黏剂	具有高强度、耐冲击、耐候性、使用方便等特性	广泛应用于金属材料、塑料、玻璃、陶瓷等各类材料，适用于汽车、机械、化工管道、家用等各个领域
橡胶胶黏剂	具有良好的弹性和黏合性能，但强度较低，耐热性不高，适用于黏结柔软材料和热膨胀系数差距大的材料	广泛应用于飞机制造、汽车制造、建筑、轻工、橡胶制品等领域
有机硅胶黏剂	具有良好的耐热性，缺点是黏附性较差，需要加入其他材料进行改性	广泛应用于耐高温、耐低温、耐腐蚀、耐辐射等领域，比如航空航天、电子、医疗器械、工业与建材等

4.4.2　胶黏剂制造业现状及发展趋势

我国在全球胶黏剂行业中具有举足轻重的地位，市场规模约占全球的1/3。根据中国胶黏剂和胶黏带工业协会统计数据，2009年以来我国胶黏剂行业消费量逐年增长，由2009年的394.1万吨增长至2018年的797.4万吨，年均复合增速达到8.15%。至2018年底，我国胶黏剂销售额达到1027.8亿元，产量达到838.3万吨，同比增长5.29%。

从下游应用来看，黏胶剂主要用于木材加工、建筑和包装等行业，扩展到服装、轻工、机械、航天航空、电子电器、交通运输、医疗卫生、邮电、仓储等众多领域，汽车业、电子电器业、制鞋业、食品包装业的用胶量也在不断增长。

目前除氯丁橡胶类、丁苯热塑性橡胶类、聚氨酯类和聚丙烯酸酯类中溶剂型通用胶黏剂外，其余均属于国家鼓励类产业。

1. 行业集中度和技术水平不断提高

从中低端胶黏剂市场来看，我国胶黏剂低端市场集中度较差，中小企业繁多，大型龙头企业少，企业往往集中于1～2个大类进行生产，利润率低、竞争力不强、同质化现象严重。近年来，随着用户对胶黏剂产品质量、性能和环保节能要求的日益提高，市场竞争日趋激烈，低端胶黏剂产品利润趋薄，加上原材料价格上涨、劳动力成本提升、环保监管严格,极大地压缩了中小企业的利润空间,一些技术水平落后、缺乏自主创新能力、高污染、高能耗的小型生产企业相继被淘汰。而国内龙头企业持续加大研发投入,借助资本市场优势加快发展,这些企业的生产质量、研发实力可以和外资企业相媲美。行业整体呈现规模化、集约化发展趋势,行业集中度和技术水平不断提高。

2. 提升产品性能,实现进口替代

目前我国胶黏剂市场长期被国际化工巨头占据,如汉高百得、3M、PPG、陶氏杜邦等企业拥有强大的研发能力和品牌优势,行业集中度高,具有规模化效益,产品从高端到中低端全覆盖。

我国高端胶黏剂市场绝大部分由国际品牌垄断,少数拥有自主知识产权的国内企业在各细分领域中占有一席之地,可以生产附加值与技术含量高的产品。在全球化背景下,胶黏剂行业的竞争与技术交流促进国内企业不断加大研发投入,提升生产技术水平,胶黏剂产品性能也在持续提升,国内企业竞争力显著增强。在部分中高端产品细分市场上,国产胶黏剂产品指标已接近或达到国际同类产品水平。国内经济稳步增长,胶黏剂产品全球产业转移,以及国内企业技术进步带来的进口替代,都给国内企业带来了良好的发展机遇和持续增长的市场空间。

4.4.3　胶黏剂生产工艺及国内产业布局

1. 胶黏剂生产工艺

胶黏剂通常由几种材料配制而成,包括基料和辅助材料两大类。其中基料是起到黏结作用并赋予一定力学强度的物质,如树脂、橡胶、蛋白质、淀粉、硅酸盐等。辅助材料是用于改善主体性能或便于应用而加入的物质,如固化剂、硫化剂、促进剂、增韧剂、稀释剂、偶联剂、溶剂、填料等等。

胶黏剂的生产根据其组分不同,工艺也各不相同,其中包括聚合、缩聚、混合搅拌等。以聚氨酯胶黏剂生产为例,其主要生产工序包括酯化、缩聚、聚合、稀释。首先将己二酸、二甘醇、乙二醇进行酯化反应,制得聚氨酯半成品,再加入甲苯二异氰酸酯或二苯基甲烷二异氰酸酯进行搅拌聚合,最后加入乙酸乙酯进行稀释,冷却后包装成品。

2. 国内产业布局

从胶黏剂销售额来看,目前位于前三位的企业都是跨国企业,汉高稳居世界胶黏剂行业之首,2017年在我国销售额达60亿元人民币;富乐通过并购我国工程胶黏剂行业龙头企业北京天山公司之后成为我国胶黏剂行业排行第二的企业,2017年销售额在18亿元人民币左右;陶氏与杜邦合并,其子公司"材料科技"部门(陶氏化学和康宁公司控股的合资公司道康宁被纳入其中)胶黏剂业务也有15亿元人民币左右,第四位以后才是我国胶黏剂企业,如回天新材、高盟新材等。

上述大型企业在我国上海、江苏、浙江、广东、山东、湖北等省份都有生产基地,是国内胶黏剂行业的主要产能。目前来看,我国胶黏剂企业多达3500多家,且大多数为中小型企业,其中1800多家为作坊式企业,年销售收入达5000万元以上的企业不足百家。排名前四的胶黏剂企业市场份额仍不足15%,产业集中度较低,产能较为分散。

德国汉高

德国汉高(Henkel)成立于1876年,总部位于德国杜塞尔多夫,拥有140多年的历史,业务遍及全球,主要包括三大领域:洗涤剂及家用护理、化妆/美容用品和黏合剂。2020年汉高营业收入达到193亿欧元。

其中,汉高黏合剂业务于1988年进入我国市场,品牌"汉高百得",其主要产品"百得胶"广泛应用于各个领域,包括民用黏合剂、工业黏合剂、汽车行业、金属工业、建筑、航天及电子行业等。汉高于1997年收购"乐泰"(Loctite)公司,乐泰因高效的厌氧密封剂技术而出名,其主要产品应用于工业与机械领域,以及汽车、航空航天和生物医学等领域。

回天新材

回天新材是专业从事胶黏剂和新材料研发、生产的高新技术企业,主要产品涵盖高性能有机硅胶、聚氨酯胶、丙烯酸酯胶、厌氧胶、环氧树脂胶等工程胶黏剂及太阳能电池背膜等。

目前,回天新材是国内工程胶黏剂行业的龙头企业,主要产品均处于国内行业领先水平,部分细分领域产品的技术指标、性能达到或超过国际竞争对手,逐步替代进口,是我国工程胶黏剂行业中规模最大、涵盖的产品种类最多、应用领域范围最广的内资企业之一,是我国新能源、汽车制造及维修、轨道交通、通信电子、家电、LED等领域工程胶黏剂和新材料最大的供应商之一。营业收入、净利润在A股胶黏剂行业上市公司中均排名前列。

回天新材在湖北、上海、广州、常州共设五个研发中心,对有机硅、聚氨酯、丙烯酸、环氧和氟膜进行深入研究,目前共有专利229项,研发人员140人,其中博士12人,硕士60余人。该公司同时设有博士后产业基地与博士后科研工作站,2012年9月与中科院联合成立了"中科院应化回天高性能胶黏剂材料工程技术中心"。

4.5　涂料制造业

涂料是指涂布在物体表面形成具有保护和装置作用的材料。最早是由植物油和天然树脂熬制而成,被称为"油漆"。随着石油化工产业的不断发展,合成树脂涂料已经逐步取代天然树脂涂料,成为应用最多的涂料产品。涂料制造业的上游产业包括树脂、溶剂、颜填料和助剂等化工原材料制造业,下游应用主要以建筑涂料为主,约占涂料总产量的50%以上,汽车、船舶、飞机等领域的涂料占比约10%以上。

涂料制造业属于化学原料和化学制品制造业,主要指在天然树脂或合成树脂中加入颜料、溶剂和辅助材料,经加工后制成覆盖材料的生产活动,与之密切相关的还有颜料制造、染料制造、填料制造等行业。

4.5.1　涂料的分类与特征

涂料为多组分体系,其中包括成膜物质、颜料、溶剂、增塑剂等。成膜物质是涂料的基本组分,决定了涂料的主要性能。

涂料品种繁多,主要可以分为油性涂料和合成树脂类涂料两种。其中,油性涂料包括油脂类涂料、天然树脂涂料、沥青涂料等；合成树脂类涂料包括酚醛树脂涂料、醇酸树脂涂料、聚氨酯涂料、环氧树脂涂料等。常见的涂料主要包括天然树脂涂料、醇酸树脂涂料、丙烯酸树脂涂料、聚氨酯树脂涂料、环氧树脂涂料等(见表4-9)。

表4-9　常见涂料性能及用途

名　称	材料性能	用　　途
天然树脂涂料	施工方便，原料易得，制造容易，成本低廉，但耐久性差	主要用于质量要求不高的木器家具、民用建筑和金属制品的涂覆
醇酸树脂涂料	具有耐候性、附着力好和光亮、丰满等特点，且施工方便，涂膜较软，耐水、耐碱性欠佳	可用于桥梁等建筑物以及机械、车辆、船舶、飞机、仪表等的涂装
丙烯酸树脂涂料	具有耐候、耐腐蚀等优点	广泛应用于汽车、飞机、机械、电子、家具、建材、塑料等领域
聚氨酯树脂涂料	具有良好的机械性能、较高的固体含量，各方面的性能优良，缺点是施工工序复杂，对施工环境要求很高	主要应用方向有木器涂料、汽车修补涂料、防腐涂料、地坪漆、电子涂料、特种涂料、聚氨酯防水涂料等
环氧树脂涂料	附着力强，耐化学品性、防腐性、耐水性、热稳定性和电绝缘性优良，但环氧树脂涂料经户外日晒会失光粉化	广泛用于建筑、化工、汽车、舰船、电气绝缘等方面

4.5.2　涂料制造业现状及发展趋势

我国是全球最大的涂料市场，自2009年起已超过美国，约占全球三分之一的市场份额。2014—2019年我国涂料行业产量逐年上涨，2019年产量已达到2438.8万吨，较2018年小幅上升，同比增长2.60%。

属于我国限制类及禁止类的涂料产能包括：1万吨/年以下溶剂型涂料，含异氰尿酸三缩水甘油酯的粉末涂料，含双氯苯基三氯乙烷(DDT)的涂料，以及多彩内墙涂料(树脂以硝化纤维素为主，溶剂以二甲苯为主的水包油型涂料)，氯乙烯-偏氯乙烯共聚乳液外墙涂料，焦油型聚氨酯防水涂料，水性聚氯乙烯焦油防水涂料，聚乙烯醇及其缩醛类内外墙涂料(106、107涂料等)，聚醋酸乙烯乳液类(含乙烯/醋酸乙烯酯共聚物乳液)外墙涂料，有害物质含量超标准的内墙、溶剂型木器、玩具、汽车、外墙涂料。其余高性能涂料、水性环保涂料等均属于国家鼓励范畴。

目前我国涂料产业主要被立邦、PPG、巴斯夫等外资品牌占据。而我国企业普遍规模较小,参与市场竞争的企业众多,集中度较低,行业竞争激烈。

在消费升级的驱动下,我国涂料行业开始步入整合发展阶段,行业内企业并购日益增多,涂料行业竞争加剧、行业集中度不断提高。中小涂料企业也因销售渠道不够完善、品牌知名度低、产品研发投入不足等不利因素影响而被市场逐步淘汰。缺乏核心竞争力的企业将逐步退出市场,市场份额将逐步向实力较强的品牌企业集中。

同时,随着环保法规的进一步完善和消费者环保意识的不断加强,未来健康环保、节能减排的水性涂料、UV 涂料将全面替代油性涂料。许多涂料企业都加强了水性涂料、UV 涂料等的研发和生产,涂料绿色化、环保化成主要发展趋势。

4.5.3　涂料生产工艺及国内产业布局

1. 涂料的生产工艺

涂料的生产工艺主要包括混合、均质、分散等过程,一般为物理过程。首先将颜料(填料)混合均匀,通过分散研磨,使得大的粒子团分散成小的粒子团,再将基料与颜料(填料)共同混合,加入助剂,搅拌均匀,最后将涂料进行过滤,进行成品检测与包装称量。

2. 国内产业布局情况

从全国涂料产能情况来看,我国涂料产量主要分布在华南、华东、华中地区,三大区产量约占全国总量的 75%。其中,广东 2020 年涂料产量达 483.46 万吨,全国排名第一,其次是上海、四川、江苏和湖南,占比分别为 9.88%、9.04%、7.49% 和 7.21%。

立　邦

立邦是世界著名的涂料制造商,已有超过 100 年的历史,是世界上成立时间最早的涂料公司之一。1962 年,立时集团成立,负责管理全球立邦在东南亚区域立邦涂料的所有业务活动,业务发展覆盖到了 12 个国家及地区,先后建立 20 多家制造工厂,员工超过 6 000 名。

1992 年,立邦正式进入我国,是我国涂料行业最知名的品牌。立邦涂料业务范围广泛,涉及多个领域,如建筑涂料、汽车涂料、一般工业涂料、卷材涂料、防护涂料、粉末涂料等。上海世博会场馆、奥运会重点场馆、广州亚运会场馆、中央电视台新台址等项目都选用立邦涂料。

目前,立邦将绿色、生态(ECO)和色彩(COLOR)相结合,以"ECOLOR"为主旨,自然、经济、责任三大循环为使命,全力开发低碳环保涂料。主要产品包括植萃漆、儿童漆、空气卫士涂装、水性木器漆等。

三 棵 树

三棵树创立于 2002 年,致力于打造内外墙涂料、防水、保温、地坪、辅材、施工"六位一体"的绿色建材一站式集成系统。三棵树于 2016 年在 A 股主板上市,2019 年跻身胡润中国民营企业 500 强榜单,2020 年跻身全球涂料上市公司市值排行榜 10 强,成为北京 2022 年冬奥会和冬残奥会官方涂料独家供应商。

三棵树总部位于福建莆田,在上海、广州、北京成立中心,并在福建、四川、河南、天津、安徽、河北、广东、湖北、江苏等设有及在建 13 个生产基地,现有员工 10 000 多名,在全球拥有 10 000 多家合作伙伴。

公司主营业务为建筑涂料(墙面涂料)、木器涂料及保温一体化板、防水材料、地坪材料、基辅材的研发、生产和销售。墙面涂料主要产品有鲜呼吸空气净化漆、BB 漆、儿童健康宝墙面漆、鲜呼吸净味全效墙面漆、360 多效抗菌抗病毒全能墙面漆、360 抗甲醛墙面漆、净味 360 抗菌墙面漆等;工程墙面涂料主要产品有花岗岩涂料、质感涂料、外墙弹性涂料、真石漆、保温装饰一体板等。家装木器涂料主要产品有鲜呼吸臻钻 2KPU 水性木器漆、净味 360 耐划伤双组分水性木器白漆、净味 360 多功能水性木器漆、户外铁木防护漆等。公司授权专利累计有 332 件,其中发明专利 167 件,实用新型 106 件,外观设计 59 件。

第 **5** 章 高分子材料应用产业

高分子材料作为新材料的一大重要组成部分,在众多产业领域都有广泛应用,涵盖工业制造和日常生活的方方面面,包括电子信息、汽车制造、机械制造、医疗器械、航空航天等领域。我国现已成为高分子材料产业大国,高分子材料的产量和消费量早已位居世界首位,但受制于关键核心设计、高端研发人员的缺失,多数高端材料仍须从国外大量进口,因此我国尚未成为高分子材料强国。

5.1 高分子材料主要应用方向

高分子材料应用广泛,具体表现在以下几个方面:第一,纤维,纤维制品不仅可以应用于建材领域,使建筑的泥土保持稳定,还可以应用于国防军工领域,如降低国防导弹的温度,也可以应用于医疗卫生领域,如修复人体受损的身体组织。第二,橡胶,其可以作为原材料制成胶带、轮胎、电缆、胶管等一系列橡胶制品,在工业生产和日常生活中有很大的作用。第三,塑料,其可以加工成塑料袋、一次性杯子、收纳盒等各种塑料制品,塑料产量比较大,价格比较便宜且易加工,这些因素使塑料应用广泛。第四,添加剂,高分子材料还可以制作成阻燃剂、增塑剂、防老剂、填充剂等各种添加剂,被广泛应用于各个领域。2019 年,我国初级形态的塑料产量为 9 743.65 万吨,合成橡胶产量为 743.96 万吨,化学纤维产量为 5 883.40 万吨,三类材料合计产量 16 371.01 万吨。

同时,在新一轮科技革命的产业背景下,高分子材料产业前景良好,是今后基础材料行业发展的一大重点和热点。高分子材料是新材料产业内的重要组成部分。高分子材料广泛应用于人们的衣食住行等各个方面。目前随着战略性新兴产业的大力推进和发展,高分子材料在高端装备制造、新能源、电子信息、节能环保等战略性新兴产业中应用越来越多且越来越深入,也是未来最主要的应用方向。

5.2　生物医药产业应用

5.2.1　生物医药产业分类

学术界对于生物医药产业的定义有广义和狭义之分。广义的生物医药产业指所有与生物技术有关的药品(包括人用药品、兽药、农药和医疗器械)生产和使用及其有关组织和企业的集合。狭义的生物医药产业指的是与人相关的生物技术与制药的结合。

生物医药产业作为我国七大战略性新兴产业之一,具有独特的产业特征。生物医药产业是在生物技术和制药技术两大基础之上发展起来的,生物医药产业包含两部分内容,即生物技术产业和医药产业。其中生物技术产业包括基因技术、生物信息技术等,涉及医药、能源等多个领域。生物医药不仅包含制药产业,还包括生物医学工程产业。生物医药是指将生物技术应用于制药产业,进行药品的开发和生产。生物医药产业受到生物技术产业的约束,随着生物医药产业的不断发展壮大,生物技术将在生物医药产业中占有越来越大的比重。

生物医药产业是现今世界各国高度关注的一类重要产业,生物医药耗能低、污染相对较小且可控,高技术含量、高附加值是生物医药产业的重要特点。美国、日本、欧洲等发达国家和地区都将生物医药产业作为下一轮的新经济增长点,日本更是提出了生物医药立国的理念。

5.2.2　高分子材料在生物医药产业的应用

由于生物医药产业是与人有关的相关生物技术与制药的集合,多作用于人体,须满足人体内复杂的环境,因此对应用于生物医药产业的高分子材料性能有严格要求。一是材料不能有毒性;二是材料应具备较好的生物相容性,不能与人体产生排异反应;三是材料的化学稳定性强,不容易分解;四是材料须具备一定的物理机械性能;五是材料须较容易加工;六是材料性价比适宜。

按来源分,在生物医药产业中应用的高分子材料主要有两类:天然高分子材料和合成高分子材料。天然高分子材料包括纤维素、甲壳素、透明质酸、胶原蛋白、明胶及海藻酸钠等;合成高分子材料包括合聚氨酯、硅橡胶、聚酯纤维、聚乙烯基吡咯烷酮、聚醚醚酮、聚甲基丙烯酸甲酯、聚乙烯醇、聚乳酸、聚乙烯等(见表 5 - 1)。

表 5 - 1　高分子材料在生物医药产业的应用

生物医药产业领域			应用高分子材料
生物医学工程	人工器官	人工重建骨骼	聚甲基丙烯酸甲酯、高密度聚乙烯、聚砜、聚左旋乳酸、乙醇酸共聚物、液晶自增强聚乳酸、自增强聚乙醇酸等
		血管生物支架	海藻酸钠/壳聚糖、胶原/壳聚糖、胶原/琼脂糖、壳聚糖/明胶、壳聚糖/聚己内酯、聚乳酸/聚乙二醇等聚合物共混体系
	医用器械	输血输液用器具、注射器、心导管、中心静脉插管、腹膜透析管、膀胱造瘘管、医用黏合剂以及各种医用导管、医用膜、创伤包扎材料和各种手术、护理用品等	聚氯乙烯、聚乙烯、聚丙烯、聚四氟乙烯、热塑性聚氨酯、聚碳酸酯、聚对苯二甲酸乙二醇酯等
生物制药	药物缓释技术	储库型制剂	丙烯酸树脂、聚乙二醇、羟丙基纤维素、聚维酮、醋酸纤维素等
		骨架型制剂	无毒聚氯乙烯、聚乙烯、聚氧硅烷、甲基纤维素、羟丙甲纤维素、海藻酸钠、甲壳素、蜂蜡、硬脂酸丁酯等
	药用	药品	明胶胶囊、蔗糖、淀粉、薄膜包衣粉、1,2 - 丙二醇、聚乙烯吡咯烷酮、羟丙基甲基纤维素、微晶纤维素、HPC、乳糖

5.2.3　生物医药产业整体发展情况

1. 产业发展现状

在全球范围内,早在 20 世纪 70 年代生物医药产业就已在生物技术的基础上开始发展。我国生物医药产业起步相对较晚,但随着生物医药的应用领域逐步扩大、对社会经济的影响加深,我国也开始注重生物医药产业的发展。经过多年发展,我国的生物医药产业发展成效明显、生物医药研发水平提高,但是仍然存在产业化集中度低、创新动力不足、科技成果转化能力薄弱、政策法规不健全等问题。目前我国众多知名药企也缺乏市场竞争力和国际影响力,无论是企业资产还是销售额都与国际巨头药企有较大的差距。

2. 产业发展趋势

生态化发展：未来生物医药产业集中度将进一步提高，并不是医药企业简单的地域性集聚，而是向产业创新生态化集群转变。美国现已围绕纽约、波士顿、圣地亚哥等区域打造国际知名的生物医药产业集聚地。这些地域拥有完善的创新生态体系，能够保证处于生态圈内的企业之间的资本、技术人员和创新要素的流动。该区域内聚集的生物医药上市企业无论是数量、产品质量、创新药研制还是专利申请数量，都处于业内领先地位。但目前国内生物医药产业集聚效应和生态效应都不突出。我国90%以上的地级市都分布有生物医药企业，其中排名前十的城市汇集了全国30%的药企。

生物医药需要进行产业纵向和横向的时空优化，在产学研一体化上进行优化和调整。从产学研结合角度看，除北京、上海能依托高校科研机构优势及产业发展基础，促进产学研深度结合外，其余大多数省份的产业链和创新链都存在明显错位甚至处于中低端锁定的状态，难以与国外企业和先进集群进行有效竞争。近年来，北京中关村和亦庄医药生物园、上海张江、河北沧州，通过产业集聚和产业集群发展取得较为显著的进展，成都、武汉等多地也在大力推进生物医药园区化发展。

高端化发展：在这次新冠疫情的疫苗研发中，我国已成功研制出了多种不同类型的疫苗，成为供给能力、注射能力和疫苗效能领先全球的国家。但整体上来说，我国生物医药产业的国际化层次仍然有待提高。我国目前仍然在很多医药领域面临着国外的专利和技术壁垒，比如医疗器械领域，国内大多数医院的精密医疗检测平台、医学影像仪器等都由外国企业提供；很多特殊病的特效药的专利权还掌握在外国企业的手中。我国日常检测试剂也面临着"卡脖子"问题，80%的核心原材料都依赖于进口。

5.2.4 生物医药产业中应用高分子材料情况

1. 应用现状

随着生物医药产业的快速发展，经济生活水平的改善，人民对医药健康的需求也在提高，一些新的医药产品需求应运而生，比如人工骨节、人工器官、止血材料、缓释药物等。这些新产品的需求也带动了生物医用高分子材料的开发研制。生物医用材料具有原材料消耗少、节能环保、技术附加值高的特点，属于典型的战略性新兴产业,近 10 年来年增长率都维持在 20% 以上。

药用高分子材料在现代药物制剂研发及生产中扮演了重要的角色,在改善药品质量和研发新型药物传输系统中发挥了重要作用。但是目前高端药用高分子材料几乎全部依赖进口,专业药用高分子企业则存在规模小、品种少、技术水平低、研发投入少的问题。

2. 应用趋势

可降解高分子材料是生物医药应用领域的一种关键材料,也是未来主要应用的高分子材料。全球每年都会产生大量的医疗废弃物,而这些医疗废弃物不同于普通的生活或生产垃圾,也与普通的医疗产品不同,因此处理起来有很多麻烦。随着高分子材料在生物医药领域应用的愈加普遍,可降解高分子材料受到的关注也越来越多。相比普通高分子材料,可降解高分子材料由于其可降解、低污染的优点在医疗包装、一次性医疗器械等医疗废弃物方面有广阔的应用前景。

5.2.5　生物医药产业国内分布与案例

总体上看,我国上市医药生物企业主要集中在长三角、珠三角和京津冀地区。在生物医药产业头部企业分布上,这些头部企业多集中在东部地区,特别是华东、华南地区,形成了总体分散、局部集中的格局。截至 2020 年底,我国东部地区有 241 家医药企业,占全国生物医药企业数量的 65.67%;西部地区有 42 家医药企业;中部地区有 84 家医药企业。其中,市值排行前列的生物医药企业恒瑞医药、药明康德均位于江苏。

从企业数量上看,广东、浙江的上市生物医药企业数量并列全国第一,两省均有 48 家,属于全国生物医药产业的第一梯队;第二梯队为江苏、北京、上海和山东,各有 32 家、31 家、25 家、23 家上市生物医药企业。

生物医药企业案例

驼人集团

驼人集团始建于 1993 年,现已发展成为一家集研发、生产、销售、服务、文化于一体,专业从事麻醉、护理、检测、血液净化、外科、电子智能、医用防护等一次性医疗器械生产经营的现代化企业集团。集团下属 61 家生产、研发及经营性企业,并在全国31个省份设立了销售子公司。现有5个生产基地,1个研究院,超过8000名员工。

该集团拥有国家认定企业技术中心、国家生物医用材料生产应用示范平台、国家高性能医疗器械创新中心、博士后工作站、河南省高分子材料技术与应用重点实验室等,并且多年来持续推进产学研结合活动,与广大临床医护人员针对产学研进行面对面沟通。

公司主要产品包括气管插管、一次性使用人体动脉血样采集器等医疗器械。

5.3 新能源汽车产业应用

5.3.1 新能源汽车产业分类

新能源汽车是指采用非常规的车用燃料作为动力来源(或使用常规的车用燃料、采用新型车载动力装置),综合运用车辆的动力控制和驱动方面的先进技术而形成的技术原理先进,具有新技术、新结构的汽车。

新能源汽车包括四大类型混合动力电动汽车(HEV)、纯电动汽车(BEV,包括太阳能汽车)、燃料电池电动汽车(FCEV)、其他新能源(如超级电容器、飞轮等高效储能器)汽车等。非常规的车用燃料指除汽油、柴油之外的燃料。

2020年11月,国务院办公厅印发《新能源汽车产业发展规划(2021—2035年)》,要求深入实施发展新能源汽车国家战略,推动我国新能源汽车产业高质量可持续发展,加快建设汽车强国。

5.3.2 高分子材料在新能源汽车产业的应用

高分子材料在新能源汽车上的应用一共有三大类:一是塑料,二是有机硅材料,三是碳纤维等复合纤维材料。高分子材料具有比强度、比模量大、耐疲劳性能好,阻尼减振性好、耐腐蚀性能优越等特点,因此高分子材料的应用能在为新能源汽车节能减重的同时具备更高的安全和舒适性。

塑料是新能源汽车零部件制造的一大重要高分子材料,由于塑料相比传统合金具备优越性能,因此在新能源汽车上应用广泛。在汽车保险杠、燃油箱、车身覆盖件和底盘、离合器等重要零部件上都能应用塑料。现阶段塑料在新能源汽车上应用最广泛的材料仍以聚乙烯、聚丙烯为主。

橡胶具有良好的绝缘性、密封性、阻燃性,是新能源汽车的一大应用材料。汽车橡胶制品分为轮胎橡胶制品和非轮胎橡胶制品。非轮胎橡胶制品是汽车行业配套的重要部件,涉及发动机、变速箱、车桥等重要总成系统,其质量和性能直接关系到汽车的安全、节能和环保等方面。汽车非轮胎橡胶零部件的主要产品为密封产品、减振制品、安全制品、胶管制品和胶带制品以及其他制品等。

除塑料、橡胶外,有机硅材料也是汽车制造中不可缺少的一类重要材料。使用有机硅材料,不仅可以优化汽车生产制造的过程,也可以提高汽车的性能以及安全性,目前已经广泛应用于汽车的各种零部件中,诸如密封件、垫圈、点火线及线圈护套、汽车元器件的密封和保护,高压电缆及线束密封等。而有机硅中的一类材料——硅橡胶由于具有突出的耐高低温、耐臭氧、高柔软性以及优良电绝缘性,同时还可减轻重量,是新能源汽车动力电缆的优质选择。普通有机硅橡胶基体的密度为 $1.17\,\mathrm{g/cm^3}$,但经过发泡处理,发泡硅胶的最低密度可达到 $0.16\sim0.20\,\mathrm{g/cm^3}$,同时由于其优越的阻燃性能和电绝缘性能,在新能源汽车的动力电池上有广阔的应用前景。

碳纤维等复合纤维材料在轻量化方面性能优越,加之国内碳纤维生产技术逐渐成熟、产能逐步攀升,其在新能源汽车产业的应用也越来越广泛,主要以应用在车身覆盖件上为主。近年来,碳纤维和高性能玻璃纤维增强复合材料以超轻、超强等独特性能不断进入汽车工程等高端产业领域。汽车的超轻量化也开始在一些豪华型轿车上进行试验,日本东丽与日产、本田公司和东京大学合作,将于 2015 年联合推出"碳纤复材汽车",相比目前汽车轻 40%,节省燃油 30%。德国 SGL 三菱合资公司与宝马莱比锡工厂合作研发碳纤复合材料汽车于 2013 年上市。美国 Composite Castinas 公司已开发了轻量化的碳纤复合材料四缸发动机组,质量比铝制件轻 40%~50%,将逐步替代福特和马自达有关车型部件(见表 5-2)。

表 5-2 高分子材料在新能源汽车产业的应用

材 料		应用产品
塑料	聚丙烯、聚氯乙烯、丙烯腈-丁二烯-苯乙烯共聚物、聚酰胺等	汽车内外装饰件
橡胶	丁苯橡胶、顺丁橡胶、异戊橡胶等	汽车轮胎等

材　　　料		应用产品
有机硅	硅橡胶	动力电缆
	低密度有机硅橡胶泡沫材料	汽车座椅、头枕等部件
	常规有机硅橡胶泡沫材料	密封、减振等部位的缝隙填充
	发泡硅胶	动力电池
纤维复合材料	长/短玻璃纤维增强复合材料	汽车部分结构件和功能件
	碳纤维增强复合材料	车身承载结构件

5.3.3　新能源汽车产业整体发展情况

1. 产业发展现状

当前，新一轮科技革命和产业变革蓬勃开展，汽车与能源、交通、信息通信等领域相关技术加速融合，电动化、网联化、智能化成为汽车产业的发展潮流和趋势。发展新能源汽车是我国从汽车大国迈向汽车强国的必由之路，是应对气候变化、推动绿色发展的战略举措。早在 2015 年，我国就确定了新能源汽车是新经济在工业领域的一个标志性行业。同时还发布了《节能与新能源汽车技术路线图》《中国汽车轻量化发展——战略与路径》等重要战略报告，将节能与新能源汽车列为重点发展十大领域之一。

我国新能源汽车市场占全球总量的 50% 左右，并成为世界产业发展的风向标。国内市场巨大、产销量持续提升。2017 年我国新能源汽车产量为 79.4 万辆，销量为 77.7 万辆，产量占比达到汽车总产量的 2.7%，连续三年位居世界首位。其中新能源乘用车销售表现突出，2017 年的销售占比接近 75%，个人购买新能源汽车的意愿也显著提高，国内汽车消费市场有望从政策驱动转向市场驱动。2019 年我国是全球最大的新能源汽车市场，占据全球市场的 54.10%。2020 年 1 月 13 日，中国汽车工业协会公布我国汽车销量数据：2020 年我国新能源汽车产量为 136.6 万辆，增长 7.5%；销量为 136.7 万辆，增长 10.9%。其中，纯电动乘用车的销量首次突破 100 万辆。但放眼整个汽车市场，截至 2020 年底，全国新能源汽车保有量为 492 万辆，仅占汽车总量的 1.75%，仍有较大的发展空间。

市场竞争主体更加多样化，产业链初具规模。目前已有 230 多家整车企业进入了新能源汽车领域,除了内资企业,外资企业凭借已有的产业基础优势加速本土化,合资品牌车企因双积分要求也在加速产品的推出。在汽车工业成熟的产业基础上,目前新能源汽车从整车到零部件的产业链条基本形成,转型升级的速度也在加快,新能源汽车市场竞争格局变化迅速。

2. 产业发展趋势

随着新一轮科技革命和产业变革的蓬勃兴起,智能汽车已经成为汽车产业发展的重大战略方向之一。智能汽车是产业技术的战略制高点和产业融合发展的重点,已成为新一轮产业布局的必争之地,一些传统汽车巨头和新兴创新企业已率先开展了布局,形成了先发优势。

纯电动化和智能化是未来新能源汽车最主要的发展方向。汽车产业经过长期发展,上游相关智能技术,比如 5G、云计算、智能芯片、人工智能算法等发展较为成熟,可以为汽车的智能化、高阶智能自动驾驶等提供技术和产品支撑。相关汽车制造企业将加大对燃料电池发动机的自主创新研发力度,并结合新一代信息技术,与人工智能产业协同发展,开发智能网联、自动驾驶技术平台等新功能,进而推动新能源汽车的自动驾驶功能,最终逐步走向市场应用的阶段。新能源汽车也将逐渐演变成移动的交互终端和个人应用空间,甚至是电力互联终端。

5.3.4 新能源汽车中应用高分子材料情况

1. 应用现状

相较于传统的合金材质,用高分子材料制成的零部件具有重量轻、弹性好、耐腐蚀性强等优势,因此新能源汽车对于高分子材料的需求量十分巨大。根据统计,新能源汽车对尼龙、聚丙烯、聚氨酯等树脂和其他工程塑料的需求量,约占树脂市场需求总量的 30％以上,对聚乙烯醇缩丁醛的需求量大约占其总需求量的 85％以上。

2. 应用趋势

轻量化高分子材料是新能源汽车产业应用高分子材料的主要趋势。轻量化一直是限制新能源汽车发展的一个重要因素。受汽车动力系统和市场导向的影响,新能源汽车轻量化的发展一直备受瞩目。不过,随着高功能塑料材料在汽车上的应用,新能源汽车轻量化问题得到了一定程度的缓解。据数据分析,汽车重量每减少 10％,燃料的经济性可提高 5％,因此使用轻量化高分子材料制成的新能源汽车能行驶更长的里程。

5.3.5　新能源汽车产业国内分布与案例

目前,我国的新能源汽车企业主要集中在北京、上海、广东、江苏、浙江等地区,汇集了北汽、一汽、吉利、小鹏、蔚来等著名车企;未来将逐渐拓展三、四线城市的下沉市场业务。例如,特斯拉在 2020 年 6 月公布将入驻盐城、南宁、湖州、泰州和临沂;小鹏汽车的体验中心也已拓展到柳州、洛阳、潍坊、临沂、盐城、南通等多个城市;蔚来汽车在 2021 年初宣布向内蒙古、黑龙江等地的三、四线城市下沉。

比 亚 迪

2019 年,比亚迪在全球新能源商用车销量上仅次于美国特斯拉,销量排名全球第二,达到 229 506 辆。在国内车企中,比亚迪的新能源汽车销量位列全国第一,销量占比 15.3%,高于北汽、吉利等车企。

表 5-3　2019 年我国新能源汽车行业企业竞争格局分析情况

品牌	新能源汽车产量/万辆	占比/%	品牌	新能源汽车产量/万辆	占比/%
比亚迪	19.32	15.3	东风自主	5.70	4.5
北汽自主	12.30	9.7	广汽自主	4.29	3.4
吉利	7.61	6.0	长安自主	3.88	3.1
上汽自主	6.08	4.8	宇通客车	2.16	1.7
奇瑞	5.77	4.6	蔚来	1.98	1.6

比亚迪做电池起家,后转型造车,如今在国内新能源汽车领域,比亚迪保持着绝对优势,新能源车型的单月销量突破了 5 万台。与蔚来、小鹏、理想等造车新势力将重心放在汽车软件上不同,比亚迪的研发投入重心在动力电池、电机电控单元领域以及内燃机上。因此比亚迪在混动车型方面具有领先优势。

比亚迪电动乘用车使用的高分子材料以塑料为主。目前多数电动车辆的电池外壳都是塑胶材质,底板用的金属,电池包、电池组之间的部分也是塑胶制成的,内部高压连接和绝缘部分也是用的塑料材质。充电口有全塑料和"塑料＋金属"两种方式构成,但在驱动电机里较少用到塑料。高压连接装置橙色部分为塑料材质。

5.4　高端装备制造产业应用

5.4.1　高端装备制造产业分类

高端装备制造产业是以高新技术为引领,处于价值链高端和产业链核心环节,决定着整个产业链的综合竞争力,是现代产业体系的脊梁,是推动工业转型升级的引擎。高端装备制造产业指装备制造业的高端领域,具体表现在三个方面,一是产业技术含量高,多学科多领域融合发展;二是生产产品处于价值链的高端,产品附加值高;三是处于产业链中的核心位置,产业发展水平决定了产业链的整体市场竞争力。

在《"十二五"国家战略性新兴产业发展规划》中就已提出将高端装备制造产业的重点锁定为现代航空装备产业、卫星及应用产业、轨道交通装备产业、海洋工程装备产业和智能制造装备产业五大领域。《国民经济和社会发展第十四个五年规划和 2035 年远景目标纲要》提出要在高端装备制造等重点领域和关键环节部署一批重大科技攻关项目,努力攻克一批关键核心技术、"卡脖子"技术,加快关键零部件国产化替代,加快壮大高端装备制造等高新技术产业,培育一批居于行业领先水平的国家级战略性新兴产业集群。

5.4.2　高分子材料在高端装备制造产业中的应用

高分子材料中的高性能纤维及其复合材料不仅具备轻量化的优点,还是极端服役环境下不可替代的功能材料,因此是高端装备发展的物质基础,广泛应用于航空航天、轨道交通、船舶海工等高端装备制造产业。

塑料在装备制造产业中不可或缺,是零部件制造的重要材料,广泛应用于结构件、内饰件、覆盖件等产品上。

橡胶材料是航空航天装备制造产业的重要材料。应用于飞机多个部位,用于实现密封、储存和传输介质、阻尼减振、隔热、电磁屏蔽、柔性支撑、腐蚀防护等功能,是飞机各系统功能实现和保障必需的重要材料,其性能直接影响着飞机的寿命及可靠性(见表5-4)。

表5-4 应用在高端装备制造产业中的高分子材料

高性能纤维及其复合材料	碳纤维、芳纶纤维、聚丙烯腈基碳纤维、陶瓷纤维及其复合材料
塑料	聚丙烯、聚氯乙烯、丙烯腈-丁二烯-苯乙烯共聚物、聚酰胺等
橡胶	丁苯橡胶、顺丁橡胶、异戊橡胶等

5.4.3 高端装备制造产业整体发展情况

1. 产业发展现状

加快实现装备制造产业的智能化、高端化、现代化是推动工业现代化发展的关键所在,对于我国实现由制造大国向制造强国转变具有重要战略意义。

近年,我国高端装备制造产业发展形势良好,但与美国、德国、日本等发达国家相比仍有差距,主要表现在核心技术研发、创新成果转化和核心零部件制造等方面。分行业来看,我国航空级卫星应用装备、海洋工程装备制品具有一定的国际影响力。美国、日本、德国、英国、荷兰、韩国、印度、新加坡等是我国高端装备产品的主要出口目的地,高端装备制品出口市场渗透率高但市场竞争力多数不强。2018年,我国高端装备制造品的国际市场占有率达到了18.64%,高于德国的11.57%,在全球主要国家和地区中位列第一(见表5-5)。2015年,我国高端装备制造行业企业数量为24 611家,到2018年企业数量增加到40 868家,比2015年增长近2倍。高端装备制造行业市场规模持续稳定增长,从2015年的7万亿元增长到2018年的8.7万亿元。

表5-5 我国及主要国家高端装备制造品国际市场占有率(%)

国家和地区	2000 年	2002 年	2004 年	2006 年	2008 年	2010 年	2012 年	2014 年	2016 年
比利时	1.65	1.73	1.75	1.43	1.56	1.19	1.18	1.12	1.05
加拿大	2.84	2.66	2.18	1.90	1.78	1.67	1.57	1.60	1.59

（续表）

国家和地区	2000 年	2002 年	2004 年	2006 年	2008 年	2010 年	2012 年	2014 年	2016 年
中国	3.49	5.37	9.02	11.48	15.08	19.71	20.14	19.63	18.64
法国	5.96	5.95	5.65	5.18	5.67	5.88	5.61	5.57	5.75
德国	9.86	11.56	11.57	11.01	11.71	10.85	11.00	11.22	11.57
意大利	2.89	3.10	3.05	2.75	3.42	2.86	2.65	2.82	2.78
日本	12.43	10.08	9.36	7.94	8.06	8.72	8.08	6.29	6.55
韩国	3.27	3.57	3.76	3.87	4.78	5.82	5.42	5.34	5.45
马来西亚	1.64	1.88	1.83	1.90	1.50	1.51	1.31	1.19	1.23
墨西哥	3.43	3.42	2.89	2.29	1.98	2.49	2.86	3.28	3.60
荷兰	3.04	3.08	3.46	2.85	2.56	2.57	2.41	2.41	2.26
英国	4.79	3.93	3.39	3.03	2.50	2.05	1.90	2.98	3.18
美国	18.89	16.98	9.69	13.28	12.39	8.11	8.49	8.25	8.27
总计	74.18	73.31	67.60	68.91	72.99	73.43	72.62	71.70	71.92

航空装备是航空经济发展的前提和基础。随着大飞机的研发体系逐步完善，我国航空装备制造业也进入了高速发展的阶段，由此建立较为完善成熟的产品谱系、技术体系和产业体系。2019 年我国航空装备产业规模达到了934.10 亿元，同比增长 13.5%。

航空装备市场可以分为四大部分，分别是航空器整机、航空发动机、机载设备以及航空零部件。其中，航空器整机市场的占比最高，达到 56%，产业规模为 524.02 亿元；其次为航空零部件市场，占比为 29%，产业规模为 268.09 亿元；然后是航空发动机，占比 11%，产业规模 103.69 亿元；排最末的是机载设备，占比 4%，产业规模 38.3 亿元。2012—2019 年我国航空产业园数量稳定增长，截至 2019 年底，全国已有 90 个航空产业园。我国航空产业园区可以覆盖通用航空产业全产业链，为通用航空产业的发展提供极大支持。航空园区大部分都是制造型园区，按地域分主要集中在江苏、山东等地。

在 2017 年国际航运市场总体回暖之后，我国船舶及海洋工程装备市场也开始触底回升，包括海洋生物资源、海洋可再生资源开发装备，海洋矿产资源开发装备，海洋基础设施装备等一批海洋工程技术装备得到了不同程度的发展。2017 年我国全年新接船舶订单 3 373 万载重吨，占世界市场总份额的

43.9%,同比增长 60.1%;造船完工量达到 4 268 万载重吨,占世界市场总份额的 39.2%,同比增长了 20.9%;手持订单 8 723 万载重吨,占世界市场总份额的 44.7%,同比下降 12.4%。船舶工业三大指标大幅度领先日韩两国,保持全球第一的位置。截至 2017 年 12 月中旬,我国海洋产业承接订单总额将近 40 亿美元,与 2016 年同期比呈上升趋势。成交装备主要为风电安装平台、起重船等生产装备和液化天然气相关的装备。但是我国在船舶海工领域仍存在核心设备和关键技术多依赖进口、主流产品自主创新设计能力薄弱、海工专业化和产业化体系不完善等问题。

2. 产业发展趋势

一方面装备制造向数字化、智能化发展。

在航天装备领域,国外主要的航天承包商已普遍实现了航空装备的网络化协同设计与制造,美国国家航空航天局已开展智能化综合工程环境的研究工作,将高性能计算机、高速网络、数字化产品与人工智能、人机交互技术有效结合,形成一种跨地域的虚拟协同环境平台。不同学科的专家和工程技术人员在此平台上进行综合设计和航天产品设计、试验和样机制造,提高了卫星研制效率,从而节省了研制成本。此外以美国国家航空航天局、美国波音航空航天公司、法国空中客车公司、美国洛克希德·马丁空间系统公司等知名研究机构和企业为代表,国外航天制造业通过数字化设计制造手段大幅度提升航空装备产品质量、协同效率和研制能力。

在船舶及海洋工程领域,未来深海钻采、海上生产装备等海洋勘探开发的需求将推动水下生产集成测试系统、数字化的钻机方案、信息化的服务系统等智能化开采作业方式的应用。从新型船舶的发展来看,新型无人驾驶的智能化船舶也在研发设计之中,智能船将成为未来船舶发展的主要形态。

另一方面,装备制造向绿色化、环保化发展。

近年来,国际海事组织对船舶环保的要求日益严格。为满足船舶节能减排相关国际公约、规范的要求,我国船舶主机系统将陆续加装选择性催化还原技术、废气再循环系统、船用脱硫脱硝等环保处理设备,此举将为相关船舶配套企业带来较大的发展机会,并推进部分整船向低油耗、低排放和环保性能优良的船型方向改造,促进各类船舶节能减排技术全面发展,带动节能环保产业协同发展。

5.4.4 高分子材料在高端装备制造产业的应用

1. 应用现状

航空装备的发展与新材料技术的进步密切相关。橡胶密封材料是航空材料的一部分,虽然在航空工业用量中占比小,但因其用于飞机的密封、减振、防护和传输等功能,所以是保障航空装备各项重要功能和零部件安全可靠性的重要关键性材料。硅橡胶是航空橡胶材料中较为重要的一种材料,属于典型的半无机半有机结构,因此硅橡胶材料具备独特的耐高低温的性能,广泛应用于国防尖端科技领域。根据硫化温度的不同,硅橡胶材料可以分为室温硫化型和高温硫化型两大类。其中,高温硫化型硅橡胶属于航空橡胶产品中的一个重要分支,主要用于飞机上大部分的外露系统,包括航空航天飞行器、硅橡胶电缆、飞机座舱等硅胶密封件制作,以及飞机和航空器上的电线包覆、液压系统、发动机气缸等密封圈制作。

在船舶领域,钢质船舶目前在船舶市场中的比例最大,应用的船型也最多。但是钢材容易被腐蚀、维护费用也较高,而且钢材的材料密度大无法实现轻量化发展。相比之下,塑料种类多,且可满足密度小、强度高、无毒、可回收利用的要求,也符合船体轻量化的发展趋势。国外造船业早在 21 世纪初就已将塑料应用于船舶制造,塑料材料在整船建造材料中的占比高达 32%,其中使用最多的塑料是线性低密度聚乙烯。在聚乙烯材料中,高密度聚乙烯材料在密度、结晶度、相对分子质量方面都比线性低密度聚乙烯材料大,除冲击强度以外其余力学性能也更优越,因此近年来塑料船行业逐渐用高密度聚乙烯材料来代替低密度聚乙烯材料。高密度聚乙烯船的船体建造可以用板材焊接、滚塑、热压等多种成型工艺的一种或几种混合进行。国际上已有美国、英国、澳大利亚、挪威等国家建设高密度聚乙烯船舶并且投入使用,国内以大连蓝旗船舶科技有限公司为代表也已开始建造高密度聚乙烯船舶。具体应用包括高速艇、钓鱼艇、开敞式工作艇、渡轮、医疗船、海事船等多种中小型船型。

2. 应用趋势

高分子材料是高端装备制造产业必不可少的材料,高端装备制造产业的智能化、绿色化、生态化发展趋势会增加对轻量化、环保化、高性能化高分子材料的需求。

5.4.5　高端装备制造产业国内分布及案例

我国高端装备制造业包括航空航天装备、轨道交通装备、智能制造装备、海工船舶装备、工程机械装备、现代农业装备等多种类型,根据产业的特征和历史发展成因,布局也各异。

航空航天装备伴随着产业沿"军用航空—民航航空—通用航空"的路径演变,布局呈现中西部装备企业向东部沿海地区布局扩张,东部沿海地区也逐步取代中西部地区成为我国航空装备产业主要承载区的特征,目前,上海、西安、成都、沈阳、哈尔滨、南昌、长沙等地是我国航空航天产业研制生产的主要基地。

轨道交通装备是我国资助创新程度最高、国际竞争力最高的行业之一,产业主要分布在传统工业强省,如吉林、河北、山东、江苏、湖南、河南等自身工业基础雄厚,具有区位优势、资源优势和交通优势的区域。其中又以长春、唐山、青岛、南京、株洲为重要的产业集群,集聚了一批我国轨道交通装备领域的骨干企业。

智能制造装备基本上分布在我国东部区域,沿着"北京—天津—济南—郑州—武汉—长沙—广州—佛山—深圳"的中部智能制造产业带和"连云港—盐城—合肥—南京—苏州—上海—杭州—宁波—莆田—厦门—汕头—深圳"的东南智能制造产业带布局。

此外,船舶海工装备布局形成了长江三角洲地区、重庆—湖北地区、环渤海地区、珠江三角洲地区聚集态势,从开发区数量来看,国内船舶行业开发区一共 19 个,主要分布在东部沿海省份,包括辽宁、山东、江苏、上海、浙江、福建等地。工程机械品牌企业主要集中在徐州、常州、长沙、厦门、柳州及周边地区。而现代农业机械则分布于我国河南、山东、江苏、浙江省内,且山东的规模居全国首位。

北京航科精机科技有限公司

北京航科精机科技有限公司是一家专业从事 3D 打印、快速制造以及快速模具技术开发和制造的专业企业,是我国最早一批从事 3D 打印快速制造的企业之一。

公司与北京航空航天大学、北京科技大学和北京航空材料研究院等高校和科研院所进行深度合作,促进新材料与新技术、3D 打印延伸技术与工艺等开发。

公司主要产品包括飞行器仿真训练系统座舱制造、某战斗机分油器的增材制造、3D 打印机等。座舱应用的高分子材料主要为橡胶、塑料等,具体包括丙烯腈-丁二烯-苯乙烯共聚物、聚丙烯、聚氯乙烯、丁苯橡胶等;3D 打印应用的高分子材料主要包括聚酰胺、聚碳酸酯、聚乙烯、聚丙烯和丙烯腈-丁二烯等。

高端装备企业案例

江苏扬子江船业集团公司

江苏扬子江船业集团公司是以造船及海洋工程制造为主业,航运租赁、贸易物流、地产置业为补充的大型企业集团。公司 2020 年营业收入452.51 亿元,集团公司造船产量自 2009 年起始终位居我国造船业前5 强,并在 2020 年入围全球造船十强企业。

公司年造船能力 600 万载重吨,以大中型集装箱船、散货船、油轮、化学品等液货船,液化天然气、液化乙烯气、液化石油气等清洁能源船,各种多用途船和海洋工程装备为主流产品。船体中应用的高分子材料除橡胶、塑料等还包括纤维复合材料。

5.5　新能源产业应用

5.5.1　新能源产业分类

新能源又称非常规能源,比如风能、太阳能、氢能、地热能等,多为清洁可再生能源,经济效益较好。传统能源,比如石油、煤炭、天然气等生产技艺成熟且生产规模大,但多数是不可再生能源并有环境污染问题,随着经济发展和科学技术的不断革新,传统能源逐渐无法满足生产生活的高质量需求。

5.5.2 高分子材料在新能源产业中的应用

新能源产业链大致可分为三个部分,上游:矿产资源;中游:电池材料及电池制造;下游:新能源关键部件及装备制造。上游矿产资源主要以锂、钴、镍等金属矿为主;中游电池生产主要应用锂、聚丙烯腈等高分子材料;下游关键部件及装备制造主要应用塑料、碳纤维等高分子材料。

5.5.3 新能源产业整体发展情况

1. 产业发展现状

我国新能源产业近十余年都以 30% 以上的超常速度增长,发展十分迅猛,新能源发电装机容量呈持续上升的趋势。现如今我国在风电、光伏发电领域均占据全球领先地位。2020 年,我国风电、光伏发电新增装机接近 1.2 亿千瓦,占全国新增发电装机的比重为 62.8%。风电、光伏发电量为 7 270 亿千瓦时,同比增长 0.9 个百分点,约占总发电量的 9.5%。据国家能源局有关统计,截至 2020 年底,我国新能源发电装机总规模 5.6 亿千瓦,占总装机的比重为 25.5%,居全球首位。其中,风电装机规模达 2.8 亿千瓦,连续 11 年位居全球首位;光伏发电装机规模为 2.5 亿千瓦,连续 6 年位列全球第一;生物质发电装机规模 2 952 万千瓦,连续 3 年居全球首位。2020 年全球前 15 家风电整机生产商中,我国企业占据 10 家,占全球风电市场份额的 54.2%,此外我国还是现今全球最大的风电生产和消费市场。在光伏领域,2017 年我国光伏产业就已经占据全球光伏产业 70% 以上的市场份额。从产能方面看,我国光伏产业在各环节的产能、产量占比均超过全球总量的 70%。

表 5-6 新能源发电累计装机容量和占比

年份	容量/万千瓦	占比/%	年份	容量/万千瓦	占比/%
2010	2 978	3.10	2015	17 293	11.40
2011	4 835	4.60	2016	22 378	13.70
2012	6 490	5.70	2017	29 267	16.50
2013	9 241	7.40	2018	35 889	18.90
2014	12 143	8.80	2019	41 000	20.60

2. 产业发展趋势

2021 年全国两会提出了"碳达峰、碳中和"的具体目标,"十四五"期间我国生态文明建设的重点也转为减污降碳,推进经济社会发展全面绿色转型。发展新能源产业是实现该目标的一大举措。近年在"创新、协调、绿色、开放、共享"的新发展理念指引下,我国新能源产业从技术研发到市场培育的各个环节都获得了国家的大力支持。未来提升新能源开发利用水平、优化能源结构,全产业链及配套系统发展提速是新能源产业发展的两大战略方向。

数字技术、信息技术与能源技术的深度融合,推动新能源产业迈向新格局。在新一轮科技革命和产业革命的背景下,各类新兴技术层出不穷。美国、日本、欧盟等世界发达经济体借助信息、数字技术与能源技术的融合,实现了新能源领域新材料、新工艺、新技术的突破。未来,借助物联网数字化手段构建起覆盖城市建筑、交通、智能电网等领域在内的新能源全场景应用。

5.5.4　高分子材料在新能源产业中的应用

1. 应用现状

高分子材料作为固体或胶体电解质、导电电极、质子交换膜、隔膜、光敏材料或封装材料,广泛应用于太阳能电池、锂离子电池、燃料电池等新能源产业。其中,高分子锂离子电池在形状和可靠性上比普通的锂离子电池有较大优势,具体表现为可薄形化、可任意面积与可任意形状等优点。高分子锂离子电池所用高分子材料包括聚丙烯腈、聚氧化乙烯、聚甲基丙烯酸酯等。目前高分子锂离子电池由于价格高昂,主要用于高端电子产品,比如苹果手机全系列均采用高分子锂离子电池。

燃料电池中质子交换膜燃料电池以全氟磺酸型固体高分子为电解质,具有工作电流大、高效节能、比功率高以及稳定可靠性好的优点,一直以来都是产业企业和学术界研究的一大热点。

高分子太阳能电池采用高分子电子给体材料和有机/高分子电子受体材料的共混物作为活性层,夹在阴极和阳极之间。具有柔性好、重量轻、易于大面积制备等优点,发展前景广阔,但由于高分子太阳能电池的使用寿命、光电转换效率不及普通太阳能电池,因此目前仍在攻破关键技术,尚未进行大规模推广应用。

2. 应用趋势

在现代工程技术不断发展的背景下,加之新能源产业属于战略性新兴产业,人们对用于新能源产业的高分子材料提出了更高的要求,推动高分子材料向高性能化、功能化以及生物化方向发展。

5.5.5 国内新能源产业分布及案例

据不完全统计,截至 2019 年,国内新能源产业开发区共有 146 个。分区域看,东部沿海地区、中部地区、西北地区、东北地区等区域均有新能源产业开发区布局,根据当地的地理优势,因地制宜发展风能、太阳能、氢能等。分省份看,江苏省新能源开发区数量最多,共有 21 个;开发区数量位列第二梯队的是河北省和山东省,新能源开发区数量分别达到 17 个、11 个;剩余省份开发区数量均未达到 10 个。上海、北京等经济发达地区受限于地理因素,新能源开发区数量相对较少。

从开发区面积来看,2019 年全国新能源开发区总面积在 1 万公顷以上的只有河北、青海、江苏三省,其中河北省面积最大,达 1.33 万公顷。面积处于第二梯队的是新疆、河南、山东、四川、安徽、内蒙古六省,这些省份新能源开发区面积均在 5 000 公顷以上。

表 5-7 2019 年我国新能源开发区数量、面积排名前十省份

数量前十排名	地区	开发区数量
1	江苏	21
2	河北	17
3	山东	11
4	四川	8
5	浙江	7
6	河南	7
7	湖北	5
8	安徽	5
9	湖南	5
10	新疆	5
11	青海	5

（续表）

总面积前十排名	地区	总面积/千公顷
1	河北	13.29
2	青海	12.58
3	江苏	11.13
4	新疆	9.13
5	河南	8.28
6	山东	6.72
7	四川	6.37
8	安徽	6.28
9	内蒙古	5.53
10	江西	4.19

青海省新能源产业

青海省作为我国清洁能源最为丰富的省份之一，近年来不断培育壮大新能源产业，并逐渐形成规模优势。2017 年时，青海太阳能发电量达到 113 亿千瓦时，位居全国第一；集中式光伏电站装机容量 791 万千瓦，位居全国第二。

青海省除水电资源丰富外，盐湖资源、非常规油气资源等也十分丰富。青海全省水电资源蕴藏量有 2187 万千瓦，占全国的 3%，位居全国第五位、西北地区的第二位。青海盐湖资源总储存量达 3300 多亿吨，占全国已探明储量的 90% 以上。青海页岩气分布的面积占到全省土地面积的 2/3。丰富的盐湖资源等都为青海新能源产业的发展提供了原料基础。

中复神鹰年产 2 万吨碳纤维项目落地青海西宁，并于 2020 年全面开工建设。这意味着青海西宁成为全世界海拔最高的碳纤维制造基地，建成后可以稳定供应碳纤维。

5.6 节能环保产业应用

5.6.1 节能环保产业分类

节能环保产业是指为节约资源能源、保护生态环境提供物质基础、技术保障和服务的综合性新兴产业。根据《国务院关于加快培育和发展战略性新兴产业的决定》等文件,节能环保产业可以划分为节能产业、环保产业、资源循环利用产业3个产业方向(见图5-1)。

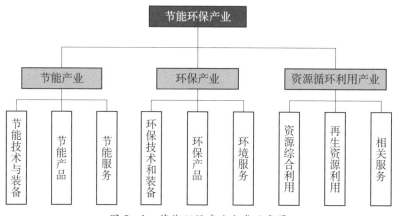

图5-1 节能环保产业分类示意图

5.6.2 高分子材料在节能环保产业的应用

由于高分子材料具有质轻、比强度高、耐腐蚀、易加工等特点,被广泛应用于各类节能环保处理设施中。高分子材料在环保产业中主要有两类用途,一类是节能环保设备,还有一类是节能环保处理产品,包括分离膜材料、絮凝剂等。

表5-8 高分子材料在节能环保产业的应用

节能环保处理产品	分离膜	塑料如聚乙烯、聚丙烯、聚偏氟乙烯、聚丙烯腈、聚氯乙烯等
	絮凝剂	聚丙烯酰胺等
	消除剂	离子交换树脂、磺酸化聚苯乙烯等
节能环保设备		塑料、橡胶、高性能纤维等

5.6.3　节能环保产业整体发展情况

1. **产业发展现状**

制造产业在快速发展的同时,也带来环境污染等问题,同时社会经济的发展,也使得公众对于环境保护、节能减排的要求提高。节能环保不仅关系到每个人的切身利益,也关系到经济与社会的可持续发展。在国家的产业发展规划中,节能环保产业位列重点发展的 7 个新兴产业之首,"十四五"规划也提出了碳中和、碳达峰的节能减排发展目标,节能环保产业发展势头良好。

放眼全球,节能环保产业发展迅速。据统计,1992 年全球环保产业的市场规模为 2 500 亿美元,到 2013 年增长至 6 000 亿美元,年均增长率 8%,远远超过同时期的全球经济增长率。部分发达国家的环保产业产值可以占到 GDP 的 15% 左右,增长速度是同期 GDP 增长率的 1~2 倍,发展势头仅次于生物制药产业。相比之下,国内的节能环保产业起步较晚,早期以传统型节能环保产业为主,存在产业总体规模不大、产业水平不高、产业链条不够完整、产业发展速度较慢等问题,建立的环保基础设施业较差,难以长期高效使用,无法有效带动其他产业协同发展。在新时期,我国传统型节能环保产业应把握好行业风向,转向现代节能环保产业,推进产业升级。

"十三五"期间,我国节能环保产业发展迅速,产值由 2015 年的 4.5 万亿元上升到 2020 年的 7.5 万亿元,年均增速达到了 15%。2020 年受疫情影响,节能环保产业增速下滑较为严重,但随着疫情逐渐好转,复工复产加速,加上新政策鼓励支持,节能环保产业势必加速发展。据预测,2022 年我国节能环保产业产值将突破 10 万亿元,至 2023 年达到 12.3 万亿元。

2. **产业发展趋势**

智慧环保产业发展空间大,新一代信息技术在节能环保产业领域使用更加广泛。新一代信息技术与环境科技的深入融合带动了节能环保产业的发展。智能环保产业开始出现,并逐渐成为大型环保企业关注的重点方向。例如,污水处理行业经过数年发展已从工程运营阶段逐渐转变为服务运营阶段,并开始进入数据运营阶段。由此可见,数字化、信息化、精细化、系统化是节能环保产业的发展趋势。

5.6.4 节能环保产业中应用高分子材料情况

1. 应用现状

高分子材料在节能环保产业中的应用较为广泛。目前除节能环保设备需用到塑料、橡胶、纤维等高分子材料以外,其余应用最多的是水处理领域,包括用聚丙烯酰胺等制成的有机絮凝剂,用离子交换树脂等制成的消除剂,用聚乙烯、聚丙烯、聚偏氟乙烯、聚丙烯腈等制成的分离膜材料。

虽然高分子材料在节能环保领域使用频繁,但仍然面临不少问题:一是价格高,生物降解聚合物材料的价格是平均水平的 $2 \sim 15$ 倍;二是部分关键技术未能完全攻破,例如,生物降解聚合物材料在不同领域需要不同的降解速率;三是安全问题,生物降解聚合物材料虽避免了白色污染问题,但是对环境仍有一定的影响。

2. 应用趋势

由于目前大规模使用的高分子材料仍不可避免地会对环境产生一定影响,因此未来节能环保产业应选择无毒无害的环保、可再生资源,降低废弃物的产量。

5.6.5 节能环保产业国内分布及案例

我国节能环保产业布局整体呈现"东高西低"的特征。东部地区制造业发达,节能环保应用市场广阔,同时各类高校科研机构云集,自主创新能力强,节能环保产业发展较快;中部和西部地区经济发展相对滞后,高校科研资源不足,节能环保产业发展处于相对劣势。节能环保产业在空间形态上呈现出"一带一轴"的总体分布特征,一带是指长三角、环渤海、珠三角三大核心区域聚集发展的沿海发展带,一轴是指东起上海沿长江至四川等中部省份的沿江发展轴。

目前全国节能环保产业园区也呈现较明显的集聚态势,主要分布在广东、江苏、浙江、山东和上海。其中,长三角地区集中趋势明显,节能环保高新企业占比高达 35%。

节能环保企业案例

北京碧水源科技股份有限公司

北京碧水源科技股份有限公司创办于 2001 年,是一家集膜材料研发、膜设备制造、膜工艺应用于一体的高科技环保企业。2010 年在深交所创业板挂牌上市,目前净资产超 230 亿元,2020 年中国城乡控股集团有限公司控股碧水源,共同服务国家生态文明发展战略。碧水源目前已成为世界一流的膜技术企业之一,也是我国环保行业、水务行业的标杆企业。

据统计,碧水源已经在国内建成 150 多座污水高等级资源化厂,每天处理总规模超 2 000 万吨污水,占我国膜法水处理市场份额的 70% 以上,每年新增高品质再生水超过 70 亿吨。

公司主要生产的产品包括微滤膜、浸没式超滤膜组器、外置式超滤膜组器、超低压选择性纳滤膜、MBR - DF 双膜新水源工艺、反渗透膜、臭氧氧化催化剂。其中多数采用聚偏氟乙烯等高分子材料制成膜丝,此类膜丝具有高通量、高强度、强耐污染性等特点。

5.7　新一代信息技术产业应用

5.7.1　新一代信息技术产业分类

2018 年 11 月,国家统计局公布了《战略性新兴产业分类(2018)》:新一代信息技术产业分为下一代信息网络产业,电子核心产业,新兴软件和新型信息技术服务,互联网与云计算,大数据服务,人工智能等 5 个大类、20 个小类(见表 5 - 9)。

表 5 - 9　新一代信息技术产业分类

代码	战略性新兴产业分类名称
1	新一代信息技术产业
1.1	下一代信息网络
1.1.1	网络设备制造

（续表）

代码	战略性新兴产业分类名称
1.1.2	新型计算机及信息终端设备制造
1.1.3	信息安全设备制造
1.1.4	新一代移动通信网络服务
1.1.5	其他网络运营服务
1.1.6	计算机和辅助设备修理
1.2	电子核心产业
1.2.1	新型电子元器件及设备制造
1.2.2	电子专用设备仪器制造
1.2.3	高储能和关键电子材料制造
1.2.4	集成电路制造
1.3	新兴软件和新型信息技术服务
1.3.1	新兴软件开发
1.3.2	网络与信息安全软件开发
1.3.3	互联网安全服务
1.3.4	新型信息技术服务
1.4	互联网与云计算、大数据服务
1.4.1	工业互联网及支持服务
1.4.2	互联网平台服务（"互联网＋"）
1.4.3	云计算与大数据服务
1.4.4	互联网相关信息服务
1.5	人工智能
1.5.1	人工智能软件开发
1.5.2	智能消费相关设备制造
1.5.3	人工智能系统服务

5.7.2　高分子材料在新一代信息技术产业中的应用

高分子材料在新一代信息技术产业中的应用主要集中在电子器械上,包括电池、电板组件、显示器等关键部件。电池材料除普遍使用的锂、钴、镍等金属材料,近年石墨烯材料也使用得更加广泛。显示器所用的高分子材料以聚对苯酰胺、聚对苯二甲酰对苯二胺等高分子液晶为主。

5.7.3　新一代信息技术整体发展情况

1. 产业发展现状

2018 年,我国新一代信息技术产业规模超 23 万亿元以上,到 2019 年新一代信息技术产业增加值增速为 9.5％,高于全国战略性新兴产业增速。另据统计数据显示,2016 年我国信息技术消费市场规模为 3.9 万亿元,到 2018 年则增长为 6.3 万亿元,市场规模增长近 1 倍。根据国家工信部的统计,2016 年我国电子信息产业主营业务收入达到 16.9 万亿元,到 2018 年主营业务收入增长到 20.6 万亿元,增加近 4 万亿元。

新一代信息技术产业龙头企业数量为战略性新兴产业之首。据"2020 中国战略性新兴产业领军企业 100 强榜单"统计显示,新一代信息技术产业共有 28 家企业上榜,数量位列产业第一,华为、中国移动、中国电信、中国联通、中国电子是新一代信息技术产业的领军企业,其中华为企业以 8 588.3 亿元的业务收入占据榜首,其次是中国移动,收入为 5 582.8 亿元。

2. 产业发展趋势

"十四五"期间,我国新一代信息技术产业持续向"数字产业化、产业数字化"的方向发展。一方面促进传统产业在"十四五"时期深入实施数字化改造升级,另一方面培育壮大云计算、大数据、物联网、工业互联网、区块链、人工智能等新兴数字产业。在云计算领域,推动超大规模分布式存储、弹性计算、数据虚拟隔离等技术创新,以混合云为重点培育云服务产业;在大数据领域,推动大数据采集、存储、分析、可视化算法等技术创新,培育数据采集、存储、传输、管理、应用等全生命周期产业体系;在物联网方面,推动传感器、高精度定位等技术创新,协同发展云服务与边缘计算服务,培育医疗物联网、家居物联网产业;在工业互联网方面,打造自主可控的标准体系和安全管理体系,推进"工业互联网＋智能制造"产业生态建设;在区块链方面,重点发展区块链服务平台和金融科技、供应链管理等领域应用方案，推动智能合约、加密算法、分布式系统等技术创新；在人工智能方面，推进智能医疗装备、智能运载工具、智能识别系统等智能产品设计与制造，建设重点行业人工智能数据集，推动通用化和行业性人工智能开放平台建设。VR、AR方面，发展虚拟现实整机、感知交互、内容采集制作等设备、软件、行业解决方案，推进三维图形生成、实时动作捕捉、快速渲染处理等技术创新。

5.7.4　高分子材料在新一代信息技术产业的应用

1. 应用现状

高分子材料现已成为现代工业和高新技术产业的重要基石，与信息科学等前瞻新兴领域有紧密的合作联系。在塑料领域，聚乙烯、聚丙烯等材料由于化学稳定好，且有较高的耐温性和一定的绝缘性，适宜应用于电子电气领域。酚醛树脂由于具有较高的机械强度、良好的绝缘性、良好的耐热和耐腐蚀性，被广泛用于开关、仪表壳等电器部件。

2. 应用趋势

3D打印技术也是现今新一代信息技术的一大研究热点，其所应用的高分子材料势必是未来发展的一大趋势。目前常用的3D打印高分子材料有聚酰胺、聚酯、聚碳酸酯、聚乙烯、聚丙烯和丙烯腈-丁二烯等。在光固化立体印刷中的齐聚物的种类繁多，其中应用较多的主要包括如聚氨酯丙烯酸树脂、环氧丙烯酸树脂、聚丙烯酸树脂以及氨基丙烯酸树脂。

5.7.5　新一代信息技术产业国内分布及案例

从产业布局角度来看，我国新一代信息技术产业已形成四大产业集聚区，初步形成产业集聚效应。四大产业集聚区包括以上海、苏州、杭州等为代表的长三角地区；以北京、天津、山东等为代表的环渤海地区；以广东、深圳等为代表的珠三角地区；以重庆、成都、西安为代表的中西部地区。从产业规模角度来看，珠三角以及环渤海地区的产业发展基础较好、发展规模较大；从发展空间角度来看，重庆、成都等中西部地区发展空间广阔，有利于承接东部地区的产业转移。

河南黄河鲲鹏项目

　　发展黄河鲲鹏产业是河南省贯彻落实习近平总书记黄河流域生态保护和高质量发展座谈会讲话,以及中央经济工作会议精神,推动河南制造业高质量发展的具体行动和重要举措。

　　建成投产的黄河鲲鹏项目,标志河南有了自主品牌——黄河牌的服务器和电脑,使河南成为华为鲲鹏芯片服务器在国内的重要生产基地。该项目建成后将形成年产 10 万台自主可控服务器、60 万台自主可控个人计算机的生产能力,3 年内达到年产 30 万台服务器、500 万台个人计算机的规模。

第 6 章 高分子材料生产技术

从目前来看,高分子材料生产技术的发展方向是充分利用能源,简化工艺,实现生产的连续化、自动化、最佳化和柔性化。

6.1 高分子材料合成方法

6.1.1 本体聚合

本体聚合是单体或原料低分子物在不加溶剂以及其他分散剂的条件下,由引发剂或光、热、辐射作用引发的自身聚合反应。有时也可加少量着色剂、增塑剂、分子量调节剂等。液态、气态、固态单体都可以进行本体聚合。

关于本体聚合,工业生产上多采用两段聚合工艺。第一阶段为预聚合,可在较低温度下进行,转化率控制在 10%~30%,一般在自加速以前,这时体系黏度较低,散热容易,聚合可以在较大的釜内进行。第二阶段继续进行聚合,在薄层或板状反应器中进行,或者采用分段聚合,逐步升温,提高转化率。由于本体聚合过程反应温度难以控制为恒定,所以产品的分子量分布比较宽。

本体聚合的后处理主要是排除残存在聚合物中的单体。常采用的方法是将熔融的聚合物在真空中脱除单体和易挥发物,所用设备为螺杆或真空脱气机,也有用泡沫脱气法,将聚合物在压力下加热使之熔融,然后突然减压使聚合物呈泡沫状,有利于单体的逸出。

本体聚合生产的产品比较纯净,电性能较好,可直接浇铸成型;生产设备利用率高,操作也相对简单,不需要太过复杂的分离、提纯操作。其不足之处在于热效应较大,自动加速效应造成产品有气泡、变色,严重时则温度失控,引起爆聚,使产品达标难度加大。由于体系黏度随聚合不断增加,混合和传热困难;在自由基聚合的情况下,有时还会出现聚合速率自动加速现象,如果控制不当,将引起爆聚;产物分子量分布宽,未反应的单体难以除尽,制品机械性能变差等。针对其缺点,根据长期的生产经验,可以通过以下方式进行改善:为了改进产品性能或成型加工的需要而加入有特定功能的添加剂,像增塑剂、抗氧剂、内润滑剂、紫外线吸收剂及颜料等;为了调节反应速率,适当降低反应温度而加入一定量的专用引发剂;为了降低体系黏度和改善流动性,加入少量的润滑剂或溶剂;采用较低的反应温度和较低的引发剂浓度进行聚合,使放热缓和;在反应进行到一定转化率而此时反应黏度还不算太高时,就分离出聚合物;分段聚合,将聚合过程分为几个阶段,控制转化率和自动加速效应,使反应热分成几个阶段放出;改进反应器内的流体输送方法,完善搅拌器和传热系统,以利于聚合设备的传热,研究开发专用特型设备等;采用气相本体聚合方法,研制出专用高效催化剂,大大降低了操作压力,并且解决了相关的工程设备问题,使得这一技术得到广泛使用;采用"冷凝法"进料及"超冷凝法"进料,利用液化了的原料在较低温度下进入反应器,直接同反应器内的热物料换热。

由于混合和传热困难,工业上自由基本体聚合不及悬浮聚合、乳液聚合应用广泛,离子聚合由于多数催化剂易被水破坏,故常采用本体聚合和溶液聚合。该法常用于聚甲基丙烯酸甲酯(俗称有机玻璃)、聚苯乙烯、低密度聚乙烯、聚丙烯、聚酯和聚酰胺等树脂的生产。

6.1.2 溶液聚合

溶液聚合是指单体、引发剂在适当溶剂中的聚合过程。溶液聚合包括均相溶液聚合和非均相溶液聚合,其中均相溶液聚合是指单体和生成的聚合物都溶于溶剂;而非均相溶液聚合(也称沉淀聚合),是指单体溶于溶剂中,而生成的聚合物不溶于溶剂,如丙烯腈以水为溶剂的溶液聚合为沉淀聚合。

溶液聚合中体系的组成包括单体、引发剂和溶剂,溶剂对聚合物分子的支化和构型有很大影响。溶剂的存在可大大降低向大分子的链转移反应,减少了大分子的支化,从而有利于提高产品的性能。

1. 溶液聚合的优点

由于使用溶剂降低了体系的黏度,推迟了自动加速现象的到来。如果控制适当的转化率就可以基本上消除自动加速现象,聚合反应接近匀速反应,聚合反应容易控制。此外,聚合物的浓度比较低,易于控制产品的分子量分布以及产品的结构状态。在溶液聚合过程中,由于引入了溶剂,单体浓度被溶剂稀释,因此其聚合速度比较慢,由于链自由基向溶剂的转移反应使聚合物的平均聚合度降低,所以聚合所得分子量低,转化率不高。另外溶剂的回收和提纯使工艺过程复杂化,从而使生产成本增加。

2. 溶剂对引发剂分解速率的影响

溶剂聚合的引发剂通常采用过氧化物体系和偶氮体系,引发剂的分解速率因溶剂种类而异。有机过氧化物在某些溶剂中有诱导分解作用,由于引发剂自由基的链转移作用而容易生成溶剂自由基,溶剂自由基可诱导过氧化二苯甲酰的分解。引发剂的诱导分解会导致引发效率的降低,也就是部分自由基损失掉,但从反应速率观察,诱导分解也导致引发剂的总反应速率增加,意味着引发剂半衰期降低。

3. 溶剂对聚合物大分子的形态的影响

溶剂能控制生长着的链自由基的分散状态和形态。如使用良溶剂,链自由基在其中处于伸展状态,将形成直链型大分子。如使用不良溶剂,由于链自由基在其中处于卷曲状态或球形,在高速转化率时会使链自由基沉淀,以溶胀状态析出,形成无规线团。

4. 溶剂的链转移及对分子量的影响

自由基溶液聚合的特征是链转移反应。由于链转移反应的发生,导致聚合物分子量较低。链转移反应与单体和溶剂性质及温度有关,不同溶剂的链转移反应能力不同。溶剂的链转移能力和溶剂分子中是否存在容易转移的原子有密切关系。若具有比较活泼的氢或卤素原子,则链转移反应常数较大。

5. 溶剂对聚合物分子结构的影响

溶剂能在一定程度上控制聚合物的分子量及增长链分散状态和构型。

6. 链转移作用的应用

在溶液聚合反应中,链转移反应可以调节聚合物分子量,如果希望得到分子量较高的聚合物,应选用链转移作用较小的溶剂;反之,制备分量较低的聚合物则选用链转移作用较大的溶剂。例如,在硫氰酸钠水溶液中进行丙烯腈溶液聚合,可获得分子量低的聚丙烯腈。链转移反应的另一个应用是降低聚合物的支化或交联,如利用溶剂来降低含叔氢原子的聚合物(如聚丙烯酸酯、聚乙酸乙烯酯和丙烯酰胺)的支化和交联。此外,利用一些物质的转移作用,通过调聚反应,可生成调聚物。

链转移作用和自动加速现象对聚合物相对分子量的影响恰恰相反,但常常是同时发生的,自动加速现象使聚合物的相对质量增加,而链自由基向溶剂的链转移作用又可使聚合物的相对分子量降低,从而使聚合物的相对分子质量分布变宽。

7. 溶剂的选择

在溶液聚合中,溶剂的种类和用量直接影响着聚合反应的速率、聚合物的相对分子质量、聚合物相对分子质量分布以及聚合物的构型。因此,选择一种适当的溶剂是很重要的。溶剂对自由基聚合不能有缓聚和阻聚等不良影响;溶剂的链转作用几乎是不可避免的,为了得到一定相对分子质量的聚合物,溶剂的黏度(Cs)不能太大;如果要得到聚合物溶液,应选择聚合物的良溶剂,而要得到固体聚合物,则应选择聚合物的非溶剂。此外,在实验或者生产的过程中,还须考虑溶剂的毒性和成本等问题。

6.1.3 悬浮聚合

悬浮聚合是单体以小液滴悬浮在水中的聚合,是自由基聚合特有的聚合方法。悬浮聚合自 20 世纪 30 年代工业化以来,已成为重要的聚合方法之一。

悬浮聚合工艺过程简单,聚合热易于排除,操作控制方便,聚合物易于分离、洗涤、干燥,产品也较纯净,且可直接用于成型加工,特别适于大规模的工业生产。

悬浮聚合是多相聚合体系,其聚合体系由单体分散相和水连续相组成。其中,单体分散相主要由单体和引发剂组成,必要时还有调节剂和其他一些特定的配合剂。通常适于进行悬浮聚合的单体,其在常温常压下或不太高的压力下为液态,所以蒸气压不太高。

水连续相主要由水、分散剂或称悬浮剂及其他助剂所组成。根据聚合工艺和产品性能的要求,对水质主要是控制其酸碱度、硬度、氯离子含量和机械杂质等。对分散剂而言相对苛刻一些,分散剂应不对单体产生阻聚或延缓聚合的副作用,不能污染反应体系和产物,易于分离除去,且在聚合温度范围内化学稳定性好。对于高分子分散剂来说,其结构中应具有亲水和疏水基,易溶于水,并能适当增加水相的黏度,同时应具有一定的表面活性,可起到调节表面张力的作用。由于并不是所有的分散剂均能同时满足以上要求,因此聚合体系中除主要分散剂外,还需要加入辅助分散剂。

工业上常用的分散剂分为水溶性高分子化合物、非水溶性无机分散剂和助分散剂三大类。其中水溶性高分子化合物主要包括天然高分子化合物分散剂(如明胶、纤维素醚类等)和合成高分子化合物分散剂(如聚乙烯醇、聚甲基丙烯酸及其他聚丙烯酸钠盐等),这类分散剂的用量一般在 0.1%～0.5%。

非水溶性无机分散剂主要为粉末状无机矿石,其中碳酸镁、碳酸钙、碳酸钡、硅藻土、滑石粉等主要用于苯乙烯、甲基丙烯酸甲酯、乙酸乙烯酯等单体的悬浮聚合。它们的分散保护作用好,能制得粒度均匀、表面光滑、透明性好的聚合物粒子。聚合结束后,吸附在聚合物珠粒表面的无机分散剂可以用烯酸洗去,以便保持聚合物制品的透明性。同时,这类分散剂的性能稳定,可用于较高温度下的悬浮聚合,可以用沉降周期来评价分散剂的吸毒或分散稳定性,这类分散剂的用量一般在 1%～5%。

分散剂主要起到稳定和保护反应物质的作用,使聚合反应能顺利地度过危险期,得到良好质量的产品,同时消除处于分散-聚集动态平衡状态中发黏液滴的聚集趋向。分散剂不仅能使单体分散得更为均匀,而且能保护这些发黏的珠滴,防止其因相互黏结而引起的凝聚结块。

助分散剂是一类具有表面活性、能调节表面张力的物质,常称为表面活性剂。常用的表面活性剂有石油磺酸钙、石油磺酸钠、石油磺酸钡、十二烷基苯磺酸钠(或钙)、烷基酚聚氧乙烯醚、脂肪酸的钡盐如月桂酸钡等。助分散剂可以使单体的表面张力和单体-水相界面张力降低,有利于增大单体在水相中的分散度和液滴的稳定性,并使聚合物珠滴变细,生产中的加入量一般在 0.001%～0.01%。

悬浮聚合过程可分为均相粒子的成粒过程和非均相粒子的成粒过程。均相聚合过程得到的粒子是一些外表光滑、大小均匀、内部为实心且透明有光泽的小圆柱球。而非均相聚合过程的产物则不同,聚合粒子是半透明的,且外表比较粗糙,内部伴随着一些空隙。

聚苯乙烯均聚体系和甲基丙烯酸甲酯均聚体系是典型的珠状悬浮聚合,因聚合物能溶于单体,因此具有均相聚合的特征。在聚合反应初期,单体在搅拌下分散成直径为 $0.5\sim5\ \mu m$ 的均相液滴,在分散剂的保护下,在适当的温度时引发剂分解为自由基,单体分子开始链引发。

在聚合反应的中期,单体聚合的链增长速率较慢,生成的聚合物因能溶于自身单体仍使反应液滴保持均相。随着聚合物的增多,透明液滴的黏度也不断增大。此阶段液滴内释放的热量增多,黏度上升较快,液滴间黏结的倾向增大,所以自转化率达到 20％以后就进入了液滴聚集结块的危险期,同时液滴的体积也开始减小。当转化率达到 50％以上时,聚合物的增多使得液滴变得更为黏稠,聚合反应速率和放热量都达到了最大。此时若散热不良,液滴内会有小气泡生成。转化率在 70％以后,反应速率不断开始下降,单体浓度也开始减小,液滴内大分子链也越来越多,大分子的链活动越受到限制,黏性逐渐减小而弹性相对增加。

到了聚合反应后期,转化率达到 80％时,单体显著减少,聚合物大分子链因体积收缩而被紧紧地黏结在一起,残余单体在这些纠缠得很紧密的大分子链间进行反应并形成新的聚合物分子链,使聚合物粒子内大分子链间越来越充实,弹性逐渐消失,聚合物颗粒也变得比较坚硬。这时液滴黏结聚集的危险期度过,可提高聚合温度促使残余单体反应。这些残余单体分子就只能在其相邻区域形成新的大分子,使聚合物分子链间完全被新生成的大分子链所填充,若干大分子链相互纠结,无规和无间隙的黏聚在一起组成统一的相态,完全固化后最终形成均匀坚硬透明的球珠状粒子。

6.1.4　乳液聚合

乳液聚合是由固特异轮胎橡胶公司在 20 世纪 20 年代发明的,是将单体借助乳化剂的作用分散在介质中而进行的聚合。所用的分散介质通常是水,所以它是实现游离基型加聚反应的一种。在乳液聚合中,单体首先分散在水相中,引发剂的自由基在水相中产生并迁移进入和单体分子一起溶胀的胶束中,其聚合过程中会产生乳胶粒子,这是一种聚合物的水分散体。随着聚合的进行,不断会有更多的单体陆续进入胶束,使得聚合继续进行下去。

由于乳液聚合有许多优点而且操作简便,因此适合于在工业上大规模运用。许多种大量生产的高分子化合物如塑料中的聚乙酸乙烯酯、聚氯乙烯等,合成纤维中的聚丙烯腈、聚偏氯乙烯等以及合成橡胶中的丁苯橡胶、丁氯橡胶等均是借助乳液聚合方法制造的。

乳液聚合不同于溶液聚合,它是一个非均相体系的聚合。溶液聚合是单体溶解在溶剂中,在单体的溶液中进行聚合,是均相体系的聚合,只是在生成的聚合物不溶于溶剂时,才成为非均相聚合。乳液聚合也不同于悬浮聚合,两者虽然都是非均相聚合,但是在悬浮聚合中,整个聚合过程中是在体系的单体悬浮粒中进行的,实质上它是分散的单体小粒的本体聚合。

乳液聚合不是在乳浊液的单体乳胶粒中聚合,它有其独特的历程。首先是乳液聚合的速度快,比本体聚合或溶液聚合的速度快 2 到 3 个数量级。例如,在同样单体浓度及温度条件下,苯乙烯的乳液聚合速度为 $3×10^{-3}$,而其溶液聚合速度只有 $2×10^{-6}$。同时,乳液聚合在较宽的温度范围内速度较快,并可以通过调节聚合温度来控制聚合物的性质。例如,支化活化能往往大于增长活化能,因此在低温聚合可得支化度较低的聚合物。

乳液聚合所得的聚合物一般具有较大的聚合度,即使在聚合速度很快的情况下,聚合度仍然保持较高。上述苯乙烯在乳液聚合和溶液聚合中相应的聚合度分别为 2400 和 300,所以乳液聚合能在聚合速度快的条件下生成分子量大的聚合物。在这样的条件下,本体聚合和溶液聚合所得聚合物的分子量往往颇低。

在乳液聚合时,有较多的方法来控制反应速度和聚合物的分子量。除一般的方法,如控制单体的浓度、聚合温度及使用调节剂外,还可利用乳化剂及电解质的性质和用量来控制。单体在大量的分散介质中进行聚合,聚合热易于传递给介质,因而易于排散,这就便于控制聚合温度,不至于发生如本体聚合中常见的局部过热困难。由于聚合温度易于准确控制,所以聚合物的分子量也比本体聚合得均匀。此外,乳液聚合易于进行共聚合,单体的结构和溶解度差异性较大的,亦可借助乳液聚合进行共聚。

工业生产上应用乳液聚合具有许多优点。首先是易于控制聚合温度,因此有可能进行大规模的聚合。其次是反应速度快,有利于进行连续化作业。由于成品是胶乳形式,是聚合物胶粒的稳定的水分散体,同时含有的固形物多而黏度低,便于直接使用。如需要制成固体聚合物时,仅须经凝胶、洗涤和干燥等简便的后处理,不像溶液聚合那样,还需要使用大量的溶剂并有额外的回收溶剂的工序。

当然,乳液聚合也有其缺点,它不像定向聚合那样,能使聚合物的结构极有规律。乳液聚合产物的纯度不及本体聚合和悬浮聚合,它常带有没有洗净的乳化剂和电解质等夹杂物。虽然有这些缺点,但是乳液聚合在过去乃至现在仍是合成高分子材料的重要过程之一。

6.1.5 四大聚合方法比较

本体聚合是不加任何其他介质,只有单体在引发剂、光、热、辐射等引发下进行的聚合。有时还需要加入少量的色料、增塑剂、润滑剂、分子量调节剂等助剂。因此本体聚合主要特点是产物纯净,工艺过程设备简单,适用于制备透明和电性能好的板材、型材等制品。不足之处在于体系黏度太大,自动加速显著,聚合反应不易导出,温度不易控制,易局部过热,引起分子量分布不均。

溶液聚合是在聚合中使用溶剂,单体和引发剂溶于适当溶剂中进行的聚合方法。溶液聚合反应生成的聚合物溶解在所用溶剂中的属于均相聚合,溶液聚合反应生成的聚合物不溶于所用溶剂中而沉淀析出的属于非均相聚合,又称沉淀聚合。

由于溶液聚合过程中使用了溶剂,因此溶液聚合体系的黏度较低,聚合速率较慢,设备生产能力与利用率下降,溶剂的回收费用较高,增加了生产成本。然而,在溶液聚合过程中,混合和传热比较容易,温度容易控制,有较少凝胶效应,因此可以避免局部过热。

悬浮聚合是溶有引发剂的单体以液滴状悬浮于水中进行的自由基聚合方法。整体看水是连续相,单体为分散相,聚合反应在每一个小液滴内进行,反应机理和本体聚合相同,可以看成是小珠的本体聚合。同样也可以根据聚合物在单体中的溶解性分为均相聚合和非均相聚合。如果将水溶性单体的水溶液作为分散相悬浮于油类连续相中,在引发剂的作用下进行的聚合也称为反相悬浮聚合。

悬浮聚合体系一般有单体、引发剂、水、分散剂等四个基本组分组成。不溶于水的单体在强力搅拌作用下,被粉碎分散成小液滴,它是不稳定的,随着反应的进行,分散的液滴又可能凝结成块,为防止黏结,体系中必须加入分散剂。

悬浮聚合产物的颗粒粒径一般在 $0.05 \sim 0.2\,mm$。其形状、大小因搅拌强度和分散剂的性质而定。悬浮聚合因以水为介质,所以体系黏度低,传热好,温度易于控制,产品分子量及分布也比较稳定。产物是固体微粒,后处理简单,只需离心干燥即可,因此成本较低,但也存在自动加速效应,布局和速度不易控制,且产品的分散剂不能彻底清除,影响产品纯度。

乳液聚合是指单体在乳化剂和机械搅拌的作用下,在分散介质中分散成乳状液而进行的聚合反应。它是可用于某些自由基聚合反应的一种独特的方法,它涉及以乳液形式进行的单体的聚合反应。乳液聚合体系的组成比较复杂,一般由单体、分散介质、引发剂、乳化剂等四部分组成。经典乳液聚合的单体是油溶性的,分散介质通常是水,选用水溶性引发剂。当选用水溶性单体时,则分散介质为有机溶剂,引发剂是油溶性的,这样的乳液体系也称为反相乳液聚合。乳液聚合的聚合速率大,产物分子量高,产物中残留有乳化剂,影响聚合物产品的性能。

6.2 高分子材料制备工艺

国际上,高分子聚合物的加工技术首次出现于 1844 年,当时美国固特异轮胎橡胶公司申请了天然橡胶硫化加工技术的专利,19 世纪 60 年代出现了用樟脑做增塑剂将硝基纤维素酯热塑加压做赛璐珞的技术,1890 年出现了硝基纤维素酯用乙醇做溶剂湿法纺丝技术,1895—1900 年出现了用帆布增强硫化橡胶制轮胎的技术,这是加工和研究用于制橡胶、纤维、塑料的高分子聚合物的开始。随着高分子聚合物作为材料应用的日益增多,一些用于聚合物加工的机械设备和加工工艺逐渐推出。19 世纪末,出现了用于橡胶加工的素炼机,之后又出现了橡胶密炼机、开炼机。1851 年,出现用于塑料挤出的柱塞式挤出机,约 1940 年,出现了螺杆式挤出机。1905 年,出现了以碱性二硫化碳为溶剂溶解纤维素来纺丝的人造丝技术(湿法纺丝),1938 年,出现尼龙 66 的熔融纺丝技术,1944 年,出现以二甲基甲酰胺为溶剂的聚丙烯腈干法纺丝技术。这些加工技术的出现,为高分子成型学科的形成奠定了基础。

一般来说,学术界认为"高分子成型"学科形成于 20 世纪 60 年代末。在此之前的高分子成型研究主要是为解决某个高分子产品的制造而进行设备和工艺研究,很少涉及在这些加工过程中高分子聚合物内部结构及化学成分的变化问题,即对高分子加工过程采取了"黑箱子"操作。60 年代末开始注意到在高分子加工成型过程中,加工条件对聚合物结构变化和高分子运动的影响,而这些影响将直接决定着制品的性能。在这方面开展的工作有两个重要领域,一是在流体力学的基础上结合聚合物熔体性质而开展的聚合物熔体流变学研究,二是结合高分子物理知识和聚合物加工条件而开展的聚合物成型过程中的特殊结构控制成型研究。在这两方面基础研究工作的推动下,出现了一些主要的高分子成型加工新技术。如 60 年代末至 70 年代初,出现了用于聚合物在螺杆挤出机中进行接枝改性或直接用单体在螺杆挤出机中聚合后挤出成型的"反应加工"技术,如 1970 年出现的塑料加工中的挤出后冷拉伸技术,1972 年美国出现的液晶高分子浓溶液的液晶纺丝技术和 1978 年荷兰出现的超高分子量聚乙烯的凝胶纺丝技术等。

国际上"聚合反应工程"研究兴起于 20 世纪 30 年代,当时一些重要聚合物的工业合成技术陆续出现,随之而来的工艺、设备等新技术的研究供不应求。这一时期的主要工作有,1927 年出现聚氯乙烯工业生产技术,1931 年出现氯丁橡胶工业生产技术,1932 年出现丁钠橡胶生产技术,1940 年出现丁基橡胶和丁苯橡胶工业生产技术,1947 年出现环氧树脂工业生产技术,1950 年出现聚丙烯腈工业合成及成纤技术,1953 年出现聚对苯二甲酸乙二醇酯工业合成及成纤技术,1954 年出现低压聚合合成聚乙烯、聚丙烯技术。

我国的高分子加工技术最早出现在 1920 年广州的橡胶制品加工业,大量的高分子加工工作始于 20 世纪 50 年代。1953 年,徐僖在四川化工学院建立了我国第一个塑料加工专业,1959 年,开展了高分子成型(塑料成型)加工。1959 年,引进德国尼龙 66 熔融纺丝技术,从而开展了高分子聚合物的成纤研究。我国的聚合反应工程研究是随着重要品种的聚合物生产技术的引进而开展起来的。

6.2.1　高分子可加工性质

1. 高分子的可加工性

高分子具有一些特有的加工性质,如良好的可塑性、可挤压性、可纺丝性和可延性。正是这些加工性质为高分子提供了适于多种加工技术的可能性,也是高分子能得到广泛应用的重要原因。

高分子通常可以分为线形高分子和体形高分子,但体形高分子也是由线形高分子或某些低分子物质与分子量较低的高分子通过化学反应得到的。线形高分子的分子具有长链结构,在其集体中它们总是彼此贯穿、重叠和缠结在一起。在高分子中,由于长链分子内和分子间强大吸引力的作用,使高分子表现出各种力学性质。高分子在加工过程所表现的许多性质和行为都与高分子的长链结构和缠绕以及聚集态所处的力学状态有关。

根据高分子所表现的力学性质和分子热运动特征,可将其划分为玻璃态、高弹态和黏流态,通常称这些状态为聚集态。高分子的分子结构、高分子体系的组成、所受应力和环境温度等是影响聚集态转变的主要因素,在高分子及其组成一定时,聚集态的转变主要与温度有关。不同聚集态的高分子,由于主价键与次价键共同作用构成的内聚能不同而表现出一系列独特的性质,这些性能在很大程度上决定了高分子材料对加工技术的适应性,并使高分子在加工过程中表现出不同的行为。

高分子在加工过程中都要经历聚集态转变,了解这些转变的本质和规律就能选择适当的加工方法和确定合理的加工工艺,能够在保持高分子原有性能的条件下,以最少的能量消耗,高效率地制备良好的产品。

玻璃态高分子表现为坚硬的固体,不宜进行引起大变形的加工,但可通过车、铣、削、刨等进行加工。在玻璃化转变温度以下的某一温度,材料受力容易发生断裂破坏,这一温度称为脆化温度,它是材料使用的下限温度。

在玻璃化温度以上的高弹态,高分子的模量减少很多,形变能力显著加大。在玻璃化与高弹态之间靠近高弹态的区间内,由于高分子的黏性很大,可进行某些材料的真空成型、压力成型、压延和弯曲成型等。把制品温度迅速冷却到玻璃化以下温度是这类加工过程的关键。玻璃化转变温度是选择合理应用材料的重要参数,同时也是大多数高分子加工的最低温度。

在黏流温度以上,高分子化合物转变为黏流态,通常又将这种液体状态的高分子称为熔体。材料在黏流温度以上不高的温度范围表现出类似橡胶流动行为。这一转变区域通常用来进行压延成型、某些挤出成型和吹塑成型等。比高弹态更高的温度使分子热运动大大激化,材料模量降到最低值,这时高分子熔体形变的特点是不大的外力就能引起宏观流变,这时形变中主要是不可逆的黏性变形,冷却高分子就能将形变永久保持下来,这一温度范围常用来进行熔融纺丝、注射、挤出、吹塑和贴合等加工。过高的温度将使高分子的黏度大大降低,不适当的增大流变性容易引起溢料、形状扭曲、毛丝断裂等现象。温度高到分解温度附近时,还会引起高分子化合物的分解,以致降低产品物理机械性能或引起外观不良。

2. 高分子的可挤压性

高分子在加工过程中常受到挤压作用,可挤压性是指高分子化合物通过挤压作用变形时获得形状和保持形状的能力。在挤压过程中,高分子熔体主要受到剪切作用,故可挤压性主要取决于熔体的剪切黏度和拉伸黏度。大多数高分子化合物熔体的黏度随剪切力或剪切速率增大而降低。如果挤压过程材料的黏度很低,虽然材料有良好的流动性,但保持形状的能力较差;相反,熔体的剪切黏度很高时则会造成流动和成型的困难。材料的挤压性质还与加工设备的结构有关。挤压过程高,分子熔体的流动速率随着压力的增大而增加,通过流动速率的测量可决定加工时所需要的压力和设备的尺寸。材料的挤压性质与高分子的流动性、熔融指数和流变速率密切有关。

3. 高分子的可模塑性

高分子的可模塑性是指材料在温度和压力作用下形变和在模具中模制成型的能力。具有可模塑性的材料可通过注射、模压和挤出等成型方法制成各种形状的模塑制品。可模塑性主要取决于材料的流动性、热性质和其他物理力学性质等,在热固性高分子的情况下,还和高分子的化学反应性有关。过高的温度,虽然熔体的流动性大,易于成型,但会引起分解,制品收缩率大;温度过低,熔体黏度大,流动困难,成型性差;因弹性发展,使制品形状稳定性差。适当增加压力,通常能改善高分子的流动性,但过高的压力将引起溢料和增大制品内应力;压力过低时则会造成缺料。模塑条件不仅影响高分子的可模塑性,且对制品的力学性能、外观、收缩以及制品中的结晶和取向等都有广泛的影响。热性能影响高分子加工与冷却的过程,从而影响熔体的流动性和硬化速度,因此也会影响高分子制品的性质。模具的结构尺寸也影响聚合物的模塑性,不良的模具结构甚至会使成型失败。

4. 高分子的可纺丝性

高分子的可纺丝性是指高分子材料通过加工形成连续的固态纤维的能力。它主要取决于材料的流变性质、熔体黏度、熔体强度以及熔体的热稳定性和化学物稳定性等。纺丝材料,首先要求熔体从喷丝板毛细孔流出后能形成稳定的细流。细流的稳定性通常与熔体从喷丝板流出的速度、熔体的黏度和表面张力组成的数群有关。纺丝过程由于拉伸和冷却的作用都使纺丝熔体黏度增大,也有利于增大纺丝细流的稳定性。但随纺丝速度的增大,熔体细流受到的拉应力增加,拉伸变形增大,如果熔体的强度低将出现细流断裂。故具有可纺丝的高分子还必须具有较高的熔体强度。不稳定的拉伸速度容易造成纺丝细流断裂。当材料的凝聚能较小时,也容易出现凝聚性断裂。对于一定的高分子,熔体强度随熔体黏度的增大而增加。作为纺丝材料,还要在纺丝条件下,高分子有良好的热和化学稳定性,因为高分子在高温下要停留较长的时间并要经受在设备和毛细孔中流动时的剪切作用。

5. 高分子的可延性

可延性表示无定形或半结晶固体高分子在一个方向或两个方向上受到压

延或拉伸时变形的能力。材料的这种性质为生产长径比很大的产品提供了可能，利用高分子的可延性，可通过压延或拉伸工艺生产薄膜、片材和纤维。但工业生产仍以拉伸法用得最多。线形高分子的可延性来自大分子的长链结构和柔性。可延性取决于材料产生塑性形变的能力和应变硬化作用。形变能力和高分子所处的温度有关，在玻璃化转变温度和熔融温度之间，高分子化合物的分子在一定拉力作用下能产生塑性流动，以满足拉伸过程材料截面积尺寸减小的要求。对半结晶高分子的拉伸在稍低于熔融温度以下进行，非晶体高分子则在接近玻璃化转变温度进行。适当地升高温度，材料的可延性能进一步提高，拉伸比可以更大，甚至一些延伸性较差的高分子也能进行拉伸。通常把在室温至玻璃化转变温度附近的拉伸称为"冷拉伸"，在玻璃化转变温度以上的拉伸称为"热拉伸"。当拉伸过程高分子发生"应力硬化"后，它将限制聚合物分子的流动，从而阻止拉伸比的进一步提高。

6.2.2 高分子加工黏弹性

高分子在加工过程中通常是从固体变为液体，再从液体变成固体，所以加工过程中高分子在不同条件下会分别表现出固体和液体的性质，即表现出弹性和黏性。但由于大分子的长链结构和大分子运动的逐步性，高分子的形变和流动不可能是纯弹性或者纯黏性，而是弹性和黏性的综合，即黏弹性。

当高分子在外力作用下发生弹性形变时，外力使高分子键长和键角或高分子晶体中处于平衡状态的粒子间发生形变和位移。高弹形变是外力较长时间作用于高分子时，由处于无规则热运动的大分子链段形变和位移所贡献，形变值小，具有可逆性，它使高分子表现出特有的高弹性。黏性形变则是高分子在外力作用下，沿力作用方向发生的大分子链之间的解缠绕和相对滑移，表现为宏观流动，形变值大，具有不可逆性。在通常的加工条件下，高分子形变主要由高弹形变和黏性形变组成。从形变性质来看，包括可逆形变和不可逆形变两种形式，只是由于加工条件不同存在着两种形式的相对差异。在黏流温度以上进行加工时，高分子处于黏流态，这时高分子的形变发展以黏性形变为主，此时高分子的黏度低、流动性大、易于成型；在黏流温度以下进行加工时，高分子转变成高弹态，随着温度的降低，高分子形变组成中的弹性成分增大，黏性成分减小，由于有效形变值减小，通常较少在这一范围成型制品。

高分子在加工过程中的形变都是在外力和温度共同作用下，大分子形变和进行重排的结果。由于大分子的长链结构和大分子运动的逐步性,高分子在外力作用时与应力相适应的任何形变都不可能在瞬间完成,通常将高分子于一定温度下,从受力作用开始,形变经过一系列的中间状态过渡到与外力相适应的平衡状态的过程看成是一个松弛过程,过程所需的时间称为松弛时间。高分子对外力相应的这种滞后现象称为"滞后效应"或"弹性滞后"。在玻璃化转变温度和黏流温度之间对成型制品进行热处理,可以缩短大分子形变的松弛时间,加快结晶速度,使制品的形状能较快地稳定下来。

6.2.3　高分子加工流变学

在大多数加工过程中,聚合物都会产生流动和形变。高分子流变学就是认识应力作用下高分子材料产生弹性、塑性和黏性形变的行为以及研究这些行为与各种因素之间的关系。所以流变学对高分子加工有非常重要的现实意义。

1. 高分子熔体的流变行为

高分子在加工过程中的形变是受外力作用的结果,材料受力后,其内部产生与外力相平衡的应力。受到剪切力作用产生的流动称为剪切流动。受到拉应力作用引起的流动称为拉伸流动。但是实际加工过程中材料的受力情况非常复杂,往往是三种简单应力的组合,因而材料中的实际应变也往往是多种简单应变的叠加。加工中流体的静压力对流体流动性质的影响相对不及前两者显著,但它对黏度有影响。高分子流体可以是处于黏流温度或熔融温度以上的熔融状聚合物,亦可以是在不高温度下仍保持为流体液体的高分子溶液或悬浮体。加工过程中高分子的流变性质主要表现为黏度的变化,根据流动过程高分子黏度与应力或应变速率的关系,将高分子的流动行为分为两大类,一是符合牛顿流动定律的牛顿型流体,二是非牛顿流体,其流动行为称为非牛顿型流动。

通常加工条件下,对热塑性高分子加热仍是一种物理作用,其目的是使高分子达到黏流态以便成型,材料在加工过程中所获得的形状必须通过冷却来定型。虽然多次加热和受到加工设备的作用会引起材料内在性质的一定变化,但并未改变材料整体可塑性的基本特性,特别是材料的黏度在加工条件下基本没有发生不可逆的改变。但是热固性高分子则不同,加热不仅可以使材料熔融,能在压力下产生流动、变形和获得所需形状等物理作用,并且还能使具有活性基团的组织在足够高的温度下产生交联反应,最终完成硬化等化学作用。一旦热固性材料硬化后,黏度变为无限大,还会失去再次软化、流动和通过加热而改变形状的能力。因此,热固性高分子加工过程中黏度的这种变化规律与热塑性高分子有着本质的区别。热固性高分子的黏度也受剪切速率的影响,但化学反应和硬化速度的影响更重要。剪切作用增加了活性分子间的碰撞机会,降低了反应活化能,交联反应速度增加,熔体黏度随之增大。同时由于大多数交联反应是放热反应,系统温度的升高加速了交联固化过程,从而导致黏度迅速增大。

2. 影响高分子流变行为的主要因素

高分子熔体在任何给定的剪切速率下的黏度主要由两个方面的因素来决定,一方面是高分子熔体内的自由体积和大分子长链之间的缠结。其中,自由体积是高分子中未被高分子占领的空隙,它是大分子链段进行扩散运动的场所。凡是会引起自由体积增加的因素都能促进大分子的运动,并导致高分子熔体黏度的降低。另一方面是大分子之间的缠结使得分子链的运动变得非常困难,凡是减少这种缠结作用的因素,都能加速分子的运动并导致熔体黏度的降低。另外,各种环境因素(如温度)、应力、应变速率、低分子物质等以及高分子自身的分子量,支链结构对黏度的影响,大多能用这两种因素来解释。对于黏流温度以上的高分子,热塑性高分子熔体的黏度随温度升高而呈指数函数式降低。

高分子的聚集态不如想象的那么紧密,存在很多微小空穴,即"自由体积",从而使高分子有了可压缩性。当压力作用使高分子自由体积减小时,大分子间的距离缩小,链段跃动范围减小,分子间的作用力增加,以致液体的黏度也随之增大。在通常的加工条件下,大多数高分子熔体都表现为非牛顿型流动,其黏度对剪切速率有依赖性。当剪切速率增加时,大多数熔体的黏度下降,但是不同种类的聚合物对剪切速率的敏感性有差别。高分子的结构因素即链结构和链的极性、分子量、分子量分布以及高分子的组成等对高分子液体的黏度有明显影响。高分子链的柔性越大,缠结点越多,链的解缠和滑移越困难,高分子流动时非牛顿性越强。高分子链的支化程度愈大,黏度升高愈多,并导致流动性显著降低。高分子的分子量增大,不同链段偶然位移相互抵消的机会增多,因而分子链重心移动越慢,要完成流动过程就需要更长的时间和更多的能量,所以高分子的黏度随分子量的增加而增大。高分子流动时的非牛顿行为是随分子量增加而加强的。通常用加入低分子物质和降低聚合物分子量的方法减小高分子的黏度,改善其加工性能。

3. 熔体的黏度也与分子量分布有关

一般在平均分子量相同时,熔体的黏度随分子量分布增宽而迅速下降,其流动行为表现出更多的非牛顿性。分子量分布窄的高分子,在较宽剪切速率范围流动时,则表现出更多的牛顿性特征,其熔体黏度对温度变化的敏感性比分子量分布宽的大。固体物质加到高分子中都会增大体系的黏度,使流动性降低。在高分子中加入有限的溶剂或增塑剂等液体添加剂,可形成聚合物的浓溶液或悬浮液,它们的存在能削弱高分子间的作用力,使距离增大,缠结减小,体系额黏度因而降低,流动性增大,使非牛顿流动的临界剪切速率随体系中溶剂含量的增加而移向高的数值。

6.2.4　高分子加工过程变化

1. 加工过程中高分子的结晶

通常将高分子在等温条件下的结晶称为静态结晶过程。但实际上高分子加工过程的结晶在大多数情况下不是等温的,而且熔体还要受到外力的作用,产生流动和取向等。这些因素都会影响结晶过程。

温度是高分子结晶过程中最敏感的因素,过冷度越大,结晶时间越短,结晶度降低,并使达到最大结晶度的温度下降。熔化温度与在该温度的停留时间会影响聚合物中可能残存的微小有序区域晶核的数量。如果上次结晶温度高,则结晶度也高,晶粒较完整,需要的加工温度高,高分子中原有的结晶结构破坏越多,残存的晶核越少。若熔融温度低、熔融时间短,则体系中存在的晶核将引起异相成核作用,故结晶速度快,结晶尺寸小而均匀,并有利于提高制品的力学强度、耐磨性和热畸变温度。

高分子在纺丝、薄膜拉伸、注射、挤出、压模和压延等成型加工过程中受到应力作用时,有加速结晶作用的倾向。这是应力作用下高分子熔体取向产生了诱发成核作用所致,使晶核生成时间大大缩短,晶核数量增加,以致结晶速度增加。应力对晶体结构和形态也有影响,在剪切或拉伸应力作用下,熔体中往往生成一长串的纤维状晶体,随应力或应变速率增大,晶体中伸直链含量增多,晶体熔点升高。压力也能影响球晶的大小和形状,低压下能生成大而完整的球晶,高压下则生成小而形状很规则的球晶。

高分子的链结构和结晶过程有着密切的关系。分子量越高,大分子及链段结晶的重排运动越困难,所以高分子的结晶能力一般随分子量的增大而降低。结晶过程分子链的敛集作用使高分子体积收缩、比容减小以及密度增加,密度增大意味着分子链之间引力增加,所以结晶高分子的力学性能、热性能和化学稳定性等相应提高,但耐应力龟裂能力降低。

2. 加工过程高分子的降解

高分子加工通常是在高温和应力作用下进行的,高分子可能由于受到热和应力的作用或由于高温下分子中微量杂质及空气中氧的作用而导致分子量降低、大分子结构改变等化学变化。通常称分子量降低的作用为降解,除了少数有意进行的降解以外,大多数是有害的,因此在大多数加工过程中都应设法尽量减少和避免高分子降解。必须严格控制原材料技术指标,使用合格材料,使用前对高分子进行干燥处理,确定合理的加工工艺和加工条件,加工设备和模具应有良好的结构。根据高分子的特性,特别是加工温度较高的情况,在配方中考虑使用抗氧化剂、稳定剂等以加强高分子对降解的抵抗能力。

3. 加工过程中高分子的交联

高分子加工过程形成三维网络结构的反应称为交联,通过交联反应能制得体形高分子。同线形高分子比较,体形高分子的额机械强度、耐热性、耐溶剂性、化学稳定性和制品的形状稳定性等均有所提高。在大多数加工过程中,高分子的交联都是通过大分子上活性中心间的反应与交联剂间的反应来进行的,可以分为游离基交联反应和逐步交联反应。交联反应既可以在大分子和低分子之间进行,又可以在大分子之间进行,通常至少有一种反应物是线形高分子,温度、硬化时间、反应物的官能度和应力都会影响交联结果。

6.3　高分子复合材料研究

6.3.1　复合材料研究现状

随着科学技术的发展,单一材料已不能满足尖端技术领域发展的需要。为此,新型的复合材料引起了科技界的广泛关注,成为材料研究领域的一个研究热点。复合材料可以发挥各种材料的优点,避其弱点,既能充分利用资源,又能节约能源,因此科技界将复合材料作为一类新型材料来研究。比如玻璃钢,因质轻、坚硬,机械强度可比拟钢材,已成功用于印刷电路板、汽车车身、船体等领域。

　　复合材料与陶瓷、高聚物、金属并称为四大材料。其已成为衡量一个国家或地区的工业水平的标志之一，是国家安全和国民经济竞争优势的源泉。

　　随着工业现代化的发展，设备的集群规模和自动化程度越来越高，同时针对设备安全及连续生产的要求也越来越高。传统以金属修复方法为主的设备维护工艺技术已远远不能满足高新设备的维护需求，对此需要研发针对设备预防和现场解决的新技术和材料。为此诞生了包括高分子复合材料在内的更多新的维护技术和材料，满足维护新设备运行环境的需求。

　　复合材料中以纤维增强材料应用最广、用量最大。其特点是比强度和比模量大、比重小。例如，碳纤维与环氧树脂复合的材料，其比强度和比模量均比钢和铝合金大数倍，且具有优良的化学稳定性、减摩耐磨、自润滑、耐热、耐疲劳、耐蠕变、消声、电绝缘等性能。

　　纤维增强材料的另一个特点是各向异性，可按制件不同部位的强度要求设计纤维的排列。以碳纤维和碳硅纤维增强的铝基复合材料为例，在 500℃时仍能保持足够的强度和模量。碳化硅纤维复合材料的耐热性高，耐磨损，可做发动机风扇叶片。碳化硅纤维与陶瓷复合，使用温度可达 1 500℃，比超合金涡轮叶片的使用温度（1 100℃）高得多。碳纤维增强碳、石墨纤维增强碳或石墨纤维增强石墨，构成耐烧蚀材料，已用于航天器、火箭导弹和原子能反应堆中。非金属基复合材料由于密度小，用于汽车和飞机可减轻重量、提高速度、节约能源。用碳纤维和玻璃纤维混合制成的复合材料片弹簧，其刚度和承载能力与重量大 5 倍多的钢片弹簧相当。

　　由于复合材料一般具有强度高、质量轻、耐高温、耐腐蚀等优异性能，在综合性能上超过单一材料，因此，宇航工业就成了复合材料的重要应用领域。另外，复合材料在汽车工业、机械工业、体育用品甚至人类健康方面的应用前景也十分广阔。

　　现代高科技的发展离不开复合材料，复合材料对现代科学技术的发展有着十分重要的作用。复合材料的研究深度和应用广度及其生产发展的速度和规模已成为衡量一个国家科学技术先进水平的重要标志之一。

　　随着科技的发展，树脂与玻璃纤维在技术上不断进步，生产厂家的制造能力普遍提高，使得玻璃纤维增强复合材料的价格已被很多行业接受，但玻璃纤维增强复合材料的强度尚不足以和金属匹敌。因此，碳纤维、硼纤维等增强复合材料相继问世,使高分子复合材料家族更加完善,已成为众多产业的必备材料。目前全世界复合材料的年产量已达 550 多万吨,年产值达 1 300 多亿美元,若将欧美军事航空航天的高价值产品计入,其产值将更为惊人。从全球范围看,复合材料的生产主要集中在欧美和东亚地区。近几年欧美复合材料产需均持续增长,而亚洲的日本因经济不景气,发展较为缓慢,我国市场则发展迅速。

复合材料的市场主要有以下几个,一是清洁、可再生能源用复合材料,包括风力发电用复合材料、烟气脱硫装置用复合材料、输变电设备用复合材料和天然气、氢气高压容器;二是汽车、城市轨道交通用复合材料,包括汽车车身、构架和车体外覆盖件,轨道交通车体、车门、座椅、电缆槽、电缆架、格栅、电气箱等;三是民航客机用复合材料,主要为碳纤维复合材料,热塑性复合材料约占 10%,主要产品为机翼部件、垂直尾翼、机头罩等。

6.3.2　高分子复合材料组成

高分子复合材料是指高分子材料和不同组成、不同形状、不同性质的物质复合黏结而成的多相固体材料。高分子复合材料最大优点是集各家之所长,如高强度、质轻、耐温、耐腐蚀、绝热、绝缘等性质,根据应用领域,选取高分子材料和其他具有特殊性质的材料,制成满足需要的复合材料。其研发技术水平和推广应用的覆盖面在相当程度上能反映一个国家的军事工业、国防建设、能源利用和环境保护水平。

从狭义上来说,高分子复合材料是指高分子材料与另外不同组成、不同形状、不同性质的物质复合而成的多相材料,大致可分为结构复合材料和功能复合材料两种。广义上的高分子复合材料则还包含了高分子共混体系,统称为"高分子合金"。当分散相为金属/无机物时,则称为有机/无机高分子复合材料;而当分散相为异种高分子材料时,则称为高分子共混物。自然界中有大量的高分子复合材料的例子,如树木、蜂巢、燕窝等。

高分子复合材料分为两大类:高分子结构复合材料和高分子功能复合材料,以前者为主。高分子结构复合材料包括两个组分,分别为增强剂和基本材料,其中增强剂为高强度、高模量、耐温的纤维及织物,如玻璃纤维、氮化硅晶须、硼纤维及其织物。基体材料主要是起黏合作用的胶黏剂,如不饱和聚酯树脂、环氧树脂、酚醛树脂、聚酰亚胺等热固性树脂及苯乙烯和聚丙烯等热塑性树脂等,这种复合材料的比强度和比模量比金属还高,是国防、尖端技术方面不可缺少的材料。高分子功能复合材料也是由树脂类基体材料和具有某种特殊功能的材料构成,如某些电导、半导、磁性、发光或压电等性质的材料与黏合剂复合而成,使之具有新的功能,如冰箱的磁性密封条就是这类复合材料。

6.3.3 高分子复合材料研究现状

20 世纪后期,以美国福世蓝公司为代表的发达国家研发机构研发了以高分子材料和复合材料技术为基础的高分子复合材料。它是以高分子复合聚合物与金属粉末或陶瓷粒组成的双组分或多组分的复合材料,是在有机化学、高分子化学、胶体化学和材料力学等学科基础上发展起来的高技术学科,极大地解决和弥补金属材料的应用弱项,广泛用于设备部件的磨损、腐蚀、冲刷、裂纹、渗漏、划伤等损伤的修复和保护。

高分子复合材料技术已发展成为重要的现代化应用技术,其主要有以下特点,一是优异的附着力,二是抗化学腐蚀性能,三是优异的机械性能,四是优异的安全性。目前,高分子复合材料主要有高分子液晶复合材料、高分子纳米复合材料、导热高分子复合材料。随着科学技术的发展,这三类高分子复合材料都得到了长足的发展,下面分别介绍各种高分子复合材料的发展状况。

1. 高分子液晶复合材料

科学家经过研究发现,在一定的温度范围内,有些物质的机械性能与各向同性液体相似,但是它们的光学性质却和晶体相似,是各向异性的。液晶是某些物质在熔融态或溶液态下形成的有序流体的总称,液晶相是不同于固相和液相的一种中介相态。液晶的发现可追溯到 19 世纪,1888 年奥地利植物学家莱尼茨尔(F. Reinitzer)在合成苯甲酸胆甾醇时发现了液晶,之后科技界对液晶材料的探索就从未停止。

高分子液晶复合材料是一种新型的高分子复合材料,其概念是有日本的高柳素夫和美国的赫尔米尼克(T. E. Helminiak)等人在 20 世纪 80 年代初差不多同时提出来的。它通常是指将纤维与树脂基体的宏观复合扩展到分子水平的微观复合,也就是用刚性高分子链或微纤维做增强剂,并以接近分子水平的分散程度分散到柔性高分子的基体中。

高分子液晶复合材料将液晶高分子的特性如链刚性、大的长径比、高取向性、优秀的耐热性等和其他复合成分的有用性质结合起来,有利于改善材料的性能,扩大材料的应用领域。另外高分子液晶复合材料在加工性和性能方面也有许多潜在的优点。相信在不久的将来,高分子液晶复合材料将具有更加喜人的发展前景。

当今,高分子液晶复合材料已经成为高分子复合材料学科研究的一个重要领域。高分子液晶复合材料的发展趋势是开发液晶高分子原位材料和功能液晶高分子材料,降低成本,开拓新的成型加工技术和新品种。目前,关于热致液晶高分子的原位复合是高分子液晶复合材料领域研究的一大热点。但是,高分子液晶复合材料也有它的不足,例如,它的压缩强度远远低于碳纤维复合材料。这限制了它在高性能复合材料某些领域的应用。于是,兼用两类纤维制造的复合材料以克服各自的缺点和发挥其优点已成为工业界的共识和实践。何嘉松提出的原位混杂增强复合材料的概念可谓这一思想的体现。它是指一个由高性能树脂、热致液晶聚合物和碳纤维组成的三元体系中形成的增强结构。这种复合体系就充分发挥了热致液晶聚合物和宏观纤维的各自优势。可见,从分子增强复合材料向原位混杂增强复合材料过渡是复合材料发展的又一重大趋势。

2. 高分子纳米复合材料

高分子材料科学范围非常广泛,其中一个重要方面就是改变单一聚合物的凝聚态,或添加填料来实现高分子材料性能的大幅提升。纳米粒子的特异性能使其在这一领域的发展过程中顺应了高分子复合材料对高性能填料的需求,对高分子材料科学突破传统领域发挥重要的作用。纳米材料科学与高分子材料科学的交融互助就产生了高分子纳米复合材料。

高分子纳米复合材料是近年来高分子材料科学的一个发展十分迅速的新领域。一般来说,它是指分散相尺寸至少有一维小于 100 纳米的复合材料。这种新型复合材料可以将无机材料的刚性、尺寸稳定性和热稳定性与高分子材料的韧性、可加工性及介电性质完美地结合起来,开辟了复合材料的新时代,制备纳米复合材料已成为获得高性能复合材料的重要方法之一。高分子纳米复合材料是由各种纳米单元与有机高分子材料以各种方式复合成型的一种新型复合材料,被称为 21 世纪最有前途的材料,是经济增长的发动机。高分子纳米复合材料是新型材料发展的重点,已成为材料科学研究的前沿和热点课题。目前,高分子纳米复合材料在碳纳米管高分子复合材料、纳米粒子对聚合物改性等方面有很大进展。

纳米概念为高分子材料科学的发展注入了新的活力，涉及高分子材料科学的各个方面，使其在原有领域里取得了许多新成果，同时创造了新的研究领域，为高分子科学的发展提供了崭新的思路和研究方法。高分子纳米复合材料作为新兴的功能材料，因其特殊的效应和性能而具有广阔的应用前景。今后制备新型高分子纳米材料、智能高分子纳米材料等方面将是人们研究的热点。随着这方面研究的不断深入，高分子纳米复合材料的研究及应用必将有突破性的进展。

3. 导热高分子复合材料

导热高分子复合材料具有优良的耐化学腐蚀、耐高温、优异的电绝缘性等综合性能，因而逐渐用其来代替传统金属材料，使高分子复合材料的研究与开发在 20 世纪 90 年代开始成为功能性复合材料的研究热点之一，特别是日本把开发可成型的导热性高分子绝缘材料列为功能高分子的首选课题，之后日本、美国等国家相继申请 50 余项发明专利。

在增强聚合物导热性能的方法中，实践中主要使用的是填充具有高导热性能的材料来达到增强导热的目的，以复合成导热高分子复合材料，这也是当前工业上制备导热高分子复合材料的主要途径。但是，导热高分子复合材料传导热能的效率受到了湿度、分子链取向密度、结晶度、温度以及填充材料种类等多方面的影响。

在实际工业操作中，导热高分子复合材料传导热能的效率主要受到了所填充材料以及材料在复合材料中分布情况的影响。如果填充的材料过少，复合材料的导热性能就很难达到要求，如果填充的材料过多，那么复合材料相应的力学性能就会有所降低。只有找到填充材料和复合材料之间较科学合理的比例才能达到导热高分子复合材料最好的导热性能、最小的热阻。

应用聚乙烯复合导热材料。聚乙烯由于其具有价格低廉、综合性能良好的优势，无疑成为我国所有合成树脂中应用范围最广泛、进口量最大以及产能最大的一种塑料品种。在传统聚乙烯的基础上改造而成的线性低密度聚乙烯，拥有热封性能良好，成膜性优良，脱模容易，抗蠕变性能好，刚性良好，拉伸性能、撕裂性能以及冲击性能方面较好，适应环境能力好，导热性能较好等一系列的优点，正成为当前最新的塑料产品投入使用。

应用硅橡胶复合导热材料。当前研究导热硅橡胶的方面大多围绕填充型硅橡胶而进行，由于填料、加工工艺以及硅橡胶基体三方面是硅橡胶材料能够具有良好导热性的关键性因素。填料是通过自身的导热性能情况来决定复合材料的导热性能,工厂的加工工艺是否精良在很大程度上也影响硅橡胶导热的能力。

　　硅橡胶自身具有优秀的减振以及绝缘性能,但是在热导效能方面却比较差,一旦在硅橡胶中填充具有高导热性能的材料,硅橡胶复合材料在导热性能上会有十几倍甚至是几十倍的提升。同时,填料在复合材料中的分布情况和填料在导热性能方面的表现也影响着复合材料导热性的好坏。如果填料在材料基体中的填充量不够,就会导致填料之间的粒子接触面积过小,那么填料应有的导热性就无法得到充分的发挥,无法形成导热良好的导热网链,无法提升复合材料的导热性能。

　　目前,导热高分子复合材料主要应用于潜艇蓄电池中的冷凝器、导热绝缘材料、太阳能热水器以及导热管等方面,并在化工生产、电子电气、航空航天及军事等领域发挥了重要作用。由于导热高分子复合材料不但具有导热性能良好的优点,自身独特的优势更是其他材料难以比肩,导热高分子复合材料已经得到了越来越多的青睐。相信随着纳米复合技术的发展,关于导热高分子复合材料的模型将日益完善,对于导热原理的研究将更加深入,那么导热高分子复合材料的性能将会得到更大程度的发掘,应用的范围也会更加宽广,作用也会越来越大。

　　此外,高性能的高分子复合材料因其优异的综合性能,成为国防与国民经济建设不可或缺的战略性关键材料,已应用于航空、航天、风力发电、轨道交通、汽车等领域,发展前景广阔。高性能高分子复合材料指采用碳纤维、芳纶、玻璃纤维等纤维增强环氧树脂、双马来酰亚胺树脂等高性能树脂的一类材料,综合性能优异,是国防与国民经济建设不可或缺的战略性关键材料。

　　高性能的高分子复合材料作为高端装备的主要物质基础,在航空航天等武器装备的轻质结构、烧蚀防热部件上发挥着不可替代的作用,如应用于高超声速飞行器、临近空间飞行器以及深空探测飞行器等新一代武器装备和重大科技工程中。同时,高性能高分子复合材料在以高端工业制造、轨道交通、清洁能源等为代表的国民经济各重大领域也有着广泛应用。

　　目前,国际上在高性能高分子复合材料领域已经形成了相对成熟的产业并持续稳定发展。在增强体材料方面,碳纤维作为先进复合材料最重要的增强体,面向应用需求的特种化或高性能化技术以及大规模工业级低成本技术已成为研究热点。在对位芳纶方面,产业链建设越来越受到重视,技术一体化趋势愈发明显,新兴应用领域不断涌现。玻璃纤维产业已形成从纤维、制品到复合材料的完整产业链。树脂基体的发展已进入有序稳定期。在复合材料制造技术上,自动化制造技术日趋普遍,航空和航天复合材料技术进入成熟期,风力发电和汽车领域的应用为碳纤维复合材料产业注入新的活力,热塑性复合材料在轨道交通和汽车产业中的应用前景广阔。

6.3.4 高分子复合材料性能

在高分子材料科学发展的过程中,人们已经不满足于使用高分子材料本身的固有特性,兼备高分子材料质轻、高比强度、易加工、耐腐蚀的优点,同时又具有光、电、磁、声等性能的特种高分子复合材料备受推崇。

1. 稀土/高分子复合材料

稀土因其电子结构的特殊性而具有光、电、磁等特性,这些特性是人们制备稀土/高分子复合材料强烈的技术和应用的驱动力。在简单掺混型稀土/高分子复合材料的制备过程中,运用较多的是稀土无机化合物与高分子材料复合,后者是热固性树脂或热塑性树脂。有研究小组对稀土化合物与弹性体的复合进行了研究,得到的稀土/天然橡胶复合材料和稀土/聚氨酯热塑性弹性体复合材料,两者不仅常规物理机械性能优异,弹性好,而且还具有极好的防护中子的能力,用稀土化合物与弹性高分子材料进行复合制备的射线屏蔽材料较适合于固定式场所的应用及获得柔软材料,如医用射线防护服等。

进入 20 世纪 80 年代,链上直接键合稀土聚合物的研究逐渐展开,并在制备荧光、激光和磁性材料以及光学塑料、催化剂等方面取得了一定成果。如在尼龙聚合过程中加入环烷酸铈,能使硅、铁杂质含量明显降低,聚合度增高,产品的耐磨性成倍提高,耐热性提高 10℃ 以上,抗张强度提高 70%。稀土稳定的聚氯乙烯试样的玻璃化转变温度比硬脂酸镉稳定性试样高 3℃,因此稀土可用作聚氯乙烯和聚乙烯等热塑性高分子材料的无毒稳定剂,可有效地解决铅、镉等重金属稳定剂对人体、环境造成的危害。稀土离子与含 β-二酮基、吡啶基、羧基、磺酸基高分子配体作用,可制成含铕离子和铽离子的稀土高分子发光材料,前者产生 613 nm 红色荧光,后者发射 545 nm 的绿色荧光,而铥离子与含冠醚基的高分子配体作用,获得的是产生蓝色荧光的材料。

2. 磁智能材料

能够对环境感知和响应且具有功能发现能力的"微球"和"纳球"高分子材料是当前智能高分子材料研究的前沿。"微球"粒径可达 $1 \sim 100 \mu m$，"纳球"粒径小于 100 nm。这些"微球"和"纳球"可实现单一输入多重响应，多重输入多重响应功能，这对生物技术领域具有十分重要的意义。研究发现以磁性氧化铁胶体粒子为种子粒子，采用吸附-溶胀法，通过苯乙烯等单体的乳液聚合制备了分布均一的亚微米级磁性高分子微球，微球粒径为 $0.1 \sim 0.3 \mu m$。能否用具有磁性的稀土粒子代替氧化铁粒子制备稀土/高分子复合微球，还有待于人们的尝试。

3. 聚合物基纳米复合材料

近年来，纳米材料已经在许多科学领域引起了广泛的重视，成为材料科学的热点，世界许多国家都将抢占纳米科学制高点作为 21 世纪发展的战略目标。由于纳米粒子尺寸较小，表面积很大而产生量子效应和表面效应，使得纳米材料具有许多特殊性质，比如在磁性、内压、光吸收、热阻、化学活性、催化和烧结等许多方面都呈现各种各样的优异性质。

纳米复合材料是 20 世纪 80 年代初由鲁斯图姆·罗伊（Rustum Roy）等人提出来的，与单一相组成的纳米结晶材料和纳米相材料不同，它是由两种或两种以上的吉布斯固相至少在一个方向上以纳米级大小复合而成的复合材料。这些固相可以是非晶质、半晶质、晶质或者兼而有之，而且可以是无机、有机或两者都有。因此，纳米复合材料可分为无机纳米复合材料、聚合物基掺杂无机纳米复合材料以及聚合物基掺杂聚合物纳米复合材料。聚合物纳米复合材料是由各种纳米单元与有机高分子材料以各种方式复合成型的一种新型复合材料，所采用的纳米单元按成分划分可以是金属、陶瓷、高分子等；按几何构型划分则可以是球型、片状、柱状纳米粒子甚至还有可能是纳米丝、纳米管以及纳米膜等；按相结构可以是单相，也可以是多相，它涉及的范围很广。广义上说，多相高分子复合材料只要其某一组成相至少有一维的尺寸处在纳米尺度范围内，就可将其看为高分子纳米复合材料。对通常的纳米粒子掺杂高分子复合材料按其复合的类型大致可分为三种，纳米微粒与纳米微粒复合、纳米微粒与常规块体复合以及复合纳米薄膜。纳米粒子在高分子基体中可以均匀分散，也可以非均匀分散；可能有序排布，也可能无序排布。复合体系的主要几何参数包括纳米单元的自身几何参数、空间分布参数以及体积分数。

4. 导电高分子复合材料

长期以来,高分子材料都是被作为电绝缘材料使用的,如果能赋予其导电性,就可以进一步拓宽聚合物的应用领域。1977 年,美国宾夕法尼亚大学研究团队首先发现了高导电性高分子材料,经过掺杂处理的聚乙炔,导电率从未经掺杂的 10^{-10} S/cm,提高到 10^8 S/cm,提高了 12 个数量级,引起了人们极大的兴趣。此后,又相继发现了 TCNQ、聚吡咯等材料,开启了导电聚合物的新时代。但是,这类材料的稳定性和重现性较差,导电率分布范围较窄,成本较高,尚未能进入批量生产的实用阶段。美国对导电性高分子复合材料的需求量以每年 20%～30% 的速度递增,具有很大的市场潜力。在日本,导电性高分子复合材料也获得了广泛的应用,有关研究课题已被列入通产省,并于 1987 年列入"21 世纪产业基础技术研究开发"之中的 12 项优先科研项目之一。

然而导电性高分子复合材料还存在着不少需要解决的问题。例如,为了提高材料的导电性能,往往需要增加导电填料的含量,而过多的添加物则会导致复合体系其他性能的下降。为了克服这些难点,多学科的科学家们必须联合起来,深入研究导电性高分子复合材料及其组分的物理、化学结构和特性以及它们与复合工艺条件之间的关系,建立完整的理论基础,为更好地开发应用这类新材料提供可靠的科学依据。

导电性高分子复合材料是由高分子材料与导电性物质复合而成的,原则上绝大多数高聚物都可用作复合材料的基体树脂,适用的导电物质种类也很多。但为了满足各种各样的用途,使材料既具有符合实际需要的特殊功能,又具有良好的综合性能,就必须考察多方面的因素,首先要解决的问题是高分子基体材料和用于填充的导电性物质的选择。研究表明,随着导电填料的含量增多,复合材料逐渐呈现导电性,但与此同时,体系的机械性能和物理性能也将发生很大的变化。例如,在树脂基体中加入碳纤维可以提高复合材料的机械强度,而加入炭黑却会降低体系的机械强度。又如,尽管树脂基体在很大程度上决定了复合材料的化学稳定性和热稳定性,但加入导电填料后也可提高体系的热变形温度和尺寸稳定性。由此可见,选取适当的推体和导电物质进行搭配,可以设计制备各种类型的导电复合材料。结合目前社会需求量较大的电磁屏蔽材料和防静电材料,对树脂基体和导电填料的选择及复合材料组成的设计进行讨论。随着科学技术的现代化和电子工业的迅速发展,导电性高分子复合材料的需求量增加很快。人们为有效地利用这种新型材料的优异性能,使其在导电材料领域中取代或超越金属制品,正在对导电性高聚物多相复合体系开展更深入的基础研究和开发应用研究。

5.磁性纳米高分子复合材料

20世纪70年代人们利用共沉淀法制备了磁性液体材料,1988年巨磁电阻效应的发现,引起了世界各国的关注,掀起了纳米磁性材料的开发和应用研究热潮。随着纳米科学技术的发展,磁性纳米材料以其优异的磁学性能和独特的结构特点,引起了国内外的广泛重视。

磁性纳米高分子复合材料是指通过适当的制备方法使有机高分子与无机磁性纳米颗粒结合形成具有一定磁性及特殊结构的复合材料。微纳米粒子较小的尺寸、大的比表面积产生的量子效应和表面效应,赋予其许多特殊的性质。将磁粉混炼于塑料或橡胶中,获得的高分子磁性材料相对密度较小,且易加工成尺寸精度高、形状复杂的制品,克服了原有磁性材料铁氧体磁铁、稀土类磁铁和铝镍钴合金磁铁硬而脆、加工性差、无法制成复杂精细形状制品的缺陷。

磁性纳米颗粒由于具有不同于大块样品的物理和化学性质,因而在日常生活中有着广泛的应用。聚合物作为基质材料具有很多优点,如易处理、柔软、质量小、耐腐蚀等,且其绝缘性和导电性可以在很多方面应用。纳米粒子以其独特的性能和聚合物复合后使聚合物的性能得到很大的提高,如改善力学性能、提高热性能、增强耐磨性、提高聚合物的成型加工等。

高分子复合材料具有普通材料所不具备的许多特性,它的出现给物理、化学、生物等许多学科带来了新的活力和挑战,是各国竞相研究和开发的重要领域,正不断给人们带来新技术和新产品。

6.3.5 高分子复合材料展望

高分子复合材料经过约半个世纪的发展,已经在各个工业领域中发挥了巨大的作用。从高分子复合材料与国民经济、高技术和现代化生活密切相关的角度说,人类已经进入了高分子时代。高分子材料工业不仅能为工农业生产和人们的衣食住行等不断提供许多量大面广、日新月异的新产品和新材料,又能为发展高新技术提供更多更有效的高性能结构材料和功能材料。

1.高性能化

进一步提高耐高温性、耐磨性、耐老化性、耐腐蚀性及机械强度是高分子材料发展的重要方向,这对航空、航天、电子信息、汽车工业、家用电器领域都具有极其重要的作用。高分子材料高性能化的发展趋势主要是创新的高分子聚合物,通过催化剂和催化体系、合成工艺、共聚、共混及交联等对高分子进行改性;通过微观复合方法对高分子材料进行改进。

2. 高功能化

功能高分子材料是材料领域最具活力的新领域,目前已研究出了各种各样具有新功能的高分子材料,如可以像金属一样导热导电的高聚物,能吸收自重几千倍的高吸水性树脂,可以作为人造器官的医用高分子材料等。鉴于以上发展,高分子吸水性材料、光致抗蚀性材料、高分子分离膜、高分子催化剂等都是功能高分子的研究方向。

3. 智能化

高分子材料的智能化是一项具有挑战性的重大课题,智能材料是使材料本身带有生物所具有的高级智能,比如预知(预告)性、自我诊断、自我修复、自我识别能力等特性,对环境的变化可以做出合乎要求的解答。根据人体的状态,控制和调节药剂释放的微胶囊材料,根据生物体生长或愈合的情况,或继续生长,或发生分解的人造血管、人工骨等医用材料。由功能材料到智能材料是材料科学的又一次飞跃,它是新材料、分子原子级工程技术、生物技术和人工智能诸多学科相互融合的一个产物。

4. 绿色化

虽然高分子材料对日常生活发挥很大的作用,但是高分子材料带来的污染仍然不能忽视。那些节约能源与资源、废弃物排放少、对环境污染小又能循环利用的高分子材料备受关注。主要有以下几个研究方向:开发原子经济的聚合反应、选用无毒无害的原料、利用可再生资源合成高分子材料、高分子材料的再循环利用。

第 7 章 高分子材料的产业要素

　　高分子材料要素生态中主要涉及六类要素：人才、机构、成果、金融、服务和政策。其中人才包括科研人才、技术人才和创新创业人才；高分子材料涉及前沿科技，也属于技术密集型行业，需要大量具备高分子材料研发和应用技术经验的优秀人才，人才的充足储备及经验积累有助于我国在全球日趋激烈的高分子材料市场竞争中占据领先地位。机构包含高校、科研院所、企业机构等，科研机构汇集了一批高分子材料的优秀人才，具有研发检测及应用的能力，是推动高分子材料产业发展的一大重要要素。成果包含基础研究成果、应用研究成果和发展工作成果，成果是高分子材料进行产业化的重要基础要素。金融领域包括科技金融、产业金融，由于高分子材料行业具有研发周期长、革新换代快等特点，优秀的高分子材料企业需要金融的扶持和支撑，尤其在初创期及孵化期。服务包含检测认证、知识产权、培训、资源对接等，为企业及人才提供舒适、便利、高效的产业环境。政策方面具体包括人才政策、科技政策、产业政策及空间政策，为产业发展指引方向、提供扶持。

7.1　人才

　　国家"十四五"规划中，新材料被列入到战略性发展行业的范畴中。高分子材料作为新材料领域的一个重要分支，以其众多的分类和优越的性能，在多个生产生活领域起着重要的作用。人才作为高分子材料发展的必备组成部分，始终推动着高分子材料的研究开发与应用。高分子材料的人才主要分为三类：科研人才、技术人才和创业人才，分别参与了高分子材料的研究开发、检验检测、应用销售等环节。

7.1.1　科研人才

高分子材料行业的研发人才通常分布在独立研发机构、大专院校或是企业中,这些科研人才多数擅长理论研究。根据岗位及职责的不同,科研人才从事的工作也不尽相同,主要有理论研究、应用研究、成果发表、成果转化等工作。

我国研究与试验发展人员数量整体保持持续增长的态势。到 2019 年,我国研发人员总量达到 480.1 万人,其中基础研究人员 39.2 万人,应用研究人员 61.5 万人,试验发展人员 379.4 万人,分别占比 8.16%、12.81%、79.03%。分地区看,在规模以上工业企业中,广东、江苏、浙江三个省份的研发人员数量一骑绝尘,2017 年前,广东与江苏研发人员数量位列全国前二,数量水平相差不大,浙江位居第三,与广东和江苏有一定差距。2018 年后,广东的研发人员数量增长迅速,突破了 60 万人,位居全国第一且与其他省份拉开了较为明显的差距(见表 7 – 1)。

表 7 – 1　各省份规模以上企业研发人员 2015—2019 年数量　　(单位:人)

省份	2015 年	2016 年	2017 年	2018 年	2019 年
北京	50 773	51 143	52 719	46 929	44 241
天津	84 291	78 336	57 881	53 280	45 685
河北	79 452	82 971	79 135	68 956	76 096
山西	28 927	29 450	31 757	27 228	27 478
内蒙古	29 190	30 126	23 243	15 777	15 001
辽宁	49 097	49 254	49 463	53 133	52 104
吉林	23 202	23 469	21 056	11 124	11 849
黑龙江	31 762	32 219	24 046	13 110	15 054
上海	94 981	98 671	88 967	88 016	80 694
江苏	441 304	451 885	455 468	455 530	508 375
浙江	316 672	321 845	333 646	394 147	451 752
安徽	96 791	99 451	103 598	106 744	124 491
福建	99 180	102 250	105 533	120 723	126 089

(续表)

省份	2015 年	2016 年	2017 年	2018 年	2019 年
江西	31 321	34 924	45 082	67 394	85 032
山东	241 395	241 761	239 170	236 515	198 205
河南	131 051	132 731	123 619	128 054	140 361
湖北	86 813	96 340	94 241	105 041	115 743
湖南	83 821	86 440	94 228	102 800	106 946
广东	411 059	423 730	457 342	621 950	642 490
广西	19 000	19 402	16 163	17 228	22 102
海南	3 325	2 688	1 971	1 971	1 779
重庆	45 129	47 392	56 416	61 956	62 424
四川	56 841	60 146	71 968	77 848	78 289
贵州	14 916	15 774	18 786	20 041	23 164
云南	16 381	17 166	21 393	24 048	29 440
西藏	43	208	202	326	264
陕西	45 052	45 362	44 672	39 315	42 983
甘肃	12 578	12 610	10 096	8 026	8 547
青海	1 285	1 750	1 799	1 157	2 379
宁夏	5 470	5 686	6 392	7 060	8 073
新疆	7 188	7 310	6 191	5 806	4 698

从细分行业看,与高分子材料相关的行业主要包括石油、煤炭及其他燃料加工业,化学原料及化学制品制造业,化学纤维制造业,橡胶和塑料制品业。根据中国统计年鉴数据,近5年来,化学原料及化学制品制造业规模以上企业的研发人员数量始终稳定在15万人以上,数量要远远高于其他三类高分子相关行业,但是近年来略有下滑趋势;橡胶和塑料制品业研发人员数量次于化学原料及化学制品制造业,近年来有持续上升的趋势,2019年突破了10万人;石油、煤炭及其他燃料加工业以及化学纤维制造业研发人员数量大致保持在1万~2万人(见表7-2)。

表 7 - 2　规模以上企业研发人员各年数量　　　　（单位：人）

年份	石油、煤炭及 其他燃料加工业	化学原料及 化学制品制造业	化学纤维制造业	橡胶和塑料制品业
2015	15 859	183 489	18 912	70 048
2016	14 196	178 870	17 706	78 116
2017	12 944	168 484	19 391	82 991
2018	13 969	168 331	19 528	95 472
2019	15 422	164 749	21 565	107 936

7.1.2　技术人才

　　技术人才通常就职于实验室、发展中或成熟企业，这几类机构一般具备一定的高分子材料生产规模，购置有相应的检验检测及生产设备，可供技术人才使用。技术人才一般理论知识丰富、实操性强，可从事生产管理、生产操作、检验检测、材料应用等实操性工作，是将高分子材料从理论研究转向产业化发展销售的重要人员。

　　根据《中国统计年鉴 2020》的数据，2019 年，石油、煤炭及其他燃料加工业的平均用工人数为 80.8 万人，占全国平均用工总数的比例约为 1.02%；化学原料及化学制品制造业平均用工人数为 352.3 万人，占全国平均用工总数的比例约为 4.44%；化学纤维制造业为 43.8 万人，占全国平均用工总数的比例约为 0.55%；橡胶和塑料制品业为 294.1 万人，占比 3.71%。根据 2015—2019 年的规模以上企业平均用工人数数据，高分子行业用工人数整体呈下降趋势，其中化学原料及化学制品制造业用工人数最多，下降趋势也最明显；其次是橡胶和塑料制品业，用工人数在 2015—2018 年连续下降后于 2019 年小幅回升（见表 7 - 3）。

表 7 - 3　2015—2019 年高分子材料相关行业平均用工人数　（单位：万人）

年份	石油、煤炭及 其他燃料加工业	化学原料及 化学制品制造业	化学纤维制造业	橡胶和塑料制品业
2015	93.29	492.03	46.65	339.68
2016	87.63	480.59	47.38	333.66
2017	82.25	434.21	45.45	322.28
2018	82.20	372.80	43.30	281.80
2019	80.80	325.30	43.80	294.10

按企业性质分,国有控股工业企业中,化学原料及化学制品制造业、化学纤维制造业、橡胶和塑料制品业的平均用工人数分别为 66.8 万、6.7 万、11.4万,占所属行业平均用工总数的比重分别是 18.96%、15.30%、3.88%。在私营工业企业中,化学原料及化学制品制造业平均用工人数为 150.3 万,占行业总数比重为 42.66%;化学纤维制造业平均用工人数 19.2 万,占行业平均用工总数的 43.84%;橡胶和塑料制品业平均用工人数为 145.9 万,占行业的比重为 49.61%。在外商投资和港澳台投资工业企业中,三个行业的平均用工人数为 49.5 万、6.9 万、88.4 万,分别占行业平均用工总数的 14.05%、15.75%、30.06%(见表 7 - 4)。由此可见,高分子行业人才多就职于化学原料及化学制品制造业行业,整体来看,私企用工人数要远远高于国企和外企的用工人数,其中橡胶和塑料制品业的外企用工人数要高于国企用工人数。

表 7 - 4　2019 年高分子材料相关行业不同类型企业平均用工人数

(单位:万人)

企业类型	化学原料及化学制品制造业	化学纤维制造业	橡胶和塑料制品业
国有控股工业企业	66.8	6.7	11.4
私营工业企业	150.3	19.2	145.9
外商投资和港澳台投资工业企业	49.5	6.9	88.4

　　分省份看,湖北省高分子材料相关行业从业人员数量位居全国第一,达到了1 087.50 万人,占湖北省工业总从业人数的 9.44%,是排全国第二名的广东省(175.64 万人)的 6.19 倍,第三名江苏(136.40 万人)的 7.97 倍;高分子材料相关从业人员总体数量小于 5 万人的有青海省(3.13 万人)、海南省(1.08 万人)、西藏自治区(0.32 万人)。湖北省的化学原料及化学制品制造业以及橡胶和塑料制品业从业人员数量远超其他省份,分别达到 473.00 万、471.80 万(见表 7 - 5)。

表 7 - 5　全国第四次经济普查各省份高分子材料相关行业从业人员数量表

(单位:万人)

省份	石油、煤炭及其他燃料加工业	化学原料及化学制品制造业	化学纤维制造业	橡胶和塑料制品业
北京	0.90	2.83	0.08	1.57
天津	1.33	5.29	0.06	5.35

(续表)

省份	石油、煤炭及其他燃料加工业	化学原料及化学制品制造业	化学纤维制造业	橡胶和塑料制品业
河北	5.55	18.12	2.89	17.91
山西	11.16	10.32	0.10	2.06
内蒙古	2.80	9.76	0.01	1.00
辽宁	9.78	11.27	0.39	8.08
吉林	0.66	6.76	0.87	2.16
上海	1.70	11.60	0.30	12.80
江苏	3.30	51.90	16.70	64.50
浙江	1.80	28.30	12.00	61.40
安徽	1.04	15.00	0.94	19.01
福建	1.25	12.65	4.16	23.30
江西	1.83	21.49	0.63	7.37
山东	12.60	56.00	2.10	43.00
河南	4.30	32.32	2.23	22.12
湖北	93.40	473.00	49.30	471.80
湖南	1.78	32.08	0.33	6.45
广东	3.16	46.43	1.45	124.60
广西	0.54	6.74	0.02	3.84
海南	0.24	0.54	0.00	0.30
重庆	0.30	6.32	0.21	6.54
四川	1.80	19.08	1.66	10.66
贵州	0.45	6.06	0.02	2.84
云南	1.42	7.97	0.06	2.54
西藏	0.0021	0.28	0.0034	0.03
陕西	6.39	9.63	0.13	4.87
甘肃	3.09	3.34	0.02	1.15
青海	0.15	2.87	0.00	0.11
宁夏	2.54	4.51	0.07	0.83
新疆	5.51	7.84	1.07	2.10

(注：黑龙江省第四次经济普查无工业详细数据)

7.1.3　创新创业人才

创新创业人才主要分布于各大高等院校以及各类初创型企业。这类人才以在读或是刚毕业的大学生为主要群体,具有思维活跃、理论与技术水平较高、创新创业热情高涨等特点;善于发现创造新材料、新技术。

根据国家火炬计划统计数据,2019 年,我国高新技术企业年末从业人员共有 3 437 万人,比上一年增加了 305.4 万人。分地区来看,东部地区的高新技术企业及从业人员数量是全国最多的,从业人员有 2 332 万,占全国的比重为67.85%;其次是中部地区,高新技术企业从业人员有 595 万,占比 17.32%;西部地区从业人员有 390 万,占比 11.34%;东北地区相关从业人员最少,只有120 万,占比 3.48%。其中,广东省高新技术企业从业人员数量居全国首位,达到了 707.7 万,是全国第二的江苏(从业人员 381 万)的 1.86 倍。企业研发人员数量分布与从业人员数量分布基本相同,最高的是广东省有 102.4 万,其次是江苏省和浙江省分别为 56.7 万和 39.9 万,再然后是北京 28.0 万、山东24.0 万(见表 7-6)。

表 7-6　2019 年全国高新技术企业人员情况　　　　　　（单位:人)

省份	从业人员	研发人员
西藏	16 797	929
青海	49 345	3 410
宁夏	52 310	5 472
海南	67 742	4 304
甘肃	156 666	9 202
新疆	159 533	7 340
贵州	216 067	21 567
黑龙江	223 593	26 152
吉林	231 812	18 479
云南	237 360	29 764
内蒙古	297 733	21 879
广西	410 228	42 206
山西	423 704	34 778

（续表）

省份	从业人员	研发人员
天津	644 967	105 969
陕西	668 573	95 276
重庆	692 590	83 417
辽宁	741 991	86 793
福建	838 714	121 183
四川	943 059	120 588
江西	944 126	131 291
河南	980 514	101 168
安徽	1 112 106	135 553
湖南	1 176 449	143 099
河北	1 287 957	112 035
湖北	1 314 593	213 180
上海	1 784 780	169 635
山东	2 026 615	239 556
北京	2 565 435	280 468
浙江	3 217 250	398 847
江苏	3 810 008	567 372
广东	7 077 300	1 023 801

　　在高校院所方面,中国大学生高分子材料创新创业大赛(PMC 大赛)是高分子材料专业领域具有国际影响力的专业性双创赛事,由中国石油和化学工业联合会、中国化工教育协会、青岛市科技局、橡胶谷集团有限公司主办。大赛于 2013 年在青岛市首次举办,至今已举办了 9 届。参赛对象为大赛举办当年正式注册的全日制在校高职生、本科生、硕士研究生(不含在职研究生)。参赛作品内容限定在橡胶、塑料、涂料、纤维、功能材料五大领域范围内,在疫情的大背景下,第九届大赛鼓励申报针对新型冠状病毒肺炎疫情防控方面的医用材料和卫生保健类相关作品。

　　为深化产学研融合搭建人才、技术供需平台,决赛期间大赛组委会将举办校企项目对接会,邀请参赛高校、行业企业、投资机构、科技服务平台等各方代表参加,助力人才、技术供需的精准对接。此外,还举办高分子材料应用高峰论坛,邀请高校教授、行业专家参加,为当地企业发展"问诊把脉",助力当地企业高质量发展。

据统计,自首届大赛举办以来,受到了国内外高校及社会各界的广泛参与与关注。前 8 届大赛共吸引了 500 多所院校及海外 10 多所院校参与,累计参赛师生超过 10 万人,至今已有 60 多个项目成功落地孵化,多个项目与高分子材料企业实现深度合作对接,取得较可观的营业成绩。除国内赛事外,大赛组委会积极推动实施国际化战略,2018 年在俄罗斯沃罗涅日国立大学开设了海外分赛场,成立了中俄国际技术转移中心。2019 年围绕"一带一路"倡议,第七届大赛在俄罗斯沃罗涅日国立大学举办了第二届俄罗斯海外分赛及先进聚合物材料论坛。

PMC 大赛的成功举办不仅有效推动了高分子材料的发展,也激发了大学生的创新精神和创业能力,为高分子材料领域培育了众多创新创业人才,大赛的国际化也为国内行业企业对接更多的优质海外科研资源,在柔性人才引进、技术难题合作攻关、院士工作站建立方面也有了较大的突破。

7.2 机构

伴随着高分子材料产业的不断发展,机构在高分子材料生态体系中发挥着骨干作用,各类高校与科研院所、企业和非营利机构一同构成了高分子材料产业与科技创新的主体。

7.2.1 高校

高分子材料学科是研究高分子化合物的合成、化学反应、物理化学、物理、加工成型、应用等方面的综合性学科。涉及高分子材料的学科专业范围极广,其中主要包括化学、应用化学、材料科学与工程、材料物理与化学、高分子材料、复合材料、功能材料、化学工程等。

目前,全国专门开设高分子材料与工程专业的院校一共有 205 所,平均每年高校毕业生规模在 1.2 万~1.4 万人之间。而部分高校在化学、应用化学、材料科学与工程等大专业下,也有高分子材料相关的课程和研究(见表 7 - 7)。

表 7-7　开设高分子相关专业的本科院校数量

大类	本科专业	专业代码	全国院校数量/所	全国普通高校毕业生规模/人
理学	化学	070301	316	24 000~26 000
	应用化学	070302	443	28 000~30 000
工学	材料科学与工程	080401	239	16 000~18 000
	材料物理	080402	99	3 500~4 000
	材料化学	080403	169	7 000~8 000
	高分子材料与工程	080407	205	12 000~14 000
	复合材料与工程	080408	43	1 500~2 000
	功能材料	080412	48	1 500~2 000
	化学工程与工艺	081301	365	30 000~32 000

数据来源：学信网统计数据。

　　同时,由于高分子材料专业本科课程难度较低,且就业方向较少,本科的高分子专业毕业生普遍薪资较低,竞争压力大,因此,考研深造成为高分子专业本科毕业生的重要发展路径。目前高分子材料专业领域研究生院校数量很多,理学类主要包括凝聚态物理、有机化学、物理化学、高分子化学与物理等专业,工学类包括材料科学与工程、材料物理与化学、材料学、材料加工工程、化学工程、化学工艺等专业(见表 7-8)。

表 7-8　开设高分子相关专业的研究生院校数量

大类	研究生专业	专业代码	全国院校数量/所
理学	凝聚态物理	070205	110
	有机化学	070303	113
	物理化学	070304	114
	高分子化学与物理	070305	91
工学	材料科学与工程	800500	108
	材料物理与化学	080501	127
	材料学	080502	141
	材料加工工程	080503	109

（续表）

大类	研究生专业	专业代码	全国院校数量/所
	化学工程与技术	081700	59
	化学工程	071701	76
	化学工艺	081702	96
	生物化工	081703	76
	应用化学	081704	166

数据来源：学信网统计数据。

从全国范围内设置了高分子相关领域学科的高校数量来看，江苏、山东、广东等地区具有一定的领先优势。其中，江苏高校开设应用化学、材料科学与工程、高分子材料与工程、复合材料、功能材料等专业的较多。山东高校开设化学、材料化学、化学工艺专业的较多（见表7-9）。

表7-9　全国各地区开设高分子相关专业的高校院所数量

省份	高校院所数量/所								
	化学	应用化学	材料科学与工程	材料物理	材料化学	高分子材料与工程	复合材料与工程	功能材料	化学工程与工艺
全国（除港澳台地区）	316	443	239	99	169	205	43	48	365
北京	13	13	17	3	5	7	1	2	5
天津	2	10	6	4	4	4	0	4	7
河北	16	18	5	3	8	7	3	3	21
山西	10	12	5	2	5	5	2	2	9
内蒙古	7	10	1	2	5	0	1	0	9
辽宁	11	22	8	4	6	11	4	7	14
吉林	10	13	3	6	6	5	0	1	5
黑龙江	12	13	5	4	7	7	2	1	13
上海	7	10	12	4	4	5	3	1	8
江苏	16	36	20	5	9	21	6	7	26
浙江	11	20	14	3	5	12	0	2	14

（续表）

省份	高校院所数量/所								
	化学	应用化学	材料科学与工程	材料物理	材料化学	高分子材料与工程	复合材料与工程	功能材料	化学工程与工艺
安徽	9	20	10	5	8	13	2	0	19
福建	9	12	9	1	5	7	1	1	11
江西	9	17	6	6	11	6	2	0	8
山东	22	29	14	5	16	16	5	3	30
河南	18	21	11	4	10	9	1	3	22
湖北	15	28	9	8	9	15	3	1	23
湖南	17	17	11	2	9	11	2	1	17
广东	13	22	18	3	7	13	0	3	15
广西	9	10	3	0	2	6	0	0	10
海南	2	2	1	0	0	1	0	0	2
重庆	7	8	6	3	3	3	1	1	8
四川	16	15	13	4	6	4	0	1	8
贵州	13	8	7	4	4	2	1	0	9
云南	12	10	3	1	1	2	0	1	6
西藏	1	1	0	0	0	0	0	0	0
陕西	12	21	14	9	10	9	2	1	18
甘肃	7	11	3	2	2	2	1	2	10
青海	2	3	1	1	0	0	0	0	3
宁夏	2	4	1	0	1	1	0	0	6
新疆	6	7	3	1	1	1	0	0	9

　　目前在高分子领域广泛认可的高校主要有浙江大学、复旦大学、四川大学、吉林大学、清华大学、上海交通大学、北京大学、华东理工大学、北京化工大学、华南理工大学、东华大学等。

　　从高分子相关专业的国家重点学科院校数量上看，京津冀、长三角、泛珠三角地区是高分子材料相关高校的重点布局地区。而中部地区也具有各个重点学科的名牌高校。

浙江大学高分子科学与工程学系

浙江大学高分子学科历史悠久，我国众多的老一辈高分子科学家如王葆仁院士、冯新德院士、钱人元院士、徐僖院士、杨士林教授、于同隐教授、潘祖仁教授、沈之荃院士、沈家骢院士等均毕业或执教于浙江大学。

1958年，浙江大学恢复化学系并设立高分子化学专门化，杨士林教授任系主任。1992年组建了高分子科学与工程系，是我国第一个包含高分子化学、高分子材料、聚合反应工程专业的理工结合型系。

目前，浙江大学高分子系由高分子科学、高分子复合材料和生物医用大分子三个研究所组成，同时建有"教育部高分子合成与功能构造重点实验室""教育部膜与水处理技术工程研究中心""中国-葡萄牙先进材料联合创新中心"和"浙江省新型吸附分离材料与应用技术重点实验室"四个平台。设有"高分子材料科学与工程"本科专业、"高分子化学与物理"硕士点和博士点、"高分子材料"博士点。与化学系共设"化学"博士后流动站，与材料系共设"材料学""材料加工工程"和"材料化学与物理"硕士点和博士点以及"材料科学与工程"博士后流动站。

复旦大学高分子科学系

复旦大学高分子科学系成立于1993年5月，是我国高等学校中最早从事高分子科学的教学科研单位之一，也是国家首批建立的高分子化学与物理专业的博士点和博士后科研流动站。多年来，复旦大学高分子科学系一直承担国家、上海市及部委的重要科研任务，是科技部"攀登计划""973计划"的首席科学家单位，还是"上海市高分子材料研究开发中心"的首任主任单位、"上海新材料研究中心"的副主任单位。承担国家自然科学基金重大项目子课题 2 项,主持重点项目 4 项。2011 年 10 月,获科技部批准建设"聚合物分子工程国家重点实验室"。

复旦大学高分子科学系在高分子化学、高分子物理、高分子材料的学科理论基础上,沿着"分子设计—化学合成—结构与性能—加工成型—材料及应用"这一聚合物分子工程的构架,将高分子科学基础研究与生命体系中的大分子与生命过程相结合,开展了学科前沿热点和前瞻性探索的研究工作。在高分子凝聚态物理、大分子组装、天然及生物大分子等方面形成研究特色,在通用塑料、特种材料、医用材料、汽车材料和电子材料等领域取得了一批研究成果,在国际上产生了一定的影响。

高校下属高分子领域国家重点实验室主要有 9 个(如表 7 - 10 所示)。

表 7 - 10　高分子领域国家重点实验室

所属院校	国家重点实验室名称
复旦大学	聚合物分子工程国家重点实验室
吉林大学	超分子结构与材料国家重点实验室
四川大学	高分子材料工程国家重点实验室
浙江大学	硅材料国家重点实验室
清华大学、天津大学、华东理工大学、浙江大学	化工联合国家重点实验室
武汉大学	生物医用高分子材料国家重点实验室
华中科技大学	塑性成型模拟及模具技术国家重点实验室
南开大学	吸附分离功能高分子材料国家重点实验室
东华大学	纤维材料改性国家重点实验室

复旦大学聚合物分子工程国家重点实验室

复旦大学聚合物分子工程国家重点实验室于 2011 年 10 月获得科技部批准建设,实验室针对国民经济、国家安全和人民生活健康的重大需求,瞄准相关高分子材料研究中的关键科学问题,汇聚了一支多学科交叉的研究队伍,设置四个主要研究方向:①通用高分子的高性能化;②生物医用高分子的设计;③高分子相关的功能介孔材料;④高分子多尺度制备科学与技术。

目前实验室拥有中国科学院院士3名,国家杰出青年科学基金获得者14名,优秀青年基金获得者6名,中组部"万人计划"领军人才4名、"万人计划"青年拔尖人才3名、中青年科技创新领军人才3名。科研实力雄厚,先后作为首席单位承担973计划、国家重大科学研究计划、国家重点研发计划等9项;并承担863重点课题和国家自然科学基金重大项目与重点项目,以及国际合作、省部委重点课题、企业横向协作等一大批项目;出版多部教材专著,在国外、国内重要刊物上发表了众多学术论文,多次在国际会议上做邀请报告或大会报告;荣获多项国家级二等奖,省部级一、二等奖;成功举办多次国际和国内学术会议;实验室通过实施开放课题和高级访问学者计划以来,吸引了一批境内外的优秀中青年专家,促进了学术与人才的广泛交流,客座研究取得了显著成果。

7.2.2 科研院所

科研院所主要包括各类研究院、研究所等机构,多为事业单位,目前也有部分以企业、社会组织形式存在。按照建设主体和依托单位的不同,可分为政府科研院所、高校科研院所、中科院科研院所、企业下属科研院所以及各类新型研发机构等。

高分子科研院所主要分为基础研究和应用技术研究两个方向。其中基础研究以高校科研院所、政府科研院所和中科院及其下属科研机构为主。而应用技术研究则以企业独立建设或与高校、科研院所共建的技术研究所以及新型研发机构等为科研主体。

目前我国从事高精尖技术的科研力量大多脱离企业独立存在,且以国资或国有科研院所为主体,聚集了大量的科研人才、科研设施以及科技成果等要素,是科技创新的中坚力量。2018年,我国政府直属的研究与开发机构总数约3 306个,其中高分子相关领域研究与开发机构约32个,发表科技论文约600

余篇,申请专利 350 余件。

同时,随着我国科技成果转化事业的不断发展,科研机构逐步向下游应用技术以及产品技术等领域进军,越来越多的科研院所选择与企业共建共性技术研究院,承接企业研发计划任务包,开展成套产业化技术的研发、设计以及试验等活动。

新型研发机构是具有我国特色的研发机构类型,主要的功能与特征包括:①承担科技研发、成果转化、科技孵化、人才培养等多种功能,科学、教育、产业、资本四位一体;②市场化运行不单从政府渠道获得固定财政支持,而注重获取更多的竞争性经费;③灵活的体制机制可以以企业、实业、社会组织等多种形式建设,也有"产业技术研究院""工业技术研究院"等几种不同的名称。我国较为知名的新型研发机构包括中科院深圳先进技术研究院、江苏省产业技术研究院等。

我国高分子材料领域相关科研力量主要依托重点实验室存在(见表 7-11),目前主要围绕环渤海、长三角、珠三角等地区集聚,主要分布地区包括:环渤海地区为北京、天津、辽宁、吉林等地;长三角地区为上海、江苏、浙江;珠三角地区为广东、福建等地。

表 7-11　我国高分子材料相关领域国家重点实验室

国家重点实验室(依托单位)	行政主管部门	所在地区
稀土材料化学及应用国家重点实验室(北京大学)	教育部	北京
化工资源有效利用国家重点实验室(北京化工大学)、有机无机复合材料国家重点实验室(北京化工大学)	教育部	北京
精细化工国家重点实验室(大连理工大学)	教育部	辽宁
纤维材料改性国家重点实验室(东华大学)	教育部	上海
发光材料与器件国家重点实验室(华南理工大学)	教育部	广东
材料成形与模具技术国家重点实验室(华中科技大学)	教育部	湖北
理论化学计算国家重点实验室(吉林大学)	教育部	吉林
超分子结构与材料国家重点实验室(吉林大学)	教育部	吉林
功能有机分子化学国家重点实验室(兰州大学)	教育部	甘肃
固体微结构物理国家重点实验室(南京大学)	教育部	江苏

（续表）

国家重点实验室（依托单位）	行政主管部门	所在地区
高分子材料工程国家重点实验室（四川大学）	教育部	四川
材料复合新技术国家重点实验室（武汉理工大学）	教育部	湖北
硅材料国家重点实验室（浙江大学）	教育部	浙江
化学工程联合国家重点实验室（天津大学、清华大学、华东理工大学、浙江大学）	教育部	北京、天津、上海、浙江
光电材料与技术国家重点实验室（中山大学）	教育部	广东
分子动态与稳态结构国家重点实验室（中国科学院化学研究所、北京大学）	教育部、中科院	北京
材料化学工程国家重点实验室（南京工业大学）	江苏省	江苏
电分析化学国家重点实验室（中国科学院长春应用化学研究所）	中科院	吉林
催化基础国家重点实验室（中国科学院大连化学物理研究所）	中科院	辽宁
结构化学国家重点实验室（中国科学院福建物质结构研究所）	中科院	福建
分子反应动力学国家重点实验室（中国科学院大连化学物理研究所、中国科学院化学研究所）	中科院	辽宁
高分子物理与化学国家重点实验室（中国科学院化学研究所、中国科学院长春应用化学研究所）	中科院	吉林
金属有机化学国家重点实验室（中国科学院上海有机化学研究所）	中科院	上海
生物大分子国家重点实验室（中国科学院生物物理研究所）	中科院	北京
石油化工催化材料与反应工程国家重点实验室（中国石油化工股份有限公司石油化工科学研究院）	国资委	北京
特种纤维复合材料国家重点实验室（中材科技股份有限公司）	国资委	江苏
省部共建分离膜与膜过程国家重点实验室（天津工业大学）	天津市	天津
省部共建生物多糖纤维成形与生态纺织国家重点实验室（青岛大学）	山东省	山东
省部共建生物基材料与绿色造纸国家重点实验室［齐鲁工业大学（山东省科学院）］	山东省	山东

科研院所案例

中国科学院长春应用化学研究所

中国科学院长春应用化学研究所始建于 1948 年 12 月,是集基础研究、应用研究和高技术创新研究及产业化于一体,在国内外享有崇高声誉和影响力的综合性化学研究所。

长春应用化学研究所的主要研究方向为:高分子化学与物理、无机化学、分析化学、有机化学和物理化学和应用化学、拓展生物化工学科。主要研究领域包括:聚焦先进材料、资源生态环境和人口健康等三大领域。先进材料领域包括先进材料设计、先进结构材料、先进复合材料、先进功能材料与器件、先进能源材料与器件、电分析仪器等 6 个主要研究方向;资源生态环境领域有环境友好材料、水处理与净化技术、绿色低碳化学过程与洁净分离工艺、生物质绿色高值化利用等 4 个主要研究方向;人口领域包括疾病早期诊断与防治、生物医用材料等 2 个主要研究方向。

成立 70 多年来,长春应用化学研究所共取得科技成果 1200 多项,创造了百余项"中国第一",荣获国家自然、发明、科技进步奖 60 多项,院(省、部)级成果奖 400 余项;申请国内和国际专利 2100 多项、授权 1900 多项;发表科技论文 16 000 多篇,专利申请、授权数和论文被 SCI 收录引用数连续多年位居全国科研机构前 5 位;培育了中科院系统第一家境内上市公司——长春热缩材料股份有限公司("中科英华"),构建了吉林省化工新材料重大科技创新基地、浙江(杭州)材料与化工研究院、常州储能材料与器件研究院、青岛中科应化研究院等创新基地;建成了 3 个国家重点实验室、2 个国家级分析测试中心、2 个中科院重点实验室和 1 个中科院工程化研发平台。

7.2.3　企业

高分子材料相关企业是以盈利为目的的机构,主要从事高分子材料研发、生产、经营、服务等业务,是高分子材料实现产业化过程的核心机构。

高分子材料生产制造企业主要以生产高分子材料相关的原材料、下游制品等为主,常见的产品包括合成树脂、塑料制品、纤维、橡胶、医用高分子材料、生物基高分子材料等。

从全国数据来看,目前化学原料和化学制品制造业企业数量正在不断下降,产业集中度逐渐提高。分企业类型来看,目前高分子材料相关私营企业单位数量不断提升,国有控股企业单位数量保持平稳,大中型企业以及外商及港澳台投资企业数量逐步下降,呈现出民营企业快速增长的趋势(见表7-12)。

表7-12 2012—2019年全国规模以上工业企业数 (单位:家)

年份	高分子材料相关国有控股企业单位	高分子材料相关私营企业单位	外商及港澳台商投资企业单位	高分子材料相关大中型企业单位
2012	1 484	22 912	7 285	6 350
2013	1 517	25 063	7 361	6 630
2014	1 491	25 551	7 118	6 678
2015	1 483	25 802	6 825	6 570
2016	1 474	25 268	6 454	6 455
2017	1 461	24 970	6 240	6 037
2018	1 442	26 969	5 968	5 176
2019	1 451	27 631	5 804	4 880

从产业结构来看,目前我国生产中低端的通用型高分子材料与制品的规模化企业较多,但生产高端功能型高分子材料的科技型企业较少。目前国内高端高分子材料领域依然被杜邦、巴斯夫等跨国企业龙头占据,且材料价格居高不下,国产化替代成为目前重要趋势。

目前我国材料产业逐渐形成了集群式的发展态势,形成了以环渤海、长三角、珠三角为重点,东北、中部、西部地区的优势资源和特色产品广泛分布的全国材料产业集群全景图。尤其是环渤海、长三角和珠三角地区作为国内三大综合性材料产业聚集区,企业分布密集,高校及科研院所众多,拥有资金、市场、信息等优势,要素集聚,发展前景良好。

在高分子材料产业领域,浙江、江苏、广东、山东四省占据全国重要地位,行业规模较大。从与高分子材料相关度最高的三个行业来看(化学原料和化学品制造业、化学纤维制造业、橡胶和塑料制品业),目前江苏、浙江、山东、广东在化学原料和化学制品制造业具有较强的产业基础,其中江苏省在该领域的规模以上企业营业收入占全国的 16.58%,山东省占 14.05%。

在化学纤维制造业中,江苏、浙江占据主导地位,福建也有一定优势。其中江苏、浙江两省该领域的规模以上企业营业收入分别占全国的 33.02% 和 32.37%,福建约占 14.88%,三省占据了全国八成以上的化学纤维制造业营业收入,具有很强的集聚性。

在橡胶和塑料制品制造业领域,广东、山东、江苏、浙江四省具备一定优势,规模以上企业营业收入占比分别为全国的 20.50%、11.31%、12.34%、9.97%(见表 7-13)。

表 7-13　全国各地区高分子相关产业发展情况

地区	化学原料和化学制品制造业			化学纤维制造业			橡胶和塑料制品业		
	资产总计/亿元	规模以上企业营业收入/亿元	平均用工人数/万人	资产总计/亿元	规模以上企业营业收入/亿元	平均用工人数/万人	资产总计/亿元	规模以上企业营业收入/亿元	平均用工人数/万人
全国	73 423.90	70 470.90	373.93	7 838.25	8 624.03	44.02	22 780.90	25 480.00	296.69
北京	453.39	368.13	2.12	4.00	3.21	0.06	102.13	101.75	1.09
天津	1 363.52	1 218.76	4.33	6.98	4.60	0.04	458.11	398.25	3.99
河北	2 126.75	1 863.46	12.81	313.81	250.60	2.28	759.31	655.25	7.92
山西	1 827.00	846.24	8.17	8.03	0.25	0.04	77.77	46.82	0.98
内蒙古	3 419.93	1 497.28	8.23				94.62	40.98	0.48
辽宁	1 995.67	1 883.14	7.37	44.85	27.81	0.26	862.28	379.87	4.60
吉林	791.59	934.44	5.82	132.52	77.62	0.80	142.71	137.31	1.50
黑龙江	457.56	328.32	2.70	2.73	0.66	0.02	187.93	117.57	0.87
上海	2 941.53	3 338.82	9.84	41.15	27.73	0.27	1 080.5	1 020.03	9.63
江苏	10 171.00	11 684.99	44.13	2 292.94	2 847.50	14.45	2 858.44	3 143.23	35.51
浙江	6 372.92	6 635.08	22.13	2 695.35	2 791.24	11.08	2 470.41	2 541.59	32.37
安徽	2 142.56	2 155.69	12.31	155.05	99.54	0.82	1 175.46	1 340.23	13.84
福建	1 856.95	2 164.87	10.53	849.95	1 282.84	4.42	1 084.31	1 770.26	17.70
江西	1 274.94	1 648.15	13.51	104.54	98.29	0.53	402.04	614.93	5.22

地区	化学原料和化学制品制造业			化学纤维制造业			橡胶和塑料制品业		
	资产总计/亿元	规模以上企业营业收入/亿元	平均用工人数/万人	资产总计/亿元	规模以上企业营业收入/亿元	平均用工人数/万人	资产总计/亿元	规模以上企业营业收入/亿元	平均用工人数/万人
山东	9 920.69	9 902.55	45.56	215.45	160.89	1.72	3 189.69	2 881.59	27.78
河南	3 383.34	3 148.17	23.23	224.66	243.19	2.09	838.07	944.46	12.19
湖北	2 981.01	3 232.37	18.51	40.83	55.12	0.61	578.03	1 010.55	8.33
湖南	1 407.63	2 474.73	28.01	21.31	31.97	0.42	254.71	611.44	5.10
广东	4 928.67	5 915.67	32.43	146.56	131.41	1.13	4 054.87	5 223.05	84.31
广西	608.31	593.08	5.43				132.03	121.57	2.23
海南	344.77	319.27	0.38				23.51	19.70	0.19
重庆	968.30	797.52	4.81	29.13	26.86	0.19	312.33	421.04	4.18
四川	2 300.81	2 352.66	16.54	237.74	289.61	1.65	582.18	1 009.61	7.77
贵州	1 344.16	815.31	4.82	0.62	1.25	0.02	204.17	220.94	2.03
云南	1 094.92	963.02	6.96	9.65	15.94	0.05	99.28	127.51	1.60
西藏	17.44	7.03	0.06				1.82	0.49	0.01
陕西	2 334.10	1 381.32	8.01	17.87	21.37	0.08	407.94	357.31	2.97
甘肃	354.26	255.76	2.65	0.40	0.62	0.01	93.67	49.81	0.59
青海	1 382.94	327.35	2.58				6.83	4.75	0.05
宁夏	796.62	457.32	3.56	12.09	3.56	0.04	53.17	43.33	0.48
新疆	2 060.58	960.39	6.40	230.01	130.36	0.93	192.53	124.72	1.17

巨石集团

　　巨石集团是中国建材股份有限公司玻璃纤维业务的核心企业，以玻璃纤维及制品的生产与销售为主营业务，是我国新材料行业进入资本市场早、企业规模大的上市公司之一。巨石集团作为世界玻璃纤维的领军企业，多年来一直在规模、技术、市场、效益等方面处于领先地位，是国家重点高新技术企业、国家技术创新示范企业、浙江省"五个一批"重点骨干企业和绿色企业,获得全国质量奖,并拥有国家级企业技术中心、企业博士后科研工作站。

巨石拥有浙江桐乡、江西九江、四川成都、埃及苏伊士、美国南卡罗来纳州5个生产基地,已建成玻璃纤维大型池窑拉丝生产线20多条,玻纤纱年产能达200万吨;公司玻纤产品品种广泛、品类齐全,有100多个大类近1000个规格品种,主要产品有:无碱玻璃纤维无捻粗纱、短切原丝、连续毡、针织复合毡、短切毡、乳剂型和粉剂型短切毡、方格布等增强型玻纤产品,以及电子级玻纤纱和玻纤布,有100多个品种近千个规格,是世界玻纤行业品种规格最齐全的专业制造商。

巨石玻璃纤维的用途非常广泛:增强型玻璃纤维产品作为功能性、结构性材料,可广泛用于制造各类型材、管道、压力容器、化工储罐、卫生洁具、电气、环保设施、风电设备、船体、汽车、运动器具等方面,电子级玻璃纤维产品可用于印刷线路板生产,是各类信息处理设备的基础材料。

7.2.4　非营利机构

高分子材料领域的非营利机构主要包括各类行业学会、行业协会等,主要为高分子材料产业提供平台性的服务,目前我国高分子领域知名的非营利机构数目不多,较为知名的有中国化学会高分子学科委员会、中国材料研究学会、深圳高分子行业协会等单位,以及部分地区自发形成的高分子材料领域相关的行业协会、商会等。

高分子领域非营利机构主要承担的任务是提升高分子科学技术及产业的整体水平,主要职能包括:举办学术会议、出版学术刊物、商业信息发布、科技成果转化或项目对接以及人才培养等服务。通过非营利机构提供的信息与资源平台,使得高分子相关领域的各单位之间产生联系,降低了信息获得的成本,是高分子材料产业发展的"润滑剂"。

目前,国内重要的高分子材料学术会议包括世界高分子大会、东亚高分子会议、国际高技术高分子学术会议、高分子化学国际学术研讨会、全国高分子年会、全国高分子材料科学与工程研讨会、国际高技术高分子材料学术会议

（见表7-14）。

表7-14　全国重要高分子材料学术会议

学术会议名称	主办单位	周期
世界高分子大会	国际纯粹与应用化学联合会（IUPAC）	两年一届
东亚高分子会议	中国化学会	两年一届
国际高技术高分子学术会议	《高分子先进技术杂志》（*THE POLYMERS FOR ADVANCED TECHNOLOGIES JOURNAL*）	两年一届
高分子化学国际学术研讨会	中科院长春应化所高分子物理与化学重点实验室	两年一届
全国高分子年会（全国高分子学术论文报告会）	中国化学会高分子学科委员会	两年一届
全国高分子材料科学与工程研讨会	中国机械工程学会、中国材料研究学会	两年一届
国际高技术高分子材料学术会议	中国化学会	两年一届

非营利机构案例

中国化学会高分子学科委员会

中国化学会高分子学科委员会成立于1955年，其前身是高分子化合物委员会，是由从事化学及相关专业的科技、教育和产业工作者及相关企事业单位自愿结成的全国性、学术性、非营利性的社会组织。中国化学会个人会员7.5万余人，单位会员160余个，下设39个学科/专业委员会。共主办25种学术期刊，SCI收录期刊14种。每两年一届的中国化学会学术年会是国内化学及相关领域规模最大，层次最高的学术盛会，是中国化学会最重要的学术交流品牌。

主要出版刊物包括：《中国高分子科学杂志》[*Chinese Journal of Polymer Science*(CJPS)]、《高分子学报》《高分子通报》。

《中国高分子科学杂志》是由中国化学会和中国科学院化学研究所主办的英文月刊。连续多年被《美国化学文摘》(CA)、*Рефератифный Ж*（俄罗斯)收录,1997 年起被《科学引文索引》(SCI)收录。

　　《高分子学报》是 1957 年创办的中文学术期刊,主编为张希院士,主要刊登高分子等领域中的基础研究和应用基础研究论文、研究简报、快报和重要专论文章。本刊被《科学引文索引》《化学文摘》*Journal Abstracts in Russian*(俄罗斯)、《中国科技论文与引文数据库》《中文科技期刊数据库》《万方数据库》《中国科学引文数据库》《中国学术期刊文摘》等重要检索系统所收录。

　　《高分子通报》创刊于 1988 年,主要涉及高分子科技领域中的学术成就、发展动向、科技成果和国内外学术活动。被美国《化学文摘》《中国科学引文数据库》《中国学术期刊(光盘版)》《中文核心期刊要目总览》(2008、2011、2014)等收录。

7.3　成果

7.3.1　定义及分类

　　《中国科学院科学技术研究成果管理办法》把科技成果界定为:对某一科学技术研究课题,通过观察实验、研究试制或辩证思维活动取得的具有一定学术意义或实用意义的结果。科技成果按其研究性质分为基础研究成果、应用研究成果和发展工作成果三类。

　　本书根据国家科技成果网公布的统计数据,列举合成材料、橡胶、塑料、专用化学品这四类重点类型进行阐述。

7.3.2　科技成果来源

　　1. 从机构数量来看

　　机构总量上,专用化学品领域科技成果的研发机构数量最多,达到了 349 家;最少的是橡胶领域,只有 269 家。机构类型上,几个细分领域科技成果来源都是以大专院校和企业为主,除橡胶领域,其他领域都超过了 100 家;来源居次位的是独立科研机构,各细分行业都超过了 60 家;来源最少的是医疗机构,各细分行业都不足 5 家;其他类别里包含了如检验研究院之类的政府部门(见表 7 - 15)。

表7-15　高分子材料科技成果来源机构数量情况　　　（单位：所）

领域	独立科研机构	大专院校	企业	医疗机构	其他	总计
合成材料	75	100	100	2	18	295
橡胶	61	88	100	0	20	269
塑料	100	100	100	3	27	330
专用化学品	100	100	100	7	42	349

2. 从科研业绩排名来看

合成材料领域科技成果数量大于50的单位共有3个,分别是东华大学、天津工业大学、荣盛石化股份有限公司。科研业绩排名前十的单位科技成果总数为320项,占总量的13%,其中,有6家企业、2家独立科研机构、2所高等院校(见表7-16)。

表7-16　合成材料领域科技成果数量排行前十的单位

排名	单 位 名 称	成果数量/项
1	东华大学	57
2	天津工业大学	51
3	荣盛石化股份有限公司	50
4	宜宾丝丽雅股份有限公司	32
5	浙江恒逸高新材料有限公司	24
6	桐昆集团股份有限公司	23
7	中国科学院上海应用物理研究所	21
8	浙江东华纤维制造有限公司	21
9	中国科学院宁波材料技术与工程研究所	21
10	杭州捷尔思阻燃化工有限公司	20

在橡胶领域,取得成果数量最多的科技研发单位是四川轮胎橡胶(集团)股份有限公司,共有52项科技成果。全国橡胶领域科技成果数量排名前十的单位中,共有8家企业,分别是四川轮胎橡胶(集团)股份有限公司、重庆市金盾橡胶制品有限公司、风神轮胎股份有限公司、中策橡胶集团有限公司、双星集团有限责任公司、青岛喜盈门双驼轮胎有限公司、赛轮金宇集团股份有限公司、中昊晨光化工研究院有限公司,另两家单位则是青岛科技大学和中国热带

农业科学院农产品加工研究所。这 10 家单位有 4 家分布在山东省,2 家在四川省,重庆市、河南省、浙江省、广东省各有 1 家(见表 7 - 17)。

表 7 - 17　橡胶领域科技成果数量排行前十的单位

排名	单 位 名 称	成果数量/项
1	四川轮胎橡胶(集团)股份有限公司	52
2	重庆市金盾橡胶制品有限公司	45
3	青岛科技大学	39
4	风神轮胎股份有限公司	35
5	中策橡胶集团有限公司	35
6	双星集团有限责任公司	34
7	中国热带农业科学院农产品加工研究所	25
8	青岛喜盈门双驼轮胎有限公司	20
9	赛轮金宇集团股份有限公司	18
10	中昊晨光化工研究院有限公司	17

在塑料领域,按单位独立研发成果看,科技成果数量最多的是合肥杰事杰新材料股份有限公司,有 72 项科技成果;中国科学院长春应用化学研究所紧随其后,共有 54 项科技成果。排名前十的单位中有 2 家独立科研机构、5 家企业、3 所高等院校,高校分别是四川大学、华东理工大学和西北工业大学(见表 7 - 18)。

表 7 - 18　塑料领域科技成果数量排行前十的单位

排名	单 位	成果数量/项
1	合肥杰事杰新材料股份有限公司	72
2	中国科学院长春应用化学研究所	54
3	桂林电气科学研究院有限公司	34
4	青岛海信模具有限公司	30
5	中国科学院宁波材料技术与工程研究所	30
6	上海锦湖日丽塑料有限公司	30
7	四川大学	29

(续表)

排名	单　　位	成果数量/项
8	华东理工大学	29
9	浙江华峰新材料股份有限公司	28
10	西北工业大学	26

在专用化学品领域,科技成果数量前十的单位中,有6家独立科研机构,3所大专院校分别为陕西科技大学、南开大学和华东理工大学,仅有一家企业。其中6家独立科研机构共研发了260项科技成果,约占总数的6.42%;3所大专院校共拥有112项科技成果,数量不足独立研发机构的一半;仅有的企业浙江固特热熔胶有限公司拥有35项科技成果(见表7-19)。

表7-19　专用化学品领域科技成果数量排行前十的单位

排名	单　　位	成果数量/项
1	中国林业科学研究院林产化学工业研究所	71
2	黑龙江省科学院石油化学研究院	51
3	中国科学院上海硅酸盐研究所	47
4	陕西科技大学	39
5	南开大学	38
6	华东理工大学	35
7	浙江固特热熔胶有限公司	35
8	中国科学院山西煤炭化学研究所	31
9	西安近代化学研究所	31
10	中国科学院上海光学精密机械研究所	29

7.3.3　全国不同领域的科技成果数量

合成材料领域共有2 460项科技成果。分省份看,科技研发单位数量在100家以上的仅有浙江和山东两省,60家以上的有江苏、广东和上海,其余省份科技研发单位数量多在40家以下。浙江的合成材料科技成果数量为621项,处在全国断层式第一的位置;成果数量排名第二的是上海,211项;第三的是山东,199项;紧随其后的是四川和天津,分别是158项和155项;科技成果数量在 100 项以上的还有江苏 125 项、广东 123 项、河南 100 项。综合来看，浙江在合成材料领域的科技能力最强，山东次之(见表 7 - 20)。

表 7 - 20　相关省份在合成材料领域科技成果情况

省份	单位数量/家	科技成果数量/项
浙江	100	621
上海	65	211
山东	100	199
四川	45	158
天津	54	155
江苏	84	125
广东	67	123
河南	45	110
安徽	59	98
陕西	29	88

橡胶领域拥有超过 1963 项科技成果。分省份来看，山东和浙江的相关研发单位数量在 100 家以上，位于全国的第一梯队，广东、安徽、河南的相关研发单位数量为 60～80 家，居于全国第二梯队，其余省份相关研发单位均在 60 家以下。山东和浙江的科技成果数量也遥遥领先于全国其他省份，山东以 425 项科技成果数量位居全国第一，是以 257 项科技成果排第二的浙江的 1.65 倍；排第三的是广东 139 项，第四名是河南 133 项，安徽以 126 项的数量排名全国第五。综合来看，山东和浙江的橡胶领域科技研发能力强于全国其他省份(见表 7 - 21)。

表 7 - 21　相关省份橡胶领域科技成果情况

省份	单位数量/家	科技成果数量/项
山东	100	425
浙江	100	257
广东	70	139
河南	60	133

（续表）

省份	单位数量/家	科技成果数量/项
安徽	64	126
四川	36	96
天津	40	85
重庆	19	70
江苏	55	69
上海	40	68

　　塑料领域的科技成果数将近 4 800 项。从省份角度看,科技成果数量在 300 项以上的有 5 个省份,浙江的科技成果数量位居全国第一,达到 708 项,是第二名广东 394 项的 1.8 倍;山东有 369 项,上海有 345 项,安徽有 339 项。科研单位数量在 100 家以上的有 9 个省份,分别是天津、河北、上海、江苏、浙江、安徽、山东、湖北和广东,主要集中在东部沿海地区。综合来看,在塑料领域浙江的科研能力最强,其次是广东(见表 7 - 22)。

表 7 - 22　相关省份塑料领域科技成果情况

省份	单位数量/家	科技成果数量/项
浙江	100	708
广东	100	394
山东	100	369
上海	100	345
安徽	100	339
天津	100	276
四川	97	247
江苏	100	208
河南	98	199
湖北	100	181

　　专用化学品领域拥有总计 4 050 项科技成果。其中浙江的科技成果数达到 418 项,远超全国其他地区,稳居第一梯队,在专用化学品领域占有强势地位;上海和陕西位列第二梯队,科技成果数量分别为 331 项和 292 项,科研单

位数量也处于全国中上游的水平;广东、湖北、山东三省科研单位数量虽是全国最高,但科技成果数为 220 项、215 项、184 项,处于中等水平;海南、贵州、青海、西藏四省是全国范围内专用化学品领域最弱势的区域,海南、贵州、青海三省科研单位数量不足 10 家,科技成果数也低于 20 项,而西藏自治区没有任何一家专用化学品领域的科研单位,科技成果更是颗粒无收(见表 7 - 23)。

表 7 - 23　相关省份专用化学品领域科技成果情况

省份	单位数量/家	科技成果数量/项
浙江	100	418
上海	89	331
陕西	77	292
广东	100	220
天津	69	217
湖北	100	215
江苏	73	201
黑龙江	66	200
河南	86	200
四川	77	195

7.4　金融

　　科技产业的发展离不开金融的支持,科技产业与金融的深度融合是经济和社会发展的必然趋势。科技型企业固有的高投入长周期、高风险高回报的特点,需要金融与科技结合,让资金覆盖从研发到生产的每个环节,使产品落地、技术成果产业化及市场化成为可能。

7.4.1　科技金融

1. 定义

　　狭义的科技金融是指银行、证券与保险等金融机构运用创新金融工具为科技创新主体提供资金支持。广义的科技金融是指通过创新财政科技投入方式,引导和促进银行业、证券业、保险业金融机构及创业投资等各类资本,创新金融产品,改进服务模式,搭建服务平台,实现科技创新链条与金融资本链条的有机结合,为初创期到成熟期各发展阶段的科技企业提供融资支持和金融服务的一系列政策和制度的系统安排。广义的科技金融为科技创新主体提供的价值包括资金的配置、服务平台的搭建和载体的构建。

科技金融是指通过创新财政科技投入方式,引导和促进银行业、证券业、保险业金融机构及创业投资等各类资本,创新金融产品,改进服务模式,搭建服务平台,实现科技创新链条与金融资本链条的有机结合,为初创期到成熟期各发展阶段的科技企业提供融资支持和金融服务的一系列政策和制度的系统安排。

2. 科技金融的特征及作用

科技金融有两大组成要素,即主体及形式。科技金融主体主要有供给方和需求方,政府部门和相关中介机构。供给方一般指银行、创投机构、大型金融集团、保险公司等。需求方则指高新技术企业、大专院校、其他科研机构以及个人。相关的中介机构包括担保机构、信用评级机构、律师事务所、会计师事务所等。

当前,科技金融已经成为国内外关注的焦点。科技金融创新金融产品,改进服务模式,为供需双方搭建服务平台,实现科技链条与金融链条的深度结合,为初创期乃至成熟期各发展阶段的企业提供融资支持和金融服务,促进企业发展。

3. 科技金融工具

科技金融传统的渠道主要有两种,一是政府资金建立基金或者母基金引导民间资本进入科技企业,二是多样化的科技企业股权融资渠道。具体包括政府扶持、科技贷款、科技担保、股权投资、多层次资本市场、科技保险以及科技租赁等。

互联网金融的兴起发展,使得科技金融在原有渠道基础上,出现了新的融资渠道——众筹。股权众筹是创业者借助互联网平台的公开展示功能吸引公众投资者进行投资,并以出让一定股权比例的方式回馈投资者的融资。股权众筹具有低门槛、广受众、分散风险等特征,适合为科技型企业融资。

4. 地区科技金融发展

2015 年 7 月 22 日,经国务院批准,人民银行会同国家发改委、科技部、财政部、知识产权局、银监会、证券会、保监会、外汇局等部门印发了《武汉城市圈科技金融改革创新专项方案》，这是国内首个区域科技金融改革创新专项方案，武汉城市圈也因此成为国内首个科技金融改革创新试验区。

经过多年发展，国内科技金融模式以北京、上海、深圳、苏州、杭州为典型代表。这几类科技金融模式具有三类共同特征，一是政府通过设立科技专项基金、政府引导基金等创新资本投入方式，提高市场化的参与程度；二是搭建综合服务平台，集聚银行、创投、担保等资源，构建起综合性科技金融服务体系；三是借助科技信贷和资本市场的发展，推动科技企业的融资（见表 7-24、表 7-25）。

表 7-24　部分城市科技金融政策工具对比

科技金融类型	广州	北京	上海	深圳
科技财政资源	—	构建"1+N"科技成果转化政策体系	—	提出国资基金群发展战略，资金放大效果明显
科技贷款	—	推动北京中关村投贷联动试点	完善政策指导下，提供多元科技金融产品，为科技企业提供全周期的金融服务	—
创业投资	推动设立"风投大厦"	人才落户与税收补贴优惠政策支持	—	《深圳市促进创业投资行业发展的若干措施》从"募、投、管、退"和"通、聚、税、人"等环节，提出了20条政策举措
多层次资本市场	推动上交所南方中心的落户	—	推动科创板的设立	推动中小板、创业板的设立
科技保险	有一定科技保险补贴	多项科技保费补贴政策	多项科技保费补贴政策（累计拨付 4 000多万元）	科技保险事后补贴
发展环境	已有广州科技金融服务平台	—	已有完善服务平台，设立科技专项统计	深圳及下属行政区南山、坪山均设立科技金融服务平台。

表 7 - 25　国内科技金融代表模式

代表城市	典型模式	模式阐述
北京	孵化器主导,多方资源整合	以中关村为平台,集聚 VC、PE、担保融资等各种资源。强政策导向的同时,市场化程度高。
上海	"3+1"科技金融体系	"3"是科技金融的政策支撑体系、机构服务体系、产品创新体系,"1"是科技园区的融资服务平台。
深圳	"一个平台、一个系统、三个联动、八项产品"模式	以南山科技金融在线平台为依托,构建"创新能力—管理能力—外部评价—财务指标"的评价系统,实现政企、投贷、银保联动
苏州	"6+1"模式	以交通银行苏州科技支行为主力军,打造"政府+银行+担保+保险+创投+券商"的科技金融"苏州模式"
杭州	"一体两翼"模式	以科技信贷为主体,创业投资基金和科技担保为两翼

7.4.2　产业金融

1. 定义

产业金融是在现代金融体系趋向综合化的过程中出现的依托并能够有效促进特定产业发展的金融活动的总称。

2. 产业金融特征及作用

从产业金融的功能特征看,产业金融是产业和金融的紧密融合,其重点在于"以融助产",更好地支持企业主业发展,加强企业的综合竞争力。产业金融是产融结合一体化的发展模式,在提供产业发展的金融整体解决方案,促进资金融通、资源整合、价值增值方面较传统商业金融具有独特优势,有效顺应了发展趋势,近年来在国际国内均实现了较快发展。

3. 产业金融工具

从实现路径看,产业金融以产业为根本、以金融为手段,通过产业与金融的融合全面提升产业价值。产业金融发展的实现路径共有三个层次(见表 7 - 26)。

表 7 - 26　产业金融实施路径三个层次

层次	内　　　容
第一层次	资金融通：通过银行、租赁等手段的债权融资；通过资本市场的股权融资
第二层次	资源整合：通过证券化管理及资本的手段对产业链上下游进行纵向并购、相关产业的横向并购、资产重组等
第三层次	价值增值：从战略管理、产品研发、市场营销、组织管理等多角度多层次将产业与金融高度融合，从而形成产业金融生态圈

　　随着改革开放的发展和国有企业的改革，我国产业金融也在不断演变发展。最早的产业金融实例为 1987 年成立的东风汽车工业财务公司；1992 年首都钢铁公司成立华夏银行；2009 年中国石油重组成立昆仑银行，此阶段"产业＋银行"成为普遍模式；2007 年国家电网集团发起筹建英大泰和财险公司和英大泰和产险公司，"产业＋保险"也成为代表性的产业金融模式；近年来，阿里巴巴、京东等新兴互联网企业分别成立了蚂蚁金服、京东金融等产业金融平台，形成了"产业＋互联网金融"的新型模式。

　　4. 地区产业金融

　　目前产业金融仍在采用产业投资基金的模式进行全产业链的布局或是跨产业链的布局，以此增强产业链控制能力和提升综合化的经营能力。

　　根据投资领域的不同，产业投资基金可分为创业投资基金、企业重组投资基金、基础设施投资基金等类别（见图 7 - 1）。

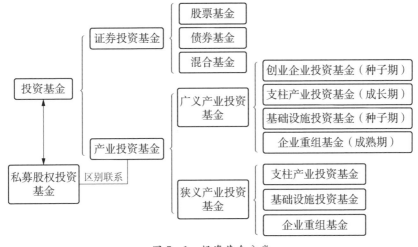

图 7 - 1　投资基金分类

政府引导基金是中国股权投资市场的重要参与者,开展了多项子基金投资与项目直接投资等形式的股权投资活动。2015—2016 年是政府引导基金的高速增长期,之后各地政府设立新引导基金的节奏放缓,目前一些早期设立的政府引导基金逐步进入投资后期或是退出期,引导基金管理机构将主要的精力转到存量基金的投资运营上。

分区域来看,在经济发达的东部地区,政府引导基金的设立较为密集,在中西部经济欠发达地区,政府引导基金设立得相对较少。其中,长三角地区中的江苏和浙江是政府引导基金设立最为密集的两个省份,从市到区县级,都设立了不少的政府引导基金。另有诸如北京、上海、天津等一线发达城市的政府引导基金设立较多,发展也较为良好。中西部地区的政府引导基金普遍设立时间较晚,但近几年依托民间企业和产业园区也逐渐活跃,四川、湖北、陕西、内蒙古等地是中西部地区政府引导基金数量较多的地区,并且开始出现超过十亿级规模的政府引导基金。截至 2018 年,从具体设立的基金数量来看,北京市以 88 支政府引导基金居全国首位;广东和浙江以 85 支和 84 支政府引导基金数量分居全国第二和第三位。从基金的设立规模来看,湖北以 5 471.28 亿元的基金规模位居全国第一;排全国第二的是北京,基金规模达 4 367.25 亿元;广东以 1 451.83 亿元的基金规模处于全国第三的位置。

7.5　服务

高分子材料的生产制造离不开相关的技术服务,其中包括检测认证服务、知识产权服务、培训服务以及各类资源对接服务。

7.5.1　检测认证服务

检测认证服务分为检测和认证两个部分,其中检测是指用特定的技术方法检验测试某种物体的技术性能指标,包括物理测试、化学分析、力学测试、微观结构表征、无损检测等,用于了解产品的性能、缺陷,为优化产品提供依据。认证主要分为产品认证、服务认证、管理体系认证等,其中产品认证又分为强制性产品认证和非强制性产品认证,强制性产品认证是指出于保护国家安全、保护人体健康或安全、保护环境等目的,针对的产品必须经过国家认监委指定认证机构的认证。

检测服务的发展主要是由于中小企业无法承担大量的检验检测设备投资费用,因此大型企业、高校的检验检测部门、实验室逐步独立出来,为多家中小企业提供相应的专业服务并收取部分费用,从而降低了整体社会的设备投资成本。提供第三方检测服务的主体一般为企业单位,也有部分事业单位,根据对检验检测行业和项目关注点的不同,可以区分为实验室认可(CNAS)、计量认证(CMA)、审查认可(CML)等不同类型的检测机构。

目前随着我国新材料产业的不断发展,材料检测认证机构也在不断增加,获得 CNAS、CMA 认可的实验室已经超过 2 万家。全国知名度较高的检测认证企业包括:瑞士通用公证行(SGS)、中国检验认证集团(CCIC)、谱尼测试(PONY)、天祥(Intertek)、华测检测(CTI)、德国莱茵(TÜV)等。截至 2020年底,我国认证机构数达到 7 万余家,主要分布在广东省、江苏省、浙江省、山东省以及北京市、上海市等省份,其中广东省、江苏省分别占全国机构数量的15.65% 和 14.42%,是认证机构数量最多的地区。

表 7-27　全国认证机构数量排名及占比

省份	认证组织机构数量/家	占全国比重/%	省份	认证组织机构数量/家	占全国比重/%
广东	121 867	15.65	山东	57 615	7.40
江苏	112 284	14.42	上海	41 616	5.35
浙江	78 750	10.12	北京	37 723	4.85

7.5.2　知识产权服务

知识产权服务包括专利、商标、版权三个领域,主要业务为知识产权的代理、法律服务,知识产权的运营、管理、交易、数据和咨询服务等。

(1)知识产权代理主要涉及专利或商标、版权的撰写、申报、注册等,其中专利代理的专业性要求更高,主要业务还包括专利挖掘、专利撰写、PCT 申请等。

(2)法律服务主要包括处理各类商标纠纷、维权、知识产权诉讼以及打假等业务。

(3)知识产权管理主要为帮助企业建立知识产权相关的管理制度、配套管理系统等。

（4）知识产权运营主要是盘活企业知识产权，如通过授权许可、知识产权交易、作价入股等方式让知识产权产生更多的价值。

（5）知识产权交易服务主要包括知识产权的估值定价、交易咨询以及相关的法律服务等。

（6）知识产权数据和咨询服务，包括国内外知识产权数据采集、知识产权数据分析、专利侵权检索分析、专利地图、专利技术防御、技术布局咨询等。

知识产权服务主要以代理机构为企业提供代理或咨询服务的形式进行。据统计，2019 年全国知识产权服务机构约 6.6 万家，知识产权服务业从业人员约 81.9 万人。其中商标服务行业门槛较低，2019 年全国约 4.5 万家。2020年，专利代理机构共计 3 253 家，且自 2015 年以来快速增长，年均增速约 21%（见表 7 - 28）。

表 7 - 28　2015—2020 年我国专利代理机构数量

年份	机构数量/家
2015	1 256
2016	1 511
2017	1 824
2018	2 197
2019	2 691
2020	3 253

近年来，我国知识产权相关政策正加速完善，知识产权保护力度不断加大，也不断促进了知识产权服务机构的发展。2013—2018 年间共查处专利侵权假冒案件 26.9 万件、商标侵权假冒案件 20.1 万件。2020 年国家知识产权局印发了《关于深化知识产权领域"放管服"改革　营造良好营商环境的实施意见》，提出了 14 个方面 78 条改革措施，通过拓展申请渠道、优化网上申请服务、精简业务办理程序，提高审查质量和效率，大幅压缩审查周期。2019 年上半年，我国发明专利审查周期为 22.7 个月，高价值专利审查周期为 20.5 个月，商标注册平均审查周期缩减到 5 个月以内，知识产权审查质量和审查效率进步明显。

从区域分布上看，我国主要专利代理机构分布在北京、广东、江苏、上海、浙江等省份,机构数量分别为 661 家、452 家、240 家、176 家和 161 家,区域分布情况与各省份专利申请量基本吻合。而甘肃、新疆、宁夏、海南、青海、内蒙古、西藏等西部省份的专利代理机构数量均少于 10 家,科技服务水平较低。

表 7-29　2019 年全国专利申请量排行前十省份的专利代理机构数量情况

排名	省份	专利申请数/件	专利代理机构数量/家
1	广东	807 700	452
2	江苏	594 249	240
3	浙江	435 993	161
4	山东	263 211	249
5	北京	226 113	661
6	上海	173 586	176
7	安徽	166 871	146
8	福建	153 133	66
9	河南	144 010	90
10	湖北	141 321	60

7.5.3　培训服务

高分子材料相关的培训服务主要分为学历培训和职业培训两类,其中学历培训主要为成人继续教育培训,包括自学考试、网络教育、国家开放大学等,开展成人继续教育培训服务的机构主要包括我国认定的高校、网络大学以及各类自学考试的辅导培训机构。职业培训是以提高劳动者素质及职业能力为目的的培训服务活动,服务形式包括各类技工学校以及社会力量创办的职业技术培训、技能培训、管理能力培训、安全防护培训等服务机构。

目前全国成人高等学校教育培训力量主要集中在广东、山东、江苏等地区。2019 年广东省成人高等学校在校生数位达到 110 万,位列全国第一,其次是山东省 74 万、江苏省 66 万,湖南、河南、河北、四川、浙江等省份也具有一定优势。

表 7 – 30　2019 年全国成人高等学校在校生数量排名情况

排名	省份	在校生数量/名
1	广东	1 103 093
2	山东	742 379
3	江苏	666 661
4	湖南	555 355
5	河南	545 677
6	河北	378 724
7	四川	361 035
8	浙江	316 497

　　我国从事职业教育培训服务的企业众多,民营企业占比很高,目前各大一线城市是职业教育的主要市场,全国的职业教育培训机构主要分布在山东、江苏、广东、四川、河南等地区。2019 年山东省民办职业培训机构数量为 1 666 家,数量居全国第一,江苏省 1 404 家、广东省 1 394 家、四川省 1 393 家。除此之外,河南、河北、浙江、安徽等省份都具有一定的数量优势。

表 7 – 31　2019 年全国民办职业教育培训机构数量排名

排名	省份	机构数/个
1	山东	1 666
2	江苏	1 404
3	广东	1 394
4	四川	1 393
5	河南	1 301
6	河北	1 024
7	浙江	995
8	安徽	979

　　教育培训是广大劳动者打开通往成才大门的重要途径,早在 2014 年召开的全国职业教育工作会议上,习近平总书记就做出重要指示,把加快发展现代职业教育摆在更加突出的位置,更好支持和帮助职业教育发展,为实现"两个一百年"奋斗目标和中华民族伟大复兴的中国梦提供坚实人才保障。

当前我国正面临产业升级与跃升高端的机遇,我国高技术人才存在结构不均衡、人才断档等现象。2018 年,我国技能劳动者约 1.7 亿人,占就业人员总量的 21.3%,但其中高技能人才只有 0.5 亿人,高级技工缺口高达上千万。而技能劳动者的求人倍率一直在 1.5∶1 以上,高级技工的求人倍率达到 2∶1 以上,供需矛盾突出。根据市场预测,预计到 2020 年,职业教育市场规模将从 2015 年的 6 063 亿元发展到 2020 年的 11 077 亿元,年复合增长率为 13%,市场空间广阔。

7.5.4　资源对接服务

资源对接服务种类繁多,常见的主要对接资源有资本对接、人才对接、技术对接等。

资本对接服务是将有融资意向的企业与各类投资基金安排面对面的机会,促进投融资双方的合作,提升企业投融资的效率。资本对接形式一般包括企业与基金对接、企业与中介对接、企业与企业对接、基金与中介对接、普通合伙人(GP)与有限合伙人(LP)对接、中介与中介对接等,主要服务以大型路演平台、大型展会平台、中介撮合等方式进行。目前全国路演、展会等资本对接服务平台众多,这类平台往往会吸引大量投融资企业机构,以及众多初创企业或成长型企业参与,是企业展示自身与融资的重要途径。而从事资本对接服务的中介机构则提供更具有针对性的专业服务,如洽谈会晤、法律、公关、商务等各类促进投融资落地的业务。

人才对接服务主要由人力资源服务机构提供,包括政策咨询、求职招聘、劳动人事代理、就业指导、职业培训、创业指导、社会保障、劳务派遣、人才测评、人才搜寻、管理咨询和服务外包等。截至 2020 年底,全国共有各类人力资源服务机构 4.58 万家,年营业收入突破 2 万亿元,为 2.9 亿人次劳动者提供了人力资源服务支持,为稳就业保就业和经济社会发展做出了积极贡献。

技术对接服务主要包含技术咨询、技术解答、技术攻关等服务。技术对接机构包括高校和科研院所的内设技术转移机构,以及独立的技术转移机构两类。其中,高校和科研院所技术转移机构实质是技术成果拥有方的推销员,且其运作方式、分配激励、风险承担等方面受体制影响,活力和动能都显不足。而独立的技术转移机构只提供居间服务,是典型的科技中介,没有体制机制束缚。相较于目前很多只具备发布需求和技术展示的线上成果转化平台,其项目对接落地的导向性更为明显,发挥的作用也更大。

由于独立的科技中介对专业化以及复合型人才的要求极高,需要从业人员对技术前沿、产品创新、市场需求、行业资讯都有较深的了解,培养相关人才需要大量的时间和成本,且目前全国的科技中介市场尚不成熟,客户支付科技转移费用意愿不强,技术对接企业的盈利能力普遍也较差,同时政策的支持度较小,因此发展较为缓慢,目前许多独立科研院所都在不断承接企业科研课题任务。

从整体情况来看,资源对接服务业主要分布在北京、上海、广东、江苏、浙江等经济水平较高的省份。以股权投资为例,2020 年,北京和上海投资案例数超过 1 000 起,投资金额均超过 1 500 亿元人民币。此外,广东、江苏、浙江的投资规模也较大,投资活跃度较高。

表 7‑32 2020 年我国主要城市股权投资市场投资情况对比

城市	投资案例数量/起	投资金额/亿远
北京	1 597	2 313.78
上海	1 328	1 684.40
深圳	970	934.07
杭州	555	401.68
苏州	438	258.51
广州	330	498.03
南京	241	135.84
合肥	80	239.43

从人力资源服务情况来看,上海、广东、江苏、浙江、北京、天津、湖北、山东 8 个省份具有较为明显的优势,根据北京大学人力资源开发与管理研究中心与上海市对外服务有限公司日前联合发布《中国各省市区人力资源服务业发展水平排行榜(2020)》榜单显示,上海人力资源服务业发展水平较高,领先优势较为明显,广东、江苏、浙江、北京紧随其后,而天津、湖北、山东 3 省市排名相对靠后。

表 7-33　2020 年中国各省份人力资源服务业发展水平排行榜

省份	指数得分	排名	分类
上海	4.015547	1	A
广东	3.00126	2	A
江苏	2.756553	3	A
浙江	2.521131	4	A
北京	1.823246	5	A
天津	1.357213	6	A
湖北	1.100501	7	A
山东	1.074832	8	A

7.6　政策

近年来,国家大力推动精细化工行业的发展,高分子材料是我国化工产业和新材料产业发展的重点之一,国家将各类高分子材料及其化学助剂作为优先发展的鼓励项目。政策的不断推进与完善,能有效地激发高分子材料行业人员的创新热情,同时对高分子材料产业发展提供科技环境、人才、金融等各方面的扶持,促进高分子材料行业的发展。

7.6.1　政策分类

产业的良好发展离不开政策的支持,包括但不限于科技层面、产业层面、人才和服务层面多角度的扶持。

科技层面,聚焦十大重点领域:新一代信息通信技术产业、高档数控机床和机器人、航空航天装备、海洋工程装备及高技术船舶、轨道交通装备、节能与新能源汽车、电力装备、新材料、生物医药及高性能医疗器械、农业机械装备,为今后国内产业发展重点方向奠定了总基调。

产业层面主要对产业类别、产业的发展规划做出指导。

人才方面主要聚焦于人才的培养、人才队伍的建设以及保障。

服务方面包括产业环境营造,如众创空间、科技孵化器的认定及管理,金融资金的管理等。

表 7 - 34　国家层面高分子材料相关政策初步梳理

领域	发布时间	文 件 名 称
科技	2016.5	《国家创新驱动发展战略纲要》
产业	2016.12	《新材料产业发展指南》
	2019.6	《鼓励外商投资产业目录(2019 年版)》
	2019.10	《产业结构调整指导目录(2019 年版)》
	2021.4	《塑料加工业"十四五"发展规划指导意见》
	2021.4	《塑料加工业"十四五"科技创新指导意见》
人才	2010.7	《国家中长期人才发展规划纲要(2010—2020 年)》
	2011.7	《高技能人才队伍建设中长期规划(2010—2020 年)》
	2011.9	《国家高技能人才振兴计划实施方案》
	2016.8	《人力资源社会保障部、财政部关于深入推进国家高技能人才振兴计划的通知》
	2017.7	《落实〈中长期青年发展规划〉(2016—2025 年)实施方案》
	2021.6	《人力资源和社会保障事业发展"十四五"规划》
服务	2015.3	《国务院办公厅关于发展众创空间推进大众创新创业的指导意见》
	2015.9	《发展众创空间工作指引》
	2016.2	《高新技术企业认定管理办法》
	2017.1	《关于〈中央引导地方科技发展专项资金管理办法〉的补充通知》
	2017.9	《众创空间服务规范(试行)》
	2017.9	《众创空间(联合办公)服务标准》
	2018.2	《国家科技重大专项(民口)验收管理办法》
	2018.12	《科技企业孵化器管理办法》

7.6.2　各地区支持新材料的政策情况

近年来,各省、市、自治区陆续出台包括科技人才引进、金融扶持、产业发展规划等在内的相关政策来促进新材料产业的发展,本书选取上海、浙江、深圳这三个新材料产业大省(市)作为重点类型来阐述不同地区的新材料产业扶持政策。

1. 长三角地区——上海、浙江

经过多年发展,长三角地区已具备雄厚的制造业产业基础,产业配套齐全,创新活跃,是我国新材料产业基地数量最多的地区。目前长三角地区的新材料产业集群涵盖了航空航天、新能源、电子信息、新兴化工等产业领域,新材料上市企业有近200家。

1) 上海新材料政策

根据上海市经信委发布的《2020年上海新材料产业十件大事》,2020年上海新材料产业规模以上工业总产值实现2 663亿元,同比增长10.8%;储备各类材料产业投资项目111项,投资额近800亿元;3个新材料特色园区发布,其中金山区的碳谷绿湾产业园专注于碳纤维及复合材料,聚焦碳纤维复合材料零部件,着力补齐碳纤维产业链短板,打造全国碳纤维产业重镇。

2020年10月,上海市经信委、生态环境局、规划资源局联合发布了《上海市新材料产业重点指导目录(2020年)》,文件主要聚焦半导体材料、电子化学品、高性能聚酰亚胺材料、高性能铝基复合材料、高端镍基合金、高品质石墨烯、碳纤维及复合材料、生物医用材料、高温超导材料等九大领域材料。

2020年4月发布《上海市首批次新材料专项支持办法》,对于满足支持要求的新材料相关企业,可以采用后补贴的方式安排使用专项支持资金,资金支持比例最高不超过新材料首批次销售合同金额的20%。符合国家战略急需方向或者具有应用示范作用的为重点项目,支持金额不超过300万元。其余为一般项目,支持金额不超过200万元。经上海市政府批准的重大项目支持比例和金额可以不受上述标准限制。

在新材料领域,上海打造"3+X"的空间格局,"3"指的是上海化工区、宝山区和金山区,"X"指的是松江区、嘉定区、奉贤区、浦东新区以及青浦区。其中,青浦区重点发展先进高分子材料。

2) 浙江新材料政策

浙江省作为新材料产业大省,近5年来产业发展迅猛,现已汇集了一批新材料企业,尤其在高性能纤维、氟硅新材料、磁性材料等细分产业领域优势明显,生产研发水平处于全国前列。2018年浙江省新材料产业年产值达6 500亿元。

2019年浙江省政府发布《浙江省加快新材料产业发展行动计划(2019—2022年)》,提出到2022年,新材料产业年产值突破1万亿元,培育8家以上具有国际竞争力和品牌影响力的行业龙头企业,20 家以上制造业"单项冠军"示范企业,产业规模稳居全国前 4 位。在领军企业方面,重点培育高性能玻纤、化纤等高分子材料。

2021 年浙江省发布《浙江省新材料产业发展"十四五"规划》,明确到 2025 年全省新材料产业规模实现倍增,争取突破 1.6 万亿元;争取建成国际知名的高性能纤维及复合材料产业基地;全职引进或培养院士 10 人以上,引进 100 名以上新材料领域国际顶尖人才、100 个以上高水平创新团队,集聚万名博士和青年英才,形成新材料领域人才高地。

分地域看,浙江省新材料企业基本覆盖全省,其中宁波市、绍兴市、嘉兴市、湖州市、丽水市发展生物基高分子材料、高性能纤维及复合材料、纤维复合材料等高分子新材料。宁波市成为新材料产业国家高新技术产业七大基地之首。同时宁波市有镇海炼化项目落地,材料上游原材料供给充足;中科院宁波材料所的科技研发能力也处于全国上游水平,新材料产业聚集发展。

2. 粤港澳大湾区——深圳

2019 年 2 月,中共中央和国务院印发《粤港澳大湾区发展规划纲要》,文件明确提出要推动新材料、新一代信息技术、生物技术、高端装备制造等产业发展壮大为粤港澳大湾区的新支柱产业。在新材料领域,由于香港、澳门以第三产业为主,因此这两个城市的新材料产业规模小,主要布局功能为科技创新研发和总部运营。珠三角九市则在新材料领域形成了完整的研发—制造—应用的产业链。

2016 年,深圳市将新材料的科技研发和产业化纳入深圳市制造业的重点发展领域。文件提出对应主要任务,聚焦数字化网络设备、集成电路、新型元器件与零部件、新型材料、新能源汽车等 11 个战略重点。新型材料方面,在先进基础材料、关键战略材料、前沿新材料等领域,重点发展高性能有机高分子材料及复合材料、特种金属功能材料、新能源材料、生物材料等,重点发展高通量新材料研发技术,积极参与国家材料基因工程计划。在高性能有机高分子材料及复合材料领域,重点发展高性能合成树脂、高档合成纤维、非硅系半导体光伏等高性能合成材料。在生物材料领域,支持开展药物控制释放材料、生物活性材料、诊断和治疗材料、可降解和吸收生物材料、人造血液等的研制。深圳市新材料主要布局在南山区、宝安区、龙岗区、福田区、光明新区、坪山新区、龙华新区,其中高分子材料主要布局在南山区、宝安区、福田区、光明新区。

2020 年 12 月 31 日,深圳市工业和信息化局印发《关于进一步促进深圳市新材料产业发展行动计划(2021—2025 年)》,该文件提出应结合深圳市新材料产业发展基础和新材料产业的发展趋势,发展先进基础材料、关键战略材料、前沿新材料;围绕新材料应用技术创新同时结合深圳市的产业特点,应该助力搭建集成电路芯片封装材料、柔性显示材料、高端医疗器械材料、5G 高端通信器件材料、新能源材料、医用高分子材料等关键领域的生产应用示范平台,按产业政策规定给予支持,鼓励支持建设成为国家新材料生产应用示范平台。

同日还发布了《深圳市重点新材料首批次应用示范指导目录(2020 年版)》,主要涉及新材料包括新能源材料、信息技术材料、生物医用材料、前沿新材料以及网状高分子材料、高弹性氟硅橡胶等新材料。

上海、浙江、深圳的高分子材料相关政策如表 7－35 所示。

表 7－35　上海、浙江、深圳高分子材料相关政策

地区	文件名称	高分子材料相关内容
上海市	《上海市新材料产业重点指导目录(2020 年)》	文件聚焦高性能聚酰亚胺材料、高性能铝基复合材料、碳纤维及复合材料等领域
	《上海市首批次新材料专项支持办法》	对于满足支持要求的新材料相关企业,可以采用后补贴的方式安排使用专项支持资金
浙江省	《浙江省加快新材料产业发展行动计划(2019—2022 年)》	在领军企业方面,重点培育高性能玻纤、化纤等高分子材料
	《浙江省新材料产业发展"十四五"规划》	争取建成国际知名的高性能纤维及复合材料产业基地
深圳市	《关于进一步促进深圳市新材料产业发展行动计划(2021—2025)》	围绕新材料应用技术创新同时结合深圳市的产业特点,应助力搭建医用高分子材料等关键领域的生产应用示范平台,按产业政策规定给予支持
	《深圳市重点新材料首批次应用示范指导目录(2020 年版)》	包括生物医用材料、网状高分子材料、高弹性氟硅橡胶等新材料

7.7　要素生态综合情况

通过对人才、机构、成果、金融、服务、政策六大要素的综合分析,可知我国高分子材料产业要素整体上集中在东部,逐渐向中西部扩张。最为聚集的区

域为广东、上海、北京、浙江、江苏等省份;其次是山东、安徽、河北、湖北、四川、陕西等省份;中西部省份的相对要素较少。

表 7-36　全国要素生态分布情况

要　　素		分　布　省　份
主要要素	人才	广东、江苏、浙江
	机构	广东、北京、上海、江苏、浙江、山东
	成果	浙江、山东
	金融	北京、深圳、广东、四川
	服务	广东、上海、江苏、浙江、北京
	政策	上海、广东、浙江
子要素	高校	北京、上海、江苏、浙江、山东、广东、四川、吉林
	科研院所	北京、天津、山东、吉林、江苏、浙江、上海、广东、福建
	企业机构	江苏、山东、浙江、广东
	非营利机构	北京、上海、广东
	检测认证	广东、江苏、浙江、山东、北京、上海
	知识产权	北京、广东、江苏、上海、浙江

第8章 高分子材料产业的空间载体

空间是承载高分子材料产业科创与服务等功能的基础载体,高分子材料产业的空间生态是指通过整合各类功能不同的空间载体,使物质、能量、信息在各载体间有序流动,构建成为具有自组织能力、开放、高效的生态网络系统。

高分子材料产业的空间载体主要包括产业园、科创园、科学园三类,各类园区的功能和定位也各不相同。其中产业园以高分子材料产业与经济发展为主,科创园是以科技创新带动产业发展为目的,科学园是科技创新策源与高端人才培育为目的。

从空间载体的形态上看,又包括园区型空间载体和楼宇型空间载体。其中,楼宇型空间载体包括各类办公楼、厂房、住宅等,而园区型空间载体一般是集中成片的较大区域,往往包含多种不同功能的楼宇型空间。

8.1 产业园区

产业园区是指由政府或企业为实现产业发展目标而创立的特殊区位环境,是区域经济发展、产业调整和升级的重要空间集聚形式。产业园区的分类复杂,包括高新技术开发区、经济技术开发区、工业园区、科技园等。高分子材料相关的产业多聚集在化工园区和新材料园区。

化工园区主要集聚有煤化工、石油天然气、盐化工、精细化工上下游产业链,具体包括塑料、橡胶、合成纤维以及各类助剂。新材料产业园重点发展新能源材料、生物医用材料、高性能结构材料等,集聚发展新能源产业、生物医药产业等战略性新兴产业。

8.1.1　化工园区发展情况

1. 化工园区发展历程及发展情况

化工园区主要是指在一定地域范围内石化企业的集合,这些企业在一个共同的园区内共同生产,但产品并不重复,而是互相补充为上下游产品,这种企业类型的集聚形成的工业园区也就是现在的化工园区。

1) 化工园区发展历程

20 世纪 80 年代开始,我国各地开始兴建化工园区,化工园区经历了萌芽阶段、发展壮大阶段、优化发展阶段和提质发展阶段。

萌芽阶段为 1984—1990 年,这一阶段化工园区从无到有,总体数量较少。1990 年,全国省级以上化工园区仅有 13 个,76.9% 位于沿海地区,有 8 个国家级化工园区。

1991—2006 年为发展壮大阶段。据不完全统计,此阶段随着改革开放的深入、投资环境的优化,15 年间我国新建省级以上化工园区 340 多个,有超 50% 的新建化工园区分布在沿海、沿江地区,其次为中西部内陆地区。

优化发展阶段从 2007 年开始一直持续到 2013 年。该阶段化工园区发展呈现规模不断扩大、产值不断提高的良好态势。据不完全统计,截至 2013 年底,全国主要化工园区及以石油和化工产业为主的工业园区有 490 多个。

2014 年至今是提质发展阶段。化工园区从原先粗放的发展模式转变为重视安全管理、绿色化、智慧化建设,园区集聚规模效应不断增加。

2) 化工园区发展情况

2018 年末,全国重点化工园区或是以石油和化工产业为主的园区共有 676 家,其中有 57 家国家级园区、351 家省级园区、268 家地市级园区。到 2020 年末,全国重点化工园区或以石油和化工为主导产业的园区减少至 616 家。2017—2019 年间的七起危化品领域安全事故,使得化工产业面临整改,全国开展化工园区、危险化学品企业和小化工的"三项整治"。各省份也陆续颁发相关文件,推动化工园区的整治改造和提升,截至 2021 年 6 月,共有 18 个省份认定化工园区 472 家。

2020 年 10 月 15 日,中国石油和化学工业联合会化工园区工作委员会在"2020 年中国化工园区与产业发展论坛"上发布了 2020 年化工园区 30 强和潜力 10 强名单(见表 8 - 1)。其中,上海化学工业经济技术开发区继 2019 年跌出 30 强名单后重回第一,惠州大亚湾经济技术开发区、宁波石化经济技术开发区、南京江北新材料科技园 2018—2020 年连续 3 年稳居全国化工园区前 5 位。化工园区 30 强中,江苏省化工园区数量最多,有 8 家,占比 26.67%;其次是浙江省和山东省,各有 5 家。

30 强化工园区 2019 年总计实现石化销售收入 2.75 万亿元,占全国石化产业销售总收入的 22.4%;全年实现石化利润率 1 737 亿元,占全国石化利润总额的 26%;土地销售收入产出率为 59.7 亿元/平方公里,土地利润产出率为 5.59 亿元/平方公里,土地投资强度为 70.9 亿元/平方公里。相较于 30 强化工园区,潜力 10 强园区起步较晚,但这类园区地理位置优越、可用工业用地多、发展前景好,是我国化工园区中具有投资潜力的园区。

表 8-1　2020 年化工园区 30 强及化工园区潜力 10 强名单

排名	名　称	省份
1	上海化学工业经济技术开发区 惠州大亚湾经济技术开发区	上海 广东
2	宁波石化经济技术开发区	浙江
3	南京江北新材料科技园	江苏
4	宁波大榭开发区	浙江
5	江苏省泰兴经济开发区	江苏
6	淄博齐鲁化学工业区	山东
7	东营港经济开发区	山东
8	扬州化学工业园区	江苏
9	中国化工新材料(嘉兴)园区	浙江
10	宁夏回族自治区宁东能源化工基地	宁夏
11	沧州临港经济技术开发区	河北
12	泉港石化工业园区	福建
13	杭州湾上虞经济技术开发区	浙江
14	衢州国家高新技术产业开发区	浙江
15	茂名高新技术产业开发区	广东
16	江苏高科技氟化学工业园(江苏常熟新材料产业园)	江苏
17	江苏常州滨江经济开发区	江苏

（续表）

排名	名　　称	省份
18	珠海经济技术开发区（高栏港经济区）	广东
19	济宁新材料产业园区	山东
20	中国石油化工（钦州）产业园	广西
21	镇江新区新材料产业园	江苏
22	河北石家庄循环化工园区	河北
23	烟台化学工业园	山东
24	盘锦辽东湾新区	辽宁
25	聊城化工产业园	山东
26	武汉化学工业区	湖北
27	泉惠石化工业园区	福建
28	如东洋口化学工业园	江苏
29	福建漳州古雷港经济开发区	福建
30	泰州滨江工业园区	江苏
2020 年化工园区潜力 10 强名单		
1	国家东中西区域合作示范区（连云港徐圩新区）	江苏
2	大连长兴岛（西中岛）石化产业基地	辽宁
3	舟山绿色石化基地	浙江
4	淄博东岳经济开发区	山东
5	浙江独山港经济开发区	浙江
6	天津南港工业区	天津
7	营口仙人岛能源化工区	辽宁
8	安庆高新技术产业开发区	安徽
9	青岛新河生态化工科技产业基地	山东
10	辽阳芳烃及精细化工产业化基地	辽宁

3）化工园区类型

我国化工园区主要分为煤化工型、石油化工型、精细化工型三大类。煤化工型主要依托本地的煤炭资源，重点发展煤化工项目带动下游产业的发展，比如宁东能源化工基地、榆林能源化工基地；石油化工类型主要依托大型炼油-

乙烯装置,带动相关下游产业发展,此类型化工产业园规模较大,典型案例如上海化学工业区、惠州大亚湾石化区;精细化工型是以精细或专用化学品及大宗合成材料生产为主的化工园区,典型案例如江苏高科技氟化学工业园、泰兴经济开发区。

化工园区又可分为企业扩张型和城市搬迁型。企业扩张型化工园区通常是在企业自身发展的基础上,以自身特色产品为核心,通过扩张、辐射建成的,国内代表园区有齐鲁化学工业区;城市搬迁型是将原先分散在城市中的化工企业集中搬迁至新的化工园区,代表有合肥化学工业园区。

4)化工园区特征

化工园区的特征主要体现在区位选择、集中建设、封闭管理等方面。

化工园区大多凭借良好的天然优势,集中设置在主要的资源地或是消费区,交通运输较为便利,同时由于化工园区都有一定的危险性,基本都实行封闭管理,为保证安全防护距离,往往远离居住区及一些公共设施。化工园区都有装置大型化、产业集中化、经营集约化的特点,成为其所在地区石化产业及其关联下游产业和加工工业的主要集聚地。

化工产业园区空间布局特点:①园区建设规模大。②化工装置之间基本是通过管道连接,即使是不同公司和企业,也能实现生产规模相互匹配,资源配置优化。③园区大部分为沿江、沿河、沿海,靠近深水码头,靠近原料或市场。④园区实现五个"一体化"。一是产品项目一体化,利用化工产品上下游关联的特点,形成化工项目链;二是物流传输一体化,通过输送官网、仓库、码头、铁路和道路等,形成园区内一体化的物流运输系统;三是公用工程一体化,对园区能源供应进行统一规划、集中建设,形成一体化的"公用工程岛";四是环境保护一体化,园区内设立环保中心,统一处理废水、废气、废渣;五是管理服务一体化,为驻园业主提供一站式办公服务,寓管理于服务之中。

2. 化工园区发展趋势及政策要求

1)化工园区发展趋势

园区集聚规模效应显著。截至 2020 年底,全国重点化工园区或以石油和化工为主导产业的工业园区共有 616 家。其中,产值超千亿的超大型园区有 17 家,35 家大型园区产值达到 500 亿~1 000 亿元,这两类园区产值占比超过化工园区总产值的 50%,化工园区集聚规模效益明显。

园区的绿色化、智慧化水平不断提高。"十三五"以来,国内化工园区把安全、绿色、智慧化建设放在首位,大力提升安全监管水平、发展循环经济,安全水平、能源循环利用率不断提升。截至 2021 年 5 月,12 家化工园区入选"绿色化工园区"名录,8 家园区入选"绿色化工园区"(创建)单位;15 家园区成为智慧化工园区试点示范单位,50 家化工园区成为智慧化工园区试点示范创建单位。

2) 化工园区建设相关政策

随着我国化工工业的迅猛发展,安全规范问题逐渐成为行业关注的焦点,政策层面积极推动"化工入园",从而引导化工产业集聚和规范化发展,促进化工园区的安全、绿色、智慧化水平不断提高(见表 8 - 2)。

表 8 - 2　化工园区相关政策要求

发布时间	文件名称	内　　容
2020 年 2 月	《关于全面加强危险化学品安全生产工作的意见(2020 年)》	(1) 对危险化学品企业、化工园区或化工集中区组织实施精准化安全风险排查评估,分类建立并完善安全风险数据库和信息管理系统,区分"红、橙、黄、蓝"四级安全风险。 (2) 制定化工园区建设标准、认定条件和管理办法。 (3) 加快建成应急管理部门与辖区内化工园区和危险化学品企业联网的远程监控系统
2020 年 4 月	《全国安全生产专项整治三年行动计划》	(1) 园区规划布局,科学规划园区区域布局,明确园区产业发展规划,严格制定化工园区项目的准入条件。 (2) 整体性风险管控,对园区进行全面风险评估。 (3) 园区智能化建设,进行园区一体化管理、信息化监控,建立监控平台,保证能第一时间发现并反馈,及时地进行救援
2020 年 10 月	《中华人民共和国危险化学品安全法(征求意见稿)》	(1) 规定了化工园区设立、规划、布局和安全管理等方面的内容,这份文件是我国第一次把化工园区的概念提升到法律地位。 (2) 新建危险化学品生产建设项目应当进入化工园区,资源类和为其他行业配套的危险化学品建设项目除外
2021 年 6 月	《化工园区"十四五"发展指南及 2035 中长期发展展望》	(1) 制定并完善适应绿色发展要求的化工园区评价体系,培育一批绿色园区,到 2025 年,创建 50 家"绿色化工园区"。

（续表）

发布时间	文件名称	内　　容
		（2）建设"可共享""可溯源"的智慧监管系统,到2025年,新建50家"智慧化工园区"试点示范单位,30%的省级及以上重点化工园区开展智慧化工园区创建工作。 （3）建立一套以化工园区为主体,协会组织推动,技术支撑单位、行业专家、高校与研究机构等广泛参与的标准化工作机制,积极推动化工园区标准体系建设,到2025年,制定并颁布化工园区管理与建设标准数量达到50项。 （4）以国内外产业基地和专业园区发展经验为借鉴,制定支撑和保障园区高质量发展的"化工园区高质量发展指导意见",重点突出创新,关注生态工业园区建设,适时开展"化工园区高质量发展示范工程"。到2025年,培育50项化工园区高质量发展示范工程

3. 化工园区布局

目前经认定化工园区数量最多的省份是山东省,共有85家;内蒙古自治区以58家化工园区数量排名第二;排第三的是浙江省有52家;接下来是湖北省51家,安徽省38家;其余13个省份经认定的化工园区数量均在30家以下(见表8-3)。

表8-3　截至2021年6月各省份经认定的化工园区数量

省份	化工园区数量/家	省份	化工园区数量/家
新疆	7	宁夏	10
安徽	38	江西	26
云南	5	辽宁	21
河北	7	广西	11
湖南	10	河南	27
内蒙古	58	江苏	29
吉林	22	浙江	52
福建	9	山东	85
甘肃	15	湖北	51

目前国内化工园区主要有四种形式：联合生产模式、联合组团模式、核心企业模式、复合共生模式。

联合生产模式的化工园区基本已经实现公用工程一体化。园区内的能源供应统一规划、集中建设，园区内有一体化的公用工程岛来保证园区的安全稳定运行，园区多采用封闭的管理模式，多布置有生产产房，办公型楼宇比较少。

联合组团模式的化工园区多依赖当地的资源优势，例如，用石油或煤炭资源来建设化工园区。石油炼化以及煤炼化装置占地规模较大，此类园区多向精细化工方向转型。

核心企业模式的园区一般都有核心企业，核心企业的生产加工带动了上下游相关企业的集聚，从而促进化工园区的快速发展。

复合共生模式下，化工园区一般遵循城市规划设计，同时与其他相关规划结合得很好，注重土地使用和交通条件的便捷性，对于环境污染的控制较强。与城市生活区相近，化工生产对城市生活的影响较小，与城市生活空间耦合发展。

8.1.2 新材料产业园发展现状

1. 新材料产业园的发展历程和发展情况

新材料产业园一般指建在一块固定地域上的由新材料企业和服务企业形成的企业社区。在该社区内，各成员单位通过共同管理环境事宜和经济事宜获取更大的环境效益、经济效益和社会效益。

1995 年，我国开始筹建新材料产业园基地。2009 年，新材料产业上升为国家战略，成为国家重点发展的产业之一，此后新材料产业快速发展，新材料产业园建设逐渐兴起。2012 年，"十二五"规划明确指出积极支持符合新材料产业发展规划和政策的企业、项目、产业园，推动我国新材料产业园建设。现阶段我国新材料产业正从低级向高级阶段发展，据统计，到 2019 年，国内新材料园区数量已超过 500 家，有 7 个国家新材料高新技术产业基地分别在江苏、浙江、广东、辽宁、河南、陕西、甘肃，另有 49 个国家新材料产业基地。

1）新材料园区分类

根据不同分类方式，新材料产业园可分为不同的类型。按产业特色分，可分为综合型和特色型产业园，综合型产业园多为以 4～5 种以上新材料产业作为基地的重点发展区域,约有一半的综合型产业园分布在东部地区;特色型产业园则是以 1～2 种新材料产业为主,并依托本地优势资源发展的产业园区,多分布在中西部地区。按照要素分,又可分为资源依托型和非资源依托型产业园,中西部地区新材料产业园主要依托资源要素,东部地区新材料产业园多依托技术、人才和市场等要素。从区域经济发展和地域特色角度分,可以分为长三角、珠三角、京津冀、中部六省、东北三省、西部地区等六大区域产业园。

2) 新材料产业园空间类型

统计新材料产业园园区类型,其中产业园园区类型占比最高,达 24%;其次是工业园区类型,占比 14.67%;经济开发区类型占比达 12.67%;高新技术开发区类型的占比较少,仅为 7.33%(见表 8-4)。

表 8-4　新材料产业园园区类型分布

类型	分布占比/%	类型	分布占比/%
产业园	24.00	高新技术产业开发区	7.33
工业园区	14.67	产业基地	7.33
经济开发区	12.67	工业区	4.67
经济技术开发区	10.00	其他	19.33

2. 新材料园区发展趋势

一是形成完善的产业链,产学研合作加深,助推科研成果的产业化。新材料产业园除办公区和厂房外,作为科技创新主要承载体的科技研发机构,也是新材料产业园的一大功能区块。在国内,园区主要表现为众创空间、孵化器等形式,保持园区创新活力,促进大学和可研机构与新材料企业沟通对接,加深产学研合作,促进科研成果的产业化。

二是完善园区配套设施。园区应配备有专业的运营管理团队,建设完善的水、电、暖、天然气、排污、消防等基础配套设施,并进行文化建设以形成良好的园区氛围,增强园区吸引力和凝聚力。

三是鼓励园区企业自主创新。根据园区核心产业技术经济特征和组织特点,分层次建立创新体系。加快企业科技管理体制改革,提高科技投入的配置效率,利用现有的科技资源进行资源重组。

四是构建完善的法律法规和政策保障机制。每个产业园都在园区建设与管理、技术转移、财政、税收、金融政策、贸易、人才等方面构建完整的法律法规和政策体系,来保障园区创新创业活动和产业的发展。

3. 新材料产业园区域布局情况

目前我国新材料产业已形成集群式发展态势,基本形成了以长三角、珠三角、环渤海为重点发展区域,东北、中西部特色突出的产业集群分布。长三角新材料产业主要聚焦于航空航天材料、电子信息材料、新能源材料和新型化工材料等;珠三角新材料产业重点发展生物医用材料、先进陶瓷材料、改性工程塑料、新能源材料等;环渤海新材料产业着眼于稀土功能材料、膜材料、硅材料、高技术陶瓷、磁性材料和特种纤维材料等。

从省份来看,全国新材料工业总产值超万亿的省份共有 4 个,分别是江苏、浙江、广东和山东。江苏省的新材料产业园数量居全国第一,达到 43 个,山东省紧随其后,有 42 个新材料产业园区,再次是四川省,有 34 个产业园区(见表 8 - 5)。

表 8 - 5　2019 年我国新材料产业园数量前十省份排名

排名	省份	数量/个
1	江苏	43
2	山东	42
3	四川	34
4	安徽	26
5	河北	26
6	广东	21
7	河南	17
8	湖南	17
9	江西	17
10	浙江	16

8.2　科创园区

8.2.1　科创园区空间类型及功能

高分子材料科创园区的主要功能是以科学技术为核心,凝聚科技资源与产业发展要素,实现科技成果到产业化的转变,主要集聚和承载高分子材料领域相关科技创业人才、高新技术企业、科技创新研究机构、科技创新成果、科技金融服务、科技创新服务等要素,是高分子材料科技与经济发展的重要基础载体。

我国科创园区主要依托自主创新示范区、高新技术产业开发区等重点政策区域布局,其中自主创新示范区是指国家批准,在推进自主创新和高技术产业发展方面先行先试、探索经验、做出示范的区域。高新技术产业开发区是各级政府批准成立的科技工业园区,通过实行税收和贷款方面的优惠政策和各项改革措施,实现软硬环境的局部优化,为最大限度地把科技成果转化为现实生产力而建立起来的,促进科研、教育和生产结合的综合性基地。

科创园区的管理单位最早都以国家事业单位为主体,随着科技能力和管理水平的不断发展,事业单位的体制机制逐渐无法适应科创园区的管理与服务需求,越来越多的园区管理单位开展了体制机制改革,目前我国的科创园区管理单位由原事业单位改制为国有企业的居多,也有许多民营或企业性质的管理单位。

由于新兴科技成果产业化需要经历很长的过程,也需要投入大量的资源对企业进行培育,因此在科创园区中,各类孵化器、加速器、创业园、众创空间等载体应运而生,大量的金融、人才、合作平台等也逐步进入,形成了以高新技术产业园区为基础,以高科技企业为主体,以各类大学科技园、孵化器、金融机构、政府部门、协会等组织机构为支撑,以促进应用技术研究与成果转化为目的的科技创新体系结构,形成了政府支持、企业引领、高校联动、资源集聚等特征。目前与高分子材料相关的科创载体,如孵化器、加速器、众创空间等主要集中在全国各地的重点高新区内。

8.2.2　高分子材料相关科创园区的发展情况和趋势

高分子材料相关的科创园区最早可以追溯到 1996 年,由上海市人民政府批准设立的上海化学工业区是我国改革开放以来第一个以石油化工及其衍生品为主的专业开发区。其先后引进了众多国际行业巨头,采用大量先进生产工艺,带动了 50 余家跨国公司功能性机构落户上海,包括英国石油化工、德国巴斯夫、德国拜耳、德国赢创、美国亨斯迈、日本三菱瓦斯化学、日本三井化学等,涵盖了化工材料的研发、总部、工程咨询等领域,是全国跨国高分子相关企业最多的园区。

截至 2019 年,全国高新技术产业开发区共有 169 家,其中约有 79 家园区涉及高分子材料领域的相关产业,主要分布在长三角、珠三角、黄渤海等地区。其中技术水平较高,能力较为突出的科创园区主要位于北京、山东、上海、浙江、江苏、广东等地区。

随着高分子材料技术的不断发展,高分子材料相关的科创园区也呈现出新的发展趋势。首先是由量的增长逐渐转向质的提升,各科创园区逐步开始立足自主创新,调整产业结构,推动高新技术成果转化,从而提高区域的整体发展质量。其次是整合各类资源,构建完善的科技创新和孵化服务体系,实现政、产、学、研、用、金的有机结合,促进科技企业快速成长。最后是由注重基础建设的硬投入转向打造科技创新的软环境,建立高效、精简的服务机制,落实科技创新激励和保护机制,从而推动科技创新发展。

宁波国家高新区

宁波是目前长三角地区规模最大的新材料产业基地之一,在推进千亿级新材料产业集群、特色产业基地及特色小镇建设等方面已初显成效,2018年宁波新材料产业工业总产值已达2033.6亿元。高新区作为宁波新材料产业技术研发的主战场,率先建成了国内首个新材料产业创新服务综合体,从新材料专业孵化器,到服务于新材料产业技术创新的联合研究院;从新材料领域的产业技术研究院,到新材料企业和高端人才的不断集聚,新材料产业在这里蓬勃发展。在宁波国家高新区中,不仅有专业面向高分子新材料领域的孵化器,还拥有8家国家级孵化器和企业加速器、11家国家级众创空间,形成了完备的企业助推链条。

宁波高新区全区研发经费支出占GDP比重达7.1%;万人发明专利拥有量突破200件;引进集聚了中科院宁波材料所、北方材料科学与工程研究院、宁波新材料联合研究院、西北工业大学宁波研究院、中科院宁波人工智能研究院等一批重点研发机构。共集聚海内外院士17名、国家重点人才98名、省市重点人才(团队)422名(个),高端人才密度居全市首位。扎实推进实施高新区"一区多园"发展战略,在全市范围内已设立10个分园,形成"一区十园"的新格局。

宁波新材料产业发展领域主要包括:稀土磁性材料、金属新材料、先进高分子材料、先进膜材料和石墨烯材料等产业。未来将在金属新材料、先进高分子材料、电子信息材料、磁性材料四大领域做大做强，培养新能源材料、生物医用材料、石墨烯材料等领域。

在前沿领域方面，将重点培育智能材料领域的新材料，如形状记忆合金、应变电阻合金、磁致伸缩材料、智能高分子材料等，以及 3D 打印材料领域的新材料，如激光熔覆钛合金、高温合金、铝合金等增材制造专用合金粉体材料，高性能陶瓷材料、低成本光敏树脂材料、碳纤维增强尼龙复合材料等。

科创园区案例

广州高新技术产业开发区

广州高新技术产业开发区是 1991 年 3 月经国务院批准成立的首批国家级高新区之一，目前形成由广州科学城、天河科技园、黄花岗科技园、民营科技园和南沙资讯园组成的"一区多园"的格局。

广州高新区重点发展先进高分子材料、先进无机非金属材料、先进复合材料、先进合金材料、工程塑料及精细化工产品，加强石墨烯新材料、3D 打印高性能材料等前沿新材料的研发。区内有超过 150 家新材料高新技术企业，年工业总产值达到 400 亿元。

华南新材料创新园基地位于黄浦区广州科学城内，由广州华南新材料创新园有限公司投资建设，占地 160 亩，总投资 20 亿元，拥有先进的新材料专业孵化器和加速器，是国内最大、最专业的新材料专业孵化园区。园区依托塑料改性与加工工程实验室等创新资源，整合新材料行业龙头资源，加快引进国内外先进新材料企业进驻。

广州高性能碳纤维材料及应用产业基地依托广州中新知识城金发科技高性能碳纤维生产基地，发挥金发科技公司的龙头带动作用，引进碳纤维生产、检测设备、碳纤维复合材料等产品的生产制造，形成从碳纤维材料到碳纤维制品及检测评价平台的完整产业链。

8.2.3　高分子材料相关科创园区的布局

随着我国高分子材料产业布局的不断优化,产业空间也将不断集聚,以高分子材料为主要方向的科创园区的布局也呈现高度相关的集聚特征。目前我国高分子材料相关科创园区主要覆盖环渤海、长三角、珠三角等沿海三大经济圈,以及中部地区诸多省份,具有分布广泛的特征。从高分子材料相关高新区数量来看,广东、江苏、山东、浙江等地区较多,其中广东省 10 家、江苏省 9 家、山东省 8 家、浙江省 6 家,四省约占全国总数量的 41%(见表 8-6)。

表 8-6　全国高分子材料相关高新区数量的省份排名

省份	高新区数量/家	省份	高新区数量/家
广东	10	吉林	2
江苏	9	上海	2
山东	8	安徽	2
浙江	6	福建	2
湖北	5	河南	2
辽宁	4	甘肃	2
湖南	4	黑龙江	1
四川	4	广西	1
陕西	3	重庆	1
江西	3	贵州	1
内蒙古	3	海南	1
河北	2	北京	1

从各地区科创园区的科技创新水平来看,上海、北京、广东、浙江、江苏等地区依托优秀的教育和科创环境资源,具有较好的发展潜力。

8.3　科学园区

8.3.1　科学园区的功能及特征

国内外大多数研究者并没有区分科学园区与科创园区,国外并不分科学园和科技园,因此两者之间也没有明确的定义。但科学是从现象中探求未知,形成知识与理论的过程,因此科学研究过程主要在基础研究与应用基础研究阶段,注重科学发现与科学原理的研究。

2016 年,国家发改委、科技部同意建设上海张江综合性国家科学中心,综合性国家科学中心由此进入公众视线。综合性国家科学中心的重点任务包括三项:建设世界一流的重大科技基础设施集群,推动设施建设与交叉前沿研究深度融合,构建跨学科、跨领域的协同创新网络。可以说提升基础研究水平、强化原始创新能力是综合性国家科学中心的主要目标。

综合性国家科学中心具备的特征:吸引全球资源、提升创新水平、辐射周边地区。其中,建设大科学基础设施有助于吸引全球科研人才和资源,前沿交叉学科研究可以提升创新速度和创新能力,创新协同网络具有辐射周边、带动科技与经济发展的能力。

截至 2020 年,我国已布局四大综合性国家科学中心:上海张江综合性国家科学中心、北京怀柔综合性国家科学中心、合肥综合性国家科学中心、粤港澳大湾区综合性国家科学中心。其中大湾区综合性国家科学中心于 2019 年批准,尚处于建设中(见表 8-7)。

表 8-7　全国四大综合性国家科学中心情况

	涉及领域	面积	主管单位	依托单位
上海张江综合性国家科学中心	生命、材料、环境、能源、物质等	依托张江科学城建设,总面积约95 平方公里	张江综合性国家科学中心办公室	上海科创中心
北京怀柔综合性国家科学中心	物质、空间、地球系统、生命、智能等	依托怀柔科学城,总面积约100平方公里	怀柔科学中心理事会	中国科学院
合肥综合性国家科学中心	能源、信息、生命、环境	—	合肥综合性国家科学中心办公室	中科院合肥物质科学研究院、中国科学技术大学
粤港澳大湾区综合性国家科学中心	信息、生命、材料等	—	大湾区综合性国家科学中心建设领导小组	中国科学院

8.3.2　高分子材料相关科学园区的功能

高分子材料科学园区的主要功能包括三个方面:

（1）建立重大科技基础设施集群。服务国家战略和前沿科技发展需要，集中布局和规划建设重大科技基础设施，发挥重大科技基础设施集群的极限研究支撑作用和交叉集成作用，为前沿科学技术和经济社会重大需求问题研究提供长期、关键的科学技术支撑。

（2）推动实现重大原创性突破。聚焦与高分子新材料相关的交叉前沿科学领域，依托重大科技基础设施组织开展高水平研究，力争解决对人类认识世界具有重要作用的科学前沿问题和制约产业发展的重大基础瓶颈问题，成为重大原始创新的重要策源地。

（3）整合资源构建协同创新网络。发挥综合性国家科学中心带来的高等院校、科研院所集聚优势，汇聚培育顶尖的研发机构和一流研究团队，整合政策、资金、人才、成果等各类创新要素，深入推进产学研协同创新，释放科技机构和人才创新活力，形成高度开放、密切合作的协同创新网络。

以张江国家综合性科学中心为例，目前张江已建成上海同步辐射光源、国家蛋白质科学研究设施、国家肝癌科学中心、神光Ⅱ多功能激光综合试验平台、硬X射线自由电子激光装置等一批重大科技基础设施，为物理、化学、生命科学、材料科学、能源科学等多学科提供各类尖端研究手段。此外创新平台建设加快，2019年底前，张江已集聚了各类大学40家、中央级科研院所69家、国家工程实验室11家、国家重点实验室35家，为科技创新提供了强有力的基础。为加快科技成果转化，张江整合资源，集聚了一大批高水平的专业服务机构，包括21家国家技术转移示范机构、43家国家级科技企业孵化器、13家国家级大学科技园等机构，引进了各类资本、投资机构、基金等金融机构，总投资规模超千亿，为科技创新发展提供了高效的资源基础。

从政策层面看，科学园区的政策目前主要围绕重大科技基础设施建设的资金扶持、重大科技创新科研平台建设、科技创新主体技术攻关、产业共性技术研究等的资金支持，以及各类科技孵化载体建设和科技成果的资金支持展开。

表8-8　全国主要大科学基础设施及建设地点

专用研究设施	建设地点
北京正负电子对撞机	北京
兰州重离子研究装置	兰州

(续表)

专用研究设施	建设地点
神光 II 高功率激光物理实验装置	上海
全超导托卡马克核聚变实验装置	合肥
国家蛋白质科学研究(上海)设施	上海
LAMOST 望远镜	河北
大亚湾反应堆中微子实验	广东
500 米口径球面射电望远镜	贵州
武汉国家生物安全实验室	武汉
高海拔宇宙线观测站	四川
地球系统数值模拟装置	北京
公共实验设施	建设地点
上海光源	上海
合肥同步辐射装置	合肥
北京同步辐射装置	北京
稳态强磁场实验装置	合肥
中国散裂中子源	广东
X 射线自由电子激光试验装置	上海
上海光源线站工程	上海
大连相干光源	大连
高能同步辐射光源	北京
综合极端条件实验装置	北京

8.3.3 科学园的发展趋势和布局

虽然综合性国家科学中心的价值巨大,但其建设是一个从硬件到软件、从人才到资源的全面配置过程,未来应围绕国家科技战略布局,避免一拥而上,重复建设。同时,综合性国家科学中心的体制机制仍需要不断改革和完善,发挥人才集聚效应,形成良好的科技与产业生态,促进经济发展。

国内四大综合性国家科学中心仍处于先试先行阶段,除了北京、上海、合肥、广东外,湖北、陕西、四川、江苏、山东、浙江、辽宁等地区也都先后提出建设综合性国家科学中心。其中,四川省依托四川大学以及高分子材料相关产业的发展基础,在高分子材料的科学研究领域具有一定优势。山东、辽宁、江苏、浙江等地区在高分子材料研究领域也有一定的基础。

我国目前四个综合性国家科学中心分别位于长三角、珠三角、环渤海地区的核心位置,也是我国经济与科技实力最强的地区。其中与材料研究相关的包括怀柔、张江、大亚湾三个地区,主要依托的是同步辐射光源装置、中国散裂中子源以及综合极端条件实验装置。

上海张江综合性国家科学中心

张江科学城的前身是张江高科创园区,2016年国家发展改革委、科技部批复同意建设张江综合性国家科学中心;2017年上海市政府正式批复原则同意《张江科学城建设规划》。

张江科学城位于上海市中心城东南部,浦东新区的中心位置。目前汇聚企业1.8万余家,跨国公司地区总部53家,高新技术企业828家,初步形成了以信息技术、生物医药为重点的主导产业,聚集了中芯国际、华虹宏力、上海兆芯、罗氏制药、微创医疗、和记黄埔、华领医药等一批国际知名科技企业,旨在聚焦重大战略项目,打造世界级的高科技产业集群,引领产业发展。

张江现有国家、市、区级研发机构440家,上海光源、国家蛋白质设施、上海超算中心、张江药谷公共服务平台等一批重大科研平台,以及上海科技大学、中科院高等研究院、中科大上海研究院、上海飞机设计研究院、中医药大学、李政道研究所、复旦张江国际创新中心、上海交大张江科学园等近20家高校和科研院所,为企业发展提供研究成果、技术支撑和人才输送。高层次人才加快集聚。目前,张江现有从业人员37万,其中博士6200余人、硕士50000余人、本科135000余人、专科56000余人、归国留学7500余人、境外4300余人,引进各类高端人才450余人。

张江重点从四个方面着手建设综合性国家科学中心:

(1)打造高度集聚的重大科技基础设施群。集中布局和规划建设国家重大科技基础设施,加快上海光源二期、蛋白质科学设施、软 X 射线自由电子激光、转化医学等大设施建设;积极争取新一批大设施落户上海,打造高度集聚的世界级大设施集群。

(2) 建设有国际影响力的创新型和研究型大学。发挥上海科技大学的体制机制优势,建设高水平、国际化创新型大学。同时积极建设具有国际影响力的研究型大学。

(3) 汇聚培育全球顶尖科研机构和一流研究团队。依托大设施吸引海内外研究机构、高校来上海设立全球领先的用户实验装置、科学实验室。引入国际顶尖科学大师牵头承担多学科交叉前沿研究任务,形成国际化、高水平、跨领域的一流研究团队。

(4) 组织开展多学科交叉前沿研究。聚焦生命、材料、环境、能源、物质等科学领域,由国家科学中心在预研究基础上,发起设立多学科交叉前沿研究计划,推动实现重大原创性突破。

目前张江科学城已建设完成上海同步辐射光源、国家蛋白质科学研究(上海)设施、国家肝癌科学中心、神光Ⅱ多功能激光综合实验平台共 4 个国家重大科技基础设施。建设中的重大科技基础设施包括硬 X 射线自由电子激光装置、转化医学国家重大科技基础设施、上海光源线站工程(光源二期)、上海软 X 射线自由电子激光装置、活细胞机构与功能成像等线站工程、上海超强超短激光实验装置、国家海底科学观测网、高效低碳燃气轮机实验装置。

科学园区案例

北京怀柔综合性国家科学中心

2017 年 6 月,国家发展改革委、科技部联合批复《北京怀柔综合性国家科学中心建设方案》,同意建设北京怀柔综合性国家科学中心。作为北京建设全国科技创新中心的"三城一区"之一,北京怀柔科学城将致力于打造世界级原始创新承载区。根据规划,到 2030 年,一座具有全球影响力的综合性科学中心将在这里崛起。

怀柔科学城战略定位是：世界级原始创新承载区、综合性国家科学中心核心承载区、生态宜居创新示范区。

原始创新是怀柔科学城的显著特色和明显标志，主要围绕物质科学、空间科学、地球系统科学、生命科学和智能科学五大科学方向，建成一批国家重大科技基础设施和交叉研究平台；吸引一批科学家、科技领军人才、青年科技人才和创新创业团队；集聚一批高水平的科研院所、高等学校、创新型企业；开展一批基础研究、前沿交叉、战略高技术和颠覆性技术等科技创新活动；产出一批具有世界领先水平的科技成果，提高我国在基础前沿和交叉科学领域的原始创新能力和科技综合实力。

北京怀柔综合性国家中心 29 个科技项目包括 5 个重大科技基础设施、13 个交叉研究平台，以及 11 个科教基础设施。

5 个重大科技基础设施：地球系统数值模拟装置、高能同步辐射光源、模态跨尺度生物医学成像、综合极端条件实验装置、空间环境地基综合监测网。

13 个交叉研究平台：材料基因组研究平台、清洁能源材料测试诊断与研发平台、先进光源技术研发与测试平台、先进载运和测量技术综合实验平台、空间科学卫星系列及有效载荷研制测试保障平台、国际子午圈大科学计划总部、介科学与过程仿真平台、分子科学平台、激光加速创新中心、脑认知机理与脑机融合平台、空地一体环境感知与智能响应、轻元素量子材料平台、高能同步辐射光源平台。

科学园区案例

合肥综合性国家科学中心

2017 年 1 月，国家发展改革委和科技部联合批复了《合肥综合性国家科学中心建设方案》，标志着安徽在全国创新大格局中占据了重要地位，成为代表国家参与全球科技竞争与合作的重要力量。合肥综合性国家科学中心是国家创新体系的基础平台，将依托合肥地区大科学装置集群，聚焦信息、能源、健康、环境等四大领域，吸引、集聚、整合全国相关资源和优势力量,推进以科技创新为核心的全面创新,成为国家创新体系的基础平台、科学研究的制高点、经济发展的原动力、创新驱动发展先行区。

国家实验室包括量子信息科学国家实验室、国家同步辐射实验室(NSRL)、合肥微尺度物质科学国家实验室、磁约束核聚变国家实验室、类脑智能技术及应用国家工程实验室(NEL－BITA)、大气环境污染监测先进技术与装备国家工程实验室。

大科学装置有中国聚变工程实验堆(CFETR)、全超导托卡马克核聚变实验装置(EAST)、稳态强磁场实验装置(SHMFF)、合肥先进光源(HALS)、大气环境立体探测实验研究设施(AEOS)、强磁光综合实验装置。

中心与平台包括人工智能中心、天地一体化信息网络合肥中心、超导核聚变中心、联合微电子中心(UMEC)、智慧能源创新中心、国家大基因中心、离子医学中心。

粤港澳大湾区综合性国家科学中心

粤港澳大湾区综合性国家科学中心是全国第四个综合新国家科学中心,是泛珠三角地区科学发展的重要支撑。《国家"十四五"规划纲要》中提出要加强粤港澳产学研协同发展,推进综合性国家科学中心建设,目前粤港澳大湾区综合性国家科学中心先行启动区包括广州、深圳、东莞、江门等地区。

广州

南沙科学城是广州市和中国科学院共同谋划、共同建设的科创资源集聚高地,将建设成为粤港澳大湾区综合性国家科学中心主要承载区。

其中,明珠科学园是南沙科学城核心区域,计划面向深海、深地、深空,聚焦海洋、能源、空天、信息、生物等领域,集聚全球高端创新资源,建设世界级重大科技基础设施集群和一批前沿交叉研究平台。目前启动建设的重点项目包括中国科学院大学广州学院、中科院广州分院等 10 多家中科院系科研机构。

大科学装置：冷泉生态系统研究装置、智能化动态宽域高超声速风洞、极端海洋动态过程多尺度自主观测科考设施、人类细胞谱系大科学研究设施、航空轮胎动力学试验大科学装置、慧眼大科学研究设施、国家超级计算广州中心。

深圳

2020 年 11 月 22 日,中国科学院和深圳市政府签署合作协议,以深圳光明科学城、深港科技创新合作区深圳园区为载体,共同建设综合性国家科学中心先行启动区,明确以深圳为主阵地建设综合性国家科学中心。

已建成未来网络基础设施、深圳国家基因库、国家超级计算深圳中心。在建和规划空间环境地面模拟装置深圳拓展设施、空间引力波探测地面模拟装置、脑模拟与脑解析设施、合成生物研究设施、多模态跨尺度生物医学成像装置、材料基因组平台等。

东莞

东莞市突出打造松山湖科学城,全力参与大湾区综合性国家科学中心先行启动区建设。中国散裂中子源是中国首台、世界第四台脉冲型散裂中子源,填补了国内脉冲中子应用领域的空白,为我国材料科学技术、生命科学、资源环境、新能源等方面的基础研究和高新技术开发提供强有力的研究手段。

江门

中国科学院高能物理研究所牵头建设的江门中微子实验室位于广东江门市。该实验室的首要科学目标是利用反应堆中微子振荡确定中微子质量顺序,这对人类了解物质世界的基本规律和宇宙的起源与演化具有重要意义。目前有来自 17 个国家和地区、77 个机构的 600 多位科研人员共同参与该项目。

第9章 高分子材料科创服务平台

前面章节系统介绍了高分子材料创新生态的体系、层次和各类要素。实际上,高分子材料相关平台的建立是构建其生态系统的基础。高分子材料科创发展需要平台服务作为支撑,平台在科创生态中具有重要作用,它是连接资源的节点,且能够提供系统服务、整体解决方案、专业化服务等。高分子材料科创平台一般包括高分子科技研发平台、高分子科创服务平台、高分子材料检测技术平台等,也有多项功能结合的综合平台,覆盖科研、创新、产业化、质量管理等各个环节。后续章节依托前面章节中高分子材料科技、产业、创新生态的研究内容,结合当下平台发展实践情况,重点分析高分子材料科创服务平台和检测平台,从这两类平台的视角解读高分子材料科创发展中平台的作用和需要提供的服务,并通过以小见大的方式,让人们更加了解高分子材料相关平台的类型、功能及发展趋势。

9.1 科创服务平台的定义

科创服务平台连接科技研发与产业创新,它通过有效优化和整合参与创新链、产业链中各机构的科技基础条件、科研开发能力与产学研合作服务等,将科创生态体系中各层次的人才、机构、成果、金融、服务和政策等各项要素协同整合,引导其聚集、落实在合适的数字空间和实体空间中。成功的科创服务平台既能够发挥架构师的作用,围绕科创活动构建各要素有序有效参与的开放式网络化系统,又能组织科研和创新活动,并通过标准化流程对其进行动态管理,同时也不断拓展科创信息情报、人才、成果等各类核心要素数据库。

科创服务平台通常具有实用性、开放性、高效性特征。实用性表现在其能够结合项目管理的实际业务需求和用户实际情况,解决科研管理过程中存在的问题;开放性表现在科创服务平台能够通过开放的结构统筹各类资源,并向用户开放;高效性体现在平台需要动态地进行项目管理、数据更新、资源对接,实现科研管理的快速响应。

9.2 科创服务平台的类型

科技创新活动是全社会多方主体参与的活动,包括政府、高校、科研机构、企业等各类型机构,而不同的主体对于科技创新活动带来的效益和影响也不同。我国科技创新活动发展包括五个阶段。

第一阶段是 20 世纪 50—60 年代期间,中共中央提出了向科学进军的号召,制定了《1956—1967 年科学技术发展远景规划纲要》,这是我国第一个科技发展远景规划,提出了 12 个重点任务,包括无线电电子学中的新技术、原子能的和平利用、喷气技术、生产过程自动化和精密仪器等,还对数学、力学、天文学、物理学、化学、生物学、地质学、地理学等 8 个基础学科做出了系统的规划,填补我国在一些尖端科学领域里的空白。1961 年,我国发布了《关于自然科学研究机构当前工作的十四条意见(草案)》,这是第一个全面系统的科技政策文件。

第二阶段是 20 世纪 70—80 年代期间,1978 年 3 月,中共中央召开了全国科学大会,明确了科学技术是生产力,并在会上通过《1978—1985 年全国科学技术发展规划纲要(草案)》,开启了我国科学界发展的春天。1985 年启动了科技体制改革,转变科技工作运行机制,调整科学技术系统的组织机构,改革人员制度。1982 年设立了国家重点科技攻关计划,1984 年原国家计委启动了国家重点实验室建设计划,1986 年设立了星火计划、863 计划、火炬计划。

第三阶段是 20 世纪 90 年代和 21 世纪初期,我国大力实施科教兴国战略,1992 年党的十四大提出建立社会主义市场经济体制,要求科技政策围绕市场经济的发展进行调整,并在当年推进院所管理制度改革,鼓励各类科研机构转变为企业、进入企业、与企业结合,支持和扶持技术中介机构。1999 年,以调整结构布局和优化科技资源配置为主要内容,以原 10 个国家局所属的 242 家科研机构向企业化转制为突破口,我国科研院所体系进行了大幅度调整。1998 年、1999 年国家颁布了相关的税率法规进行配套改革。2002—2004 年,国家出台了金融政策、产业政策、成果转化政策等。

第四阶段是 21 世纪初—2010 年,我国重视提高自主创新能力,2006 年国家发布了《国家中长期科学和技术发展规划纲要(2006—2020 年)》,开启了我国科技发展战略向自主创新的重大转变和调整,对我国未来 15 年科学和技术发展做出了全面规划和部署。2012 年,中共中央、国务院召开了科技创新大会,发布了《关于深化科技体制改革加快国家创新体系建设的意见》,各部门出台了 200 多项改革政策文件。

第五阶段是 2010 年后至今,以创新驱动为重要国家战略,2016 年国家发布《国家创新驱动发展战略纲要》,提出了科技发展三步走的战略目标,即第一步到 2020 年进入创新型国家行列,第二步到 2030 年跻身创新型国家前列,第三步到 2050 年建成世界科技创新强国。

随着我国科技创新的发展,科创活动更加活跃,科创管理也日益形成体系,在发展期间,我国探索出了不同的发展模式,建立了不同类型的管理平台。根据主要依托单位和建设主体的不同,科创服务平台大致可分为政府主导型、大学主导型、科研院所主导型和企业主导型等,其体制形式具有事业单位、非营利组织机构以及企业等类型。

通常事业单位类型科创服务平台为政府主导型,如以沈阳市科技局为主体搭建的沈阳市科技创新管理平台,是沈阳市实施科技规划、计划、项目和政策管理职能的综合性、网络化、交互式业务工作平台,也是沈阳市统筹全市科技创新资源、激励和引导全市科创活动的重要载体。在沈阳市科技创新管理平台系统注册的各类创新主体达到 4 500 家以上,注册的各领域的有效科技评审专家达到 2 000 人以上,平台对沈阳市 2013 年以来科技计划立项的 3 000 多个项目实行平台在线统一管理。

非营利组织机构一般为学会、协会、委员会的形式,具有政府主导、大学主导、企业主导、协会主导等多种形式,偏重于对接科创资源、组织科创交流活动等。如广州市科技创新协会,是广州市科技类社会组织,接受广州市社会组织管理局、中国国际贸易促进委员会广州市委员会、广州市科学技术局和广州市科学技术协会的业务指导。此科创协会采用会员大会制度,设监事会和理事会,并具有产融结合创新服务、生物医药、创新产业园等多个专委会。

企业形式的科技创新管理平台一般由从事科创服务、具有科创投资背景的企业与科研机构、大学及政府合作成立科技创新管理平台,或由具备较强研发实力及科创投资的集团企业形成开放式科技创新管理平台。如上海民创投资管理有限公司,曾受托于上海市科委,托管上海科技项目管理中心,管理上海信息科技、光电子科技专项等四类政府科研项目,以企业的高效率、市场化的形式进行科技项目动态管理和科创资金投资,提高科创项目和资金的有效性。又如上海张江集团与 IBM 联合建设的我国首个 Waston Build 人工智能创新中心,在数字化创新平台、人工智能人才培育、人工智能企业赋能加速、人工智能生态共建等方面广泛布局。

9.3 高分子材料科创服务平台的功能和作用

科技创新活动是一个动态的过程,在科创活动进程中,通常会面临市场失灵、系统结构性失灵、系统改革的阻力等多方面的问题,如在市场失灵中,产出的不确定性和知识的公共物品属性导致的市场研发资金等投入不足问题,构建科创服务平台是减少科创活动风险和问题的重要途径。通常高分子材料科创服务平台的功能及作用主要集中在四个方面:组织科研、项目管理、对接资源、配套服务。

在组织科研方面,平台通过对接科创需求侧,了解高分子材料产业发展中的共性技术需求;对接高等院校、科研院所的关键技术和材料研究,定期制定中长期科研规划或科研计划,通过"揭榜挂帅"、内部立项、共同研究等方式组织科研活动。

在项目管理方面,对国家、省市级纵向研究项目、市场委托横向项目实行分类动态管理,实现从项目的申报、审批、立项、过程控制、项目验收一直到成果的科研项目全过程管理。一般结合科研计划,包换计划管理、项目立项管理、项目过程管理、项目验收管理、后评估管理、综合监控等内容。尤其是高分子材料科研市场应用端导向需求越来越多,其科研项目管理流程和评价指标需要考虑分类进行,市场需求端科研项目更加关注应用性和场景的系统解决方案。

在对接资源方面,平台主要进行三方面管理,一是在高分子材料领域广泛整合专利、成果、人才等各类资源,构建形成科技成果数据库、专家数据库、项目数据库、科研机构数据库、企业数据库等多个数据库,并不断对数据进行更新和管理。二是信息发布,将重点科研需求、科研成果信息、科研规划或计划、政策信息、科技工作报告、分析报告等信息以线上与线下结合的形式发布,线上定期更新、结构化管理,提供相关机构、人员阅知,实现科研供给端和技术需求端的信息有效对接。三是资源共享与对接促进,一方面平台能够组织部分使用率高的仪器设备等共享共用,另一方面通过举办科研学术论坛、技术交流论坛等,组织高校、科研院所、政府、企业等不同机构主体进行科创协同和交流,平台为供给、需求双方提供交流交易的场所,根据需求为客户对接合适的资源,提高科研效率。

在科创配套服务方面,平台聚集各类服务机构、人员,形成"一门式"公共服务窗口。前文已经论述过高分子科创发展需要知识产权管理、专利申报、人员培训、检测等多类专业型服务,其涉及的服务机构、服务人员、服务方式多元,包括专利代理机构、律师事务所、培训机构、检测实验室、咨询与市场调研机构等,需要平台发挥集聚和统筹的功能,为各类科研主体、人员与团队提供便捷和高效的服务,形成良好的科创软环境。

9.4　高分子材料相关的科创服务平台案例

9.4.1　国家层面

1. 国家新材料产业资源共享平台

国家新材料产业资源共享平台,是国家新材料产业发展领导小组总体部署建设的四大新材料公共服务平台之一。平台将以国家战略和新材料产业发展需求为导向,通过整合政府、行业、企业和社会资源,对接现有政务信息服务平台和商业化平台,利用互联网、大数据、人工智能、云计算等新一代信息技术,围绕基础材料、关键战略材料、前沿新材料等重点领域和产业链各关键环节,形成多方共建、公益为主、高效集成的新材料产业资源共享服务生态。平台的建设将会极大地提升我国新材料行业的管理水平和公共服务能力。

平台目前由新材料领域科研院所、企业、高校、互联网机构等 12 家单位组成的联合体承建。联合体由中国电子信息产业发展研究院牵头,成员单位为钢铁研究总院、中国科学院宁波材料技术与工程研究所、工业和信息化部电子第五研究所、冶金信息标准研究院、西北工业大学、北京金码头电子商务有限公司、中关村材料试验技术联盟、安泰环境工程技术有限公司、北京圣康汇金科技有限公司和北京赛迪时代信息产业股份有限公司。联合体单位在新材料产业领域积累了大量资源,具有很强的资源获取、整合、服务及系统开发与集成等方面的基础和能力。

平台设有专家委员会、监督委员会及总师团队,负责指导、监督与支撑平台建设与运维工作;设有领导小组,全面统筹工作安排;设有运维与服务团队,承担平台日常业务。平台成立新材料产业资源共享发展战略合作联盟,加强各方面资源的整合和共享服务。

围绕先进基础材料、关键战略材料和前沿新材料等重点领域和新材料产业链各关键环节,整合政府、行业、企业和社会资源,建设政务信息服务、行业知识服务、仪器设施共享、科技成果转化、供需对接服务、其他资源服务等系统模块,开展政务信息、产业信息、科技成果、技术装备、研发设计、生产制造、经营管理、采购销售、测试评价、质量认证、学术、标准、知识产权、金融、法律、人才等方面资源的共享服务。

2. 国家科技管理信息系统公共服务平台

2014年12月,国务院发布《关于深化中央财政科技计划(专项、基金等)管理改革方案》(国发〔2014〕64号),要求建设完善国家科技管理信息系统,通过统一的信息系统,对中央财政科技计划(专项、基金等)的需求征集、指南发布、项目申报、立项和预算安排、监督检查、验收结果等进行全过程信息管理,并主动向社会公开非涉密信息,接受社会监督。建设国家科技管理信息系统是加强我国科技资源统筹、提高科研管理水平、增强创新支撑能力的重要举措。

国家科技管理信息系统是多部门、多地区运行的综合性信息服务系统和信息技术应用体系。国家科技管理信息系统一方面与各部门、各地区相关科技业务管理信息系统衔接,保证各类科技管理业务的相互衔接和业务协同,实现业务信息、科研项目数据的互联互通;另一方面承载各类跨部门宏观决策、综合管理和各类专项业务中的统筹管理功能,保障跨部门、跨地区的综合管理业务,形成统一的科技数据资源目录,实现宏观科技管理、计划专项布局、专项组织实施、资金管理、评估评价、成果转化等环节的统一规范管理。

国家科技管理信息系统公共服务平台运行于互联网,承载各类面向专业机构、评估机构、评审专家、科研人员、社会公众的管理服务模块,主要包括项目管理、信息公开公示、项目申报以及有关资源服务模块。

国家科技管理信息系统公共服务平台由科学技术部信息中心建设运行并提供相关技术服务。

3. 全国技术转移公共服务平台

全国技术转移公共服务平台隶属于北京恒冠国际科技服务有限公司,是为贯彻落实《国务院关于加快科技服务业发展的若干意见》的深入实施,以技术转移、科技成果转化为主业的全国性技术成果转移转化服务平台,是科技部认定的国家技术转移示范机构,工信部认定的国家中小企业公共服务示范平台,具有公安部备案的海外高端人才引进资质,是商务部备案的 AAA 级信用企业,被北京市科委认定为"国际科技合作基地",全流程服务通过 ISO9001 国际质量管理体系认证。

平台通过对国家、部门、地方的技术转移相关资源进行优化整合和定向开发,使平台的线上服务水平、资源聚合能力、供需对接能力、专业服务能力、配套保障能力和协同创新能力都有了质的提升,服务覆盖技术转移、成果转化、技术评价、平台建设、人才引进、大数据开发、国际合作、技术融资、专业培训等科技创新领域。

平台已在北京、上海、广东、河南、湖北、山东、陕西、福建、新疆、西藏等省(区、市)合作建立了实体工作站或是服务机构,也在美国纽约、意大利那不勒斯等地开设了分公司,同时与德国、日本、韩国、芬兰、意大利、匈牙利等国家的科研机构合作,共同开展国际知识产权服务。

4. 全国标准信息公共服务平台

全国标准信息公共服务平台是国家标准委标准信息中心具体承担建设的公益类标准信息公共服务平台,服务对象是政府机构、国内企事业单位和社会公众,目标是成为国家标准、国际标准、国外标准、行业标准、地方标准、企业标准和团体标准等标准化信息资源统一入口,为用户提供"一站式"服务。平台于 2017 年 12 月 28 日正式上线试运行。

平台属于公益性资源服务平台,平台上的标准题录、公告及其制定修订过程信息都免费向社会公开,并且已经实现了国家标准的全文公开,随着平台建设的进一步发展,越来越多的行业标准和地方标准全文都能在平台上免费看到。

5. 全国认证认可信息公共服务平台

平台由中国国家认证认可监督管理委员会主办,主要提供全国认证机构、认证从业人员信息查询、认证许可信息等,于 2018 年 6 月正式上线使用。

全国认证认可信息公共服务平台在认证结果、从业机构、监督执法等方面为社会公众提供统一、权威、全面的信息数据查询服务。公众要查询一家企业及其产品或服务是否通过认证，并且想了解认证结果的详细信息，只需登录平台，输入企业名称或其统一社会信用代码，就可按强制性产品认证、自愿性产品认证等分别获得其认证结果列表以及每项认证结果的详细信息。

9.4.2 地方层面

1. 浙江省科创新材料研究院

研究院整合浙江大学高温合金研究所、桐庐经济开发区以及有关高端专家学者等多方资源。一方面，聚焦高温合金材料及相关设备等的研发，解决国家"卡脖子"关键技术难题；另一方面，培育、孵化一批科技含量高、市场需求大的高科技项目，吸引一批优秀青年学者落户桐庐经济开发区，加快推进地方产业的转型升级和相关产业的聚集发展，逐步构建以市场为导向，"产、学、研"深度融合的技术创新体系。

研究院的组织架构以院长为首，聘请专家委员会及顾问委员会，下设综合管理部、技术研发部、项目发展部、对外联络部。其中综合管理部主要负责制定研究院中、长期规划，统筹配置人、财、物等资源；负责办公室日常管理，维护研究院网站，配合对外联络部做好接待工作以及后勤保障等综合管理工作。技术研发部主要负责技术研发。项目发展部主要负责引进和孵化有关产业化项目。对外联络部主要负责与国内外研发机构、有关龙头企业以及地方政府的协调、联络。

研究院与浙江大学高温合金研究所、浙江大学电子显微镜中心签订了战略合作协议，采取市场经济管理模式，充分利用已有的高温合金设计、制备与性能测试平台及微观组织与性能测试与表征平台等研发平台资源，拥有包括材料设计、高纯冶炼、单晶制备、原位修复、力学和物理测试、显微结构表征、复杂环境下原位力学性能与显微结构表征分析等近百套设备、价值过亿元的专用设备，形成了高温合金高纯母合金冶炼、定向及单晶叶片和样品制备、力学性能测试、复杂环境下显微结构静动态分析"三位一体"的综合研发平台。

为进一步推进桐庐经济开发区新材料产业的集聚发展，研究院筹资150万元设立了"科创基金"。"科创基金"面向应用、面向国民经济发展、面向国家战略。为有效使用和严格管理基金，研究院制定了《浙江省科创新材料研究院"科创基金"管理办法》，编制了《浙江省科创新材料研究院"科创基金"2018年申请指南》。根据"科创基金"管理办法和申请指南,在全国高校、科研院所征集项目,经专家函审、候选项目答辩会评,遴选出 10 项培育项目(见表 9－1)。

表 9－1　浙江省科创新材料研究院 10 项培育项目

序号	项 目 名 称	负责人	单 位
1	3D 打印制备 Ti－6Al－4V 钛合金及性能相关性	曹高劭	浙江大学
2	钛酸钡纳米晶的室温连续制备、表征及性能研究	魏晓	浙江大学
3	纳米银修饰碳纳米管复合导电材料的研究	夏万顺	浙江大学
4	超高温氧化物共晶陶瓷激光 3D 打印成形技术	苏海军	西北工业大学
5	高比能碳基储能材料开发及机理研究	陶新永	浙江工业大学
6	高温合金涡轮盘铸件的细晶铸造技术研究	葛丙明	安徽应流集团霍山铸造有限公司
7	新型低活化抗辐照高熵合金设计与辐照损伤研究	靳柯	北京理工大学
8	第四代镍基单晶高温合金的设计和制备	赵新宝	浙江大学
9	微纳结构材料的电脉冲形变与损伤	王江伟	浙江大学
10	原位 SEM 高温蠕变仪器研制	张跃飞	浙江祺跃科技有限公司

根据项目任务书,研究院预期可获 10 余项发明专利,发表 20 余篇高水平论文,并在其中遴选 1~2 项具有产业化前景的项目转化落地。

研究院在引进高层次人才方面也做出了努力。研究院在桐庐县成功申报入选国家"千人计划"、浙江省"千人计划"等。实现桐庐国家"千人计划"成功自主申报零的突破。研究院成功引进国家"千人计划"人才张跃飞博士在桐庐县创业,该创业项目通过桐庐县人才项目评审获得 A 类项目资助,创办的浙江祺跃科技有限公司在桐庐县注册运营并纳税。研究院成功引进国家"千人计划"人才陈维博士在桐庐县创业,该创业项目通过桐庐县人才项目评审获得 A 类项目资助,创办的浙江鑫钰科技有限公司在桐庐县注册运营并纳税。

研究院在着力招引高层次人才的同时,面向国家重大战略需求,进一步深化科技体制改革,探索科技成果转化新途径,围绕"新材料技术研发＋应用需求",引进、孵化高科技项目,成功引进、孵化"石墨烯散热膜""导电银浆"以及

"原位高温拉伸测试系统"3 个项目在桐庐注册公司落地发展,创办了杭州量春科技有限公司、浙江鑫钰科技有限公司和浙江祺跃科技有限公司。"高效能超声切割止血系统"项目正在落地孵化中。

2. 企业型平台：深圳新材料在线

新材料在线是专注于新材料的"行业门户＋媒体＋智库＋创业服务平台＋科技服务平台",目前拥有近 23 万名国内外新材料行业用户,其中包括 3 万多家新材料企业以及超过 500 家知名创投公司。新材料在线致力于打造我国最有影响力的新材料行业第一门户、新材料研究咨询第一品牌、新材料创业第一服务平台及新材料创新解决方案专家顾问机构。

该网站于 2014 年成立,隶属于深圳市赛瑞产业研究有限公司,至今已经历过 3 次融资。第一次在 2014 年 7 月 10 日,属于天使轮,投资方为启赋资本和程铂瀚创投,交易金额达数百万人民币;第二次融资在 2018 年 1 月 19 日,属于 A 轮,投资方为科鑫资本和华强资本;2021 年 9 月 7 日进行了第三轮融资,此次融资轮次为 A＋轮,投资方为启赋资本、华强资本和程铂瀚创投。

目前有将近 50 人的专业团队和来自政府、行业、企业、投资的专家和资深人士组成的超过 300 人的专家团队,业务覆盖新材料行业 6 大领域、将近 400 种新材料行业。

9.5　高分子材料科创服务平台建设展望

当前我国科创服务平台以综合型为主,专注于某个领域的还较少。随着科技创新的深入发展,功能将更加细分,不同领域的专业化科创服务平台或在综合平台下专业领域的子平台将逐渐增加。高分子材料未来应用领域广阔,是众多战略性新兴产业的基础,因此,高分子材料专业化科创服务平台建设将大有可为。

高分子材料科创服务平台建设旨在促进高分子材料科研与产业对接,推动高分子材料相关创新创业,首先要厘清主体建设单位,明确平台组织架构,避免出现责任权属混乱不清,平台无人维护打理的情况;且需明确平台性质,是属于公益型平台还是经营型平台,以更好地形成适合平台的运行模式和机制。

其次,高分子材料科创服务平台的构建需要结合平台功能形成内部资源管理结构。前文提到，高分子材料科创的要素生态，包括人才、机构、成果、资金、服务、政策等六大要素，而六大要素中囊括的内容浩瀚如海，如无差别的整合资源，平台建设的投入和时间难以估量。因此平台的前期规划至关重要，需要对接当地高分子科创发展的方向、目标、产业发展需求等，形成靶向性的平台资源整合类型。

同时，以物联网为代表的第三次信息技术革命的爆发，数字化的渗透和发展不断提速，高分子材料科创服务平台的数字化、智慧化、信息化建设是主要的发展趋势。通过"物联网、大数据、云计算"相互支撑，驱动高分子材料科创管理新模式发展。一是数字化形成高分子科创服务平台的后台；收集高分子材料发展所需要的成果、人才等各类资源，搭建数据库，形成数据库支撑，且借助物联网的布局，搜集更加广泛的数据，如高分子材料研发过程中的性能数据、表征数据，高分子材料生产过程中的工艺数据等。二是智慧化是高分子材料科创服务平台的中台，智慧化可以体现为大数据分析能力，以数据库中源源不断的数据流为基础，搭建云计算中层，通过软件系统管理，满足科创管理主体多元化和应用需求个性化的需要，对科研活动进行高效的组织、判断、评价等，对科技资源进行更为精准和快速的查询和对接，实现各类高分子科创软、硬资源的共享和按需使用，降低各类科创活动中的成本。三是信息化是高分子科技创新平台的前台，其通过线上直接面向使用者，一方面通过数据可视化、信息公布、实时项目动态公布等让各类使用者获取信息和服务；另一方面，通过线上客户端管理项目，在进行项目管理的同时，收集各类机构、人员、项目数据信息。

第 10 章 高分子材料检测技术平台

在我国,高分子材料检测技术平台主要由各类不同的注册单位搭建,有些单位是在现有检测平台上加入高分子材料的检测,有些单位则是以高分子材料检测为主体搭建平台。拥有与高分子材料检测相关平台的单位主要可以分为:有限公司(包括股份有限公司)以及事业单位(或国有企业)。这些单位的检测平台不一定都具备国家认可及授权的 CMA/CNAS 资质,但在人机料法环方面有各自的质量管理章程。

10.1 高分子材料检测技术平台类型

10.1.1 有限公司

有限公司是我国企业实行公司制最重要的一种组织形式,根据《中华人民共和国公司登记管理条例》规定登记注册。其优点是设立程序比较简单,不必发布公告,也不必公布账目,尤其是公司的资产负债表一般不予公开,公司内部机构设置灵活。另外,我国《公司法》规定,有限公司若是设立股份,应当有 2 人以上 200 以下为发起人。需要注意的是,所有股份公司均须是负担有限责任的有限公司(但并非所有有限公司都是股份公司)。目前,拥有高分子材料检测能力平台的有限公司中,具有代表性的有限公司是微谱化工技术服务有限公司,英格尔检测技术服务有限公司,具有代表性的股份有限公司是谱尼测试集团等。

1. 非上市公司

微谱化工技术服务有限公司(以下简称微谱)是一家综合型检测机构,创立于 2008 年,总部位于上海,在广州、深圳、北京、青岛、济南、苏州、南京、杭州、宁波、成都、武汉和长沙等地设立有分(子)公司,拥有多个专业实验室和材料检测技术平台,具有高分子材料检测能力。微谱的实验室具备国家认可及授权的 CMA/CNAS 资质,被认定为国家中小企业公共服务示范平台、高新技术企业、院士专家工作站等。基于十多年的专业技术积累和遍布全国的服务网络,微谱每年出具近十万份技术报告,累计服务客户八万多家,其中包括众多世界五百强客户,高端技术水准和高质量技术服务深获客户好评。微谱服务行业包含新材料、化妆品及消毒产品、食品及农产品等与高分子材料息息相关的领域,为客户提供专业的分析、检测、测试、研究开发、法规咨询等技术服务。

2. 上市公司

谱尼测试集团股份有限公司(以下简称谱尼)创立于 2002 年,总部位于北京,现已发展成为拥有逾 6 000 名员工、近 30 个大型实验基地及近 100 家全资子(分)公司的大型综合性检测集团,服务网络遍布全国。谱尼具备对高分子材料领域中涉及的化妆品、玩具、儿童用品、学生文具、服装、香料、原料、皮革、箱包、鞋、纺织品、汽车零部件等的检测能力。其检测标准涵盖中国、日本、美国、欧洲等标准。

谱尼所打造的高分子材料检测技术平台涉足领域十分广泛,从日用品到航空航天产品,基本涵盖了低端到高端的大多数高分子材料。处理数据类型繁多是这类单位的优势,但如何挖掘海量的、不同种类的数据之间的规律,同样也是对平台能力的极大考验。

10.1.2 事业单位

事业单位,英文是 Public Institution,是指国家为了社会公益目的,由国家机关举办或者其他组织利用国有资产举办的,从事教育、科技、文化、卫生等活动的社会服务组织。事业单位接受政府领导,是表现形式为组织或机构的法人实体。事业单位一般是国家设置的带有一定公益性质的机构,但不属于政府机构,其工作人员与公务员是不同的。根据国家事业单位分类改革精神,事业单位不再分为全额拨款事业单位、差额拨款事业单位,而分为公益一类事业单位、公益二类事业单位,还新兴了利用国有资产举办的事业单位和社会资本举办事业单位,是公益三类事业单位(国家不拨款的事业单位)。

目前,拥有高分子材料检测能力平台的事业单位中,具有代表性的是各类"985""211"高校、上海高分子材料研究与开发中心、上海材料研究所、国家建筑材料测试中心等。其中,高等院校搭建的高分子材料相关检测平台大多属于公益一类事业单位,研究所、检测中心搭建的检测平台中有部分属于公益二类事业单位,有部分属于公益三类事业单位(国家不拨款的事业单位)。

1. 公益一类事业单位

综合性高等院校属于公益一类事业单位,其材料、化工方面的学院可搭建具有检测高分子材料能力的平台。通过搭建材料检测技术平台,高校能更好地进行教育、知识传播。例如,武汉理工大学早在 20 世纪便搭建了材料研究与测试平台,是教育部直属高校中首批利用世界银行贷款建设的测试平台之一,集教学、科研、检测服务于一体,是可出具 CMA 检测报告的综合性分析测试机构。经过近四十年的建设和发展,该测试平台为大学生、研究生学习和了解高分子材料提供了试验场所,成为培养相关人才的重要孵化基地之一。另外,作为华中地区大型科学仪器协作共用网主要成员之一,武汉理工大学还为兄弟院校及行业企业提供优质检测服务。该测试平台现有独立、集中的分析检测实验室 4000 多平方米,拥有一批高水平的专业技术队伍,现有员工 42 人,其中正高职称 16 人,具有博士学位 20 人。仪器设备总值逾 1 亿元人民币(截至 2020 年 12 月),其中价值超过 100 万元的仪器有 20 多台(套),包括:双球差校正透射电镜、高分辨透射电镜、X 射线光电子能谱仪、场发射扫描电镜、电子探针 X 射线显微分析仪、X 射线衍射仪、X 射线荧光光谱仪、红外/拉曼光谱仪、气相质谱仪等一批高端精密科学仪器。作为国家检验检验资质认定第三方检测机构,该平台于 1991 年首批通过国家计量认证,已连续六次通过了国家检验检测机构资质认定复查换证评审,实现了检测服务、质量控制、自主检测及实验室安全等信息化管理,制定了岗位职责、服务流程、仪器操作与维护、耗材、人员培训等规范化管理制度。[1]

2. 公益二类事业单位

上海材料研究所(SRIM)源于 1946 年成立的“材料性能试验室”,随着新中国工业的崛起和发展而得到同步壮大。至 20 世纪 90 年代,已成为机械工业工程材料技术的核心研发机构。20 世纪末,在深化科技体制改革的推动下,发展成为上海市新材料高科技企业、上海市工程材料技术骨干研发机构和公正、权威的第三方材料检测机构,属于公益二类事业单位。

---

① 资料来源:http://cmra.whut.edu.cn/zxgk/,数据更新至 2021 年 4 月。

上海材料研究所检测中心于 1994 年 12 月在上海材料研究所原有关性能测试研究室的基础上组建成立。它继承了上海材料研究所 60 年来在材料测试技术方面的经验和成就，在国内外同行中享有较高的信誉和影响力。1996 年 12 月，中心通过原国家技术监督局组织的计量认证，1997 年 6 月，通过上海市级科技成果检测鉴定检测机构认证，1999 年 11 月，通过原国家机械工业局质量检测机构认可，2001 年，通过中国实验室国家认可委员会的认可。2006 年 10 月，通过上海市质量技术监督局授权的上海市金属材料质量监督检验站的初次评审。同时也是中国机械工程学会理化检验分会、机械工业理化检验人员技术培训和资格鉴定委员会的秘书处单位。

目前，其搭建的平台主要从事材料性能检测（包括高分子材料的力学性能、物理性能、化学分析、材料性能等）、质量评定、仲裁试验、失效分析和安全评估、科技成果检测鉴定及理化检验人员的资格培训等技术服务工作。现有职工约 70 名，其中教授级高工 6 名，高级工程师 12 名，工程师 16 名，助工 13 名。平台测试设备齐全，现有经检定的主要仪器设备 50 多台，固定资产价值 2000 万元，其中包括原子吸收光谱仪、直读光谱仪、扫描电子显微镜、等离子发射光谱仪、碳硫分析仪、氮氢氧分析仪、电子万能试验机、动态冲击试验系统等，具备现场抽样和检测的能力，并率先实现运用实验室信息化管理系统（简称 LIMS）实施运作，大大提高了实验室管理和服务水平。该平台已成为美国通用电气、上海通用汽车、上海大众汽车等大公司的认可实验室，是上海市建设工程钢结构质量检测单位。近年来该中心为上海及国家的经济建设尤其是重大工程建设如三峡工程、秦山核电站项目、上海磁悬浮工程、"西气东输"项目等提供了优质的检测服务，为材料质量及工程进展提供了保证，受到广泛的好评。

3. 公益三类事业单位

上海高分子材料研究开发中心成立于 1999 年 7 月，主要任务是面向社会提供高分子材料领域的分析测试研究和检测等技术服务。中心作为上海市的公共研发服务平台，由专业技术人员为中小型科技企业提供高分子材料的质量评估、检测及试验等技术咨询服务。中心已取得了中国合格评定国家认可委员会（CNAS）实验室认可、中国计量认证（CMA）和中国船级社认证（CCS）等资质，可以为委托方出具科学、准确、公正、具有法律效力的检测数据。在实验室环境、仪器设备、检测流程等方面严格按照实验室标准规范进行管理。

目前中心搭建的高分子材料检测技术平台,拥有气相色谱-质谱联用仪、扫描电镜、能谱分析仪、元素分析仪、气相色谱仪、液相色谱仪、红外光谱仪、紫外可见分光光度仪、热分析仪、各类力学性能测试仪器等大小型仪器百余台(套);中心检测技术人员具有丰富的检测经验,同时还编辑出版了相应书籍;中心在上海市科技创业中心与松江九亭工业园拥有两个实验室。主要业务内容涵盖:各类高分子材料的样品(包括塑料、橡胶、纤维、涂料、催化剂、黏结剂、发泡剂等)的分析测试,包括相关检测样品的制作;对样品的未知组成物及结构进行剖析;为中小科技企业的研发提供配套服务,包括技术咨询、材料研发咨询、工艺制备咨询、整体解决方案的提供等;此外,检测平台在高分子材料(特别是新型材料)的应用领域(如汽车、造船、建材、纺织等)开展高分子材料的技术标准研究和分析测试方法研究。

10.2 传统高分子材料检测的功能与作用

10.2.1 高分子材料的结构表征

高分子聚合物因其分子结构不固定、分子链相互缠绕、分子量大且具有分散性等特点,结构鉴定有一定难度。材料的内部结构决定其宏观性能,只有通过对其组成结构进行精确表征,才能获知结构与性能的关系,探索高分子及其复合材料在聚合、修饰、复配、成型加工等各个阶段微观结构的变化及相关机理,才会有利于新产品的开发,尤其是通过过程控制,开发新的功能高分子材料。

高分子聚合物的结构分为微观结构和宏观结构。微观结构指的是高分子聚合物在微观尺度上的聚集状态,如晶态、液晶态、无序态,以及晶体尺寸、纳米尺度相分散的均匀程度等。高分子聚合物的微观结构状态决定了其宏观上的物理性质,并进而限定了其应用场合和范围。宏观结构是指在宏观或亚微观尺度上高分子聚合物表面或断面的形态以及所含微孔(缺陷)的分布状况。高分子材料的发展离不开分析测试技术的发展,宏观性能的测试已经不能满足对材料的认知。观察固体聚合物表面或断面以及内部的微相分离结构、微孔及缺陷的分布、晶体尺寸、形状及分布以及纳米尺度相分散的均匀程度等特点,将为我们改进聚合物的加工制备条件、共混组分的选择以及材料性能的优化提供数据。

1. 交联度的表征

高分子的交联程度用交联度表示,交联度通常被定义为相邻两个交联点的平均相对分子量。在支化的高分子中,支链之间没有化学键的结合。在理论上,其结构仍近似于线形高分子,如可以溶解和熔融。但当同一或不同高分子的侧链之间形成化学键连接后,高分子形成类似网络状的结构。网络的大小取决于高分子支链之间以化学键交联的数量。高分子可以通过交联形成超分子的独立网络。两个独立互穿的网络叫作互穿网络,非交联的高分子与交联的网络互穿称为半互穿网络。高分子交联后,分子的旋转和运动受到极大的限制,并由此提高高分子聚合物在宏观上的强度和刚度。此外,交联的高分子材料还拥有"记忆"效应。当含有足够高交联程度的聚合物受拉伸长时,交联的链段阻止链间的滑移,链段仅能伸直;但当外力去除后,链段回复至原位。硫化橡胶是高分子交联后性质变化并具有"记忆"效应的一个直观的例子。对于热固性聚合物体系,其固化反应进行的程度,固化交联后交联点间的聚合物链段的长度即交联密度等数据与材料设计中固化体系的选择、固化条件的选择及制备后热固性材料的使用性能密切相关。为了获得最佳性能的热固性高分子材料,选择最佳的热固性高分子材料的加工工艺,需要表征交联度和固化交联的反应程度。

交联度的表征方法有溶胀平衡法和动态扭振法。

溶胀平衡法:交联聚合物因其内部的网络在溶剂中不能溶解,但能产生一定程度的溶胀,溶胀程度取决于网络的交联程度。溶剂分子进入高分子聚合物交联而成的三维网络时,将引起三维分子网的伸展而使交联体系体积膨胀。交联网的伸展导致交联点间高分子链构象熵的降低,从而使交联网产生弹性收缩力,这种收缩力的大小取决于交联聚合物中两交联点间高分子链段的平均分子量值。当溶剂的溶胀力和交联链段的收缩力相平衡时,体系达到了溶胀平衡状态,测出这时的溶胀度,即可计算出聚合物交联点间的高分子链段的平均分子量。显然,溶胀度越大,表明该交联聚合物的交联程度越小,即交联密度越小。

动态扭振法:用动态扭振法对正在进行固化反应的树脂以一定速率施以小角度扭振,测定为维持这种扭振所必须施加的扭矩的变化,随着固化反应的进行,树脂的模量变大,施加的扭矩也随之增加,直至施加扭矩不再增加为止。随测试时间的增加而得出的扭矩的变化图可以被视为树脂的固化曲线图。动态扭振法适于测定热固性高分子聚合物的固化过程，并可以间接地评价热固性聚合物的交联度。

2. 支化度的表征

主链上取代基仅为氢原子或简单基团的高分子通常被称为线形高分子。当有侧链与主链结合时，侧链被称作高分子的支链，支链上的基团对于分子的旋转具有阻碍作用，支链的数量直接决定了高分子的某些性质和表现。高分子上支链的多寡用支化度表述。支化度的正式定义为单位体积中支化点的数目或支化点间的平均相对分量。但由于这两个数值的测定相当困难，实际应用中，支化度可以用支化高分子的平均分子尺寸或特性黏数与具有相同相对分子量的线形高分子的平均分子尺寸或特性黏数相比来确定。含支链的高分子明显具有非线形结构。同一高分子的主链上可以接枝若干个支链，并且可以拥有多种空间构型，如星型（多个侧链从一个中心点辐射出去）和树型（多个侧链与一个主链相结合，侧链上还可以接枝更多的侧链，从而形成树状结构）。线形高分子为二维结构，树型高分子拥有三维结构。近些年来，树型高分子以其分子结构特点和特殊的性能表现受到研究人员的格外关注，并在催化、生物、半导体、医药等领域得到了应用。

在近些年的高分子研究中，"树状高分子"及"超支化高分子"由于其分子中的端基官能团多，或其分子量大但熔体黏度小，而受到学术界的关注。这类高分子有一些特殊用处，研究这类高分子的应用，首先要解决这类分子支化度的表征问题。

支化度的表征方法有红外光谱法和裂解气相色谱-质谱法。

3. 高分子聚合物取向的表征

在外力条件下，相当数量的高分子链段会平行指向同一方向，由此形成的高分子聚集态结构被称作取向态结构。高分子链段平行地向同一方向排列的现象叫作高分子聚合物的取向。由于高分子聚合物取向后多数分子链段指向同一个方向，在这一方向上，高分子聚合物的宏观性能显然与其他方向存在差异，材料呈各向异性。在力学性能上，取向方向的强度、刚度会明显提高，而与之垂直的方向的强度和刚度则可能会降低。在光学性能上，高分子聚合物的取向导致双折射现象的出现。热性能上，热膨胀系数在取向和非取向方向上不同。

取向度的测定方法有广角 X 射线衍射法（WAXS）、双折射法（主要用于纤维的取向性表征)、声波传播法和红外二向色性法。

双折射法：用偏光显微镜观测浸于油中的纤维，其中"浸油"是已知折光指数的油剂。变换不同折光指数的油剂浸泡纤维并置于偏光显微镜上进行观测，直至偏光显微镜目镜中不再出现纤维和浸油界面因折射率不同而出现的黑线带(贝克线)为止。此时，浸油的折光指数就是纤维在某一个方向的折光指数，旋转载物台 90 度，用同样的方法测定纤维垂直于前一方向的折光指数。纤维在两个相互垂直方向折光指数之差可以被用来定性表征该纤维的取向度。需要指出的是，由双折射法确定的取向度是被观测段内聚合物的取向，用其代表整个纤维中高分子链的取向时需要小心。

声波传播法：声波沿分子链方向的传播是通过分子内键合原子的振动完成的，速度较快。在垂直于分子链的方向上，声波的传播要靠非键合原子间的振动，速度较慢。声波在未取向高分子聚合物中的传播速度(v_1)与其在小分子液体中的传播差不多，约为 $1\sim2$ km/s。在取向高分子聚合物的取向方向上，声波的传播速度(v_0)则可以达到 $5\sim10$ km/s。高分子聚合物的取向度(F)可表示为：

$$F = 1 - \left(\frac{v_1}{v_0}\right)^2$$

红外二向色性法：红外光偏振光通过被测试样时，样品中某基团的吸光强度与振动偶极矩 M 的变化方向有关。电矢量方向与偶极矩变化方向平行时红外吸收最大，而当这两个方向垂直时则不产生吸收。这种现象被叫作红外二向色性。未取向高分子聚合物 M 的变化方向呈均匀性分布，而取向高分子聚合物的 M 也发生取向，因此，高分子聚合物的取向度可以用红外二向色性来表征。二向色性之比(I)与取向度(F)的关系为：

$$I = \frac{F\cos^2\alpha + \frac{1}{3}(1-F)}{\frac{1}{2}F\sin^2\alpha + \frac{1}{3}(1-F)}$$

其中，α 为基团振动时跃迁偶极矩与分子链方向的夹角。完全取向时，$F=1$；二向色性最大；随机取向时，$F=0$，二向色性消失。此外，二向色性仅与高分子的性质有关，与所处的凝聚态无关。因此它既可以用来研究晶态高分子聚合物的取向，又可以用来研究非晶态高分子聚合物的取向。根据所选择的红外光谱谱带的不同,可以分别确定晶区和非晶区的取向,也可以确定整个材料的平均取向,根据振动谱带是侧基还是主链的基团,可以区分主链和侧基的取向。红外二向色性法可以获得广泛的取向参数。

4. 高分子构象的表征

高分子的远程结构在微观分子级空间上的表象被称为构象,即两个原子或基团由一个单键连接,原子或基团可以依此单键旋转,由此在空间产生的多种排列形式称作"构象"。在大分子科学中,这样的构象叫作微构象或局部构象。需要指出的是原子或基团的旋转不会改变高分子的构象而仅仅改变原子或基团在空间的位置。

与原子在分子中振动情况相同,不同构象间存在着能级的差异。低能量微构象和高能级构象之间的势能之差叫作构象能。因此构象能即使一种构象转变成另一种构象所需要的能量,即活化能,又称旋转势垒。在晶体中,分子在晶格中紧密地堆积,单键难以自由旋转。当高分子聚合物熔融或溶解时,高温提供的热能克服了旋转壁垒,或者溶剂的分离作用提高了高分子链的活动性,整个分子链不再受迫采取规整的周期性微构象序列,微构象的周期序列不断被个别的错构象所打乱,最后形成无规线团状态。

高分子构象被改变的性质被称为高分子的柔顺性。高分子的柔顺性受高分子的主链结构,取代基的极性、数量、大小和排布间距,分子链的长短,分子间的作用力以及支化与交联的程度等因素影响。高分子的柔顺性表现了高分子链的卷曲程度。对于无规线团状高分子链可以用均方末端距或均方旋转半径定量描述其柔顺性。末端距是一个线性分子链的两个末端基团之间的空间距离。由于分子链上单键的旋转,同一高分子链两个末端距离在不断地变化。因此在实际分析工作中用数理统计的方法得出的末端距被称为均方末端距。对于线性高分子链,末端距具有明确的意义。当高分子链上含一个或多个侧链时,同一分子内拥有多个端点,这时均方末端距就失去了其应有的意义。对于支化的高分子,采用从分子重心到各质点(基团)向量平方的质量平均值——均方旋转半径来表述分子的柔顺性。

高分子构象和柔顺的分析方法有电子显微镜法、凝胶色谱法、数学模拟法、激光光散射法和原子力显微镜法。

其中数学模拟是利用热动力学、分子动力学、概率与数理统计方法建立高分子结构模型,通过计算得到高分子的构象、旋转势垒、均方末端距或均方旋转半径。

5. 高分子构型的表征

高分子的构型是指通过化学键固定的原子在分子中的空间位置排列情况,这种排列具有稳定性,改变构型必须经过化学键的破坏和重组。同样数目的原子以不同的排列方式组成的分子叫作同分异构体,同分异构体分为两种:一种称为构造异构体,即同样单元体由不同键接顺序方式生成的高分子;另一种被称为立体同分异构体(简称立体异构体),是具有相同原子序列但原子空间排列不同的高分子。

高分子构型的确定方法有 X 射线衍射法、电子衍射法、红外光谱法和核磁共振法。

6. 高分子结晶性的表征

结晶态是高分子凝聚态的主要形态之一,包含固体聚合物的结晶度、晶体形态、结晶过程以及结晶原理等内容,是高分子凝聚态物理研究的核心内容之一。而这些学术问题的有关数据又往往和聚合物作为材料使用时的性能密切相关,如力学性能、热性能、光学性能和溶解性等。同样在聚合物成型加工过程中如何控制加工条件,使成型后的聚合物材料中形成有利于材料性能的结晶形态,也是聚合物加工技术的研究方向。因此聚合物形态的表征是高分子物理研究和高分子成型加工研究中的重要手段。

高分子结晶度的表征方法有广角 X 射线衍射(WAXS)、密度测量法和量热法。

密度测量法:在密度梯度管中配制自上而下密度连续变化的密度梯度液体,并用标准密度的玻璃小球标定密度梯度管不同位置高度的密度值,将待测聚合物样品投入标定后的密度梯度管中,测出聚合物样品的密度,其倒数为聚合物样品的比容 V_0。再用 X 射线衍射测得的该聚合物的晶胞参数,计算得到该聚合物"纯晶体"的比容 V_P。由膨胀计法测定不同温度下该聚合物熔体的密度,外推到聚合物样品测密度时温度下该聚合物非晶区的比容 V_F,按下式计算结晶度 W:

$$W = \frac{V_F - V_0}{V_F - V_P} \times 100\%$$

注:有时聚合物的 V_P 和 V_F 值可从专业手册中查到。

量热法：用差示扫描量热仪（DSC），测定聚合物样品的熔融热焓（熔融峰的面积）ΔH_m，从手册中查找该聚合物 100% 结晶时的熔融热焓值 ΔH_0，按下式计算结晶度 W：

$$W = \frac{\Delta H_m}{\Delta H_0} \times 100\%$$

ΔH_0 也可采用下述方法求得，即用其他方法如广角 X 光衍射法（WAXD）、密度法等，已测得结晶度的该类聚合物的不同样品，分别用 DSC 法测不同样品的熔融热焓，以测得的熔融焓 ΔH_m 值对结晶度作图，外推到 100% 结晶度时的熔融热焓值即 ΔH_0。

此外，用差示扫描量热法研究聚合物结晶速率和结晶动力学有两种方法，即等温法和非等温法。等温法是将样品在 DSC 中加热到其熔点以上，稍恒温后迅速降至样品的结晶温度，维持等温，记录的 DSC 热谱图上开始出现结晶放热峰曲线，实验后 DSC 将给出不同结晶时间完成的结晶数量份数。经数据处理，可得到相应结晶温度时的结晶速度常数、结晶活化能和频率因子。非等温法给出的结晶数据更具实际意义，但数据处理相对较为复杂。

结晶过程、结晶形态、晶体尺寸及晶胞参数的表征方法有偏光显微镜（PLM）法、共振模式原子力显微镜（TM－AFM）法、高分辨透射电镜法、小角 X 射线散射（SAXS）法、小角激光光散射技术（SALS）和高分辨透射电镜电子衍射结构分析法。

偏光显微镜（PLM）法：用偏光显微镜观测聚合物的结晶过程，将聚合物样品熔融压成薄片，放置于配有热台的偏光显微镜下，在一定温度下恒温观察样品的结晶过程。目镜视野将由暗场，逐渐出现小亮点，小亮点逐渐长大，这是聚合物由出现晶核到晶体增长的过程。用目镜数尺记录不同时间聚合物晶体的尺寸变化，可定性求出晶体的生长速度。

10.2.2　高分子材料形貌检测技术

同种高分子聚合物中的凝聚状态随外部因素的不同而不同，所谓外部因素，包括制备条件（合成条件），受外力情况如剪切力、振动剪切、力的大小和频率等，温度变化的历程等情况。而固体聚合物凝聚态结构的差异，更直接影响到聚合物作为材料使用时的性能。因此观察固体聚合物表面、断面及内部的微相分离结构,微孔及缺陷的分布,晶体尺寸、性状及分布,以及纳米尺度相分散的均匀程度等形貌特点,将为我们改进聚合物的加工制备条件、选择共混组分、优化材料性能提供数据。

扫描电镜法(SEM):用扫描电镜,通过扫描表面观察聚合物表面或断面的方法,来表征聚合物表面及内部的形貌。对导电性样品,可用导电胶将其粘在铜或铝的样品座上,对绝缘性样品须对其表面喷镀导电层(金、银或炭)。用SEM可以观察聚合物表面形态、聚合物多相及填充体系表面的相分离尺寸及相分离图案形状、聚合物断面的断裂特征、纳米材料断面中纳米尺度分散相的尺寸及均匀程度等有关信息。可为判断是否真正纳米材料提供依据。

透射电镜(TEM):用透射电镜,通过电子透射聚合物样品,来表征聚合物内部结构的形貌。将待测聚合物粉末样品分别用悬浮液法、喷物法、超声波分散法等均匀分散到样品支撑膜表面;或使聚合物溶于溶剂中,滴到平滑表面制膜;或用超薄切片机切成 50 nm 薄的试样等方法制样。用 TEM 可观察聚合物样品的晶体结构、晶体形状、结晶相的分布,高分辨 TEM 还可观察聚合物结晶的晶体结构、晶体缺陷等。

原子力显微镜(AFM):用原子力显微镜表征聚合物表面的形貌。原子力显微镜使用微小探针来扫描被测聚合物的表面,当探针尖接近样品时,样品分子和探针尖端将产生范德华力。因高分子种类和结构的不同,产生范德华力的大小也不同。记录范德华力变化的情况,从而"观察"到聚合物表面的形貌。由于原子力显微镜探针对聚合物表面的扫描是三维扫描,因此原子力显微镜形成的图像是聚合物表面的三维形貌。用原子力显微镜可以观察聚合物表面的形貌、高分子链的构象、高分子链堆砌的有序情况和取向情况、纳米结构中相分离尺寸的大小和均匀程度、晶体结构和形状、结晶形成过程等信息。

扫描隧道显微镜(STM):用扫描隧道显微镜表征导电高聚物表面的形貌。同原子力显微镜类似,扫描隧道显微镜也是利用微小探针对被测导电聚合物的表面进行扫描,当探针和导电聚合物的分子接近时,在外电场作用下,将在导电聚合物和探针之间,产生微弱的"隧道电流"。因此测量"隧道电流"的发生点在聚合物表面的分布情况,可以"观察"到导电聚合物表面的形貌信息。这些信息包括聚合物表面的形貌,高分子链的构象,高分子链堆砌的有序情况和取向情况,纳米结构中相分离尺寸的大小和均匀程度,晶体结构、形状等。但和原子力显微镜相比,扫描隧道显微镜只能用于导电性的聚合物表面的观察。

10.2.3 高分子材料定性定量检测技术

高分子的链结构和序列结构分析。在高分子合成中,有时需要了解所合成的新高分子化合物的链结构或共聚物的链结构和序列结构,以此来判断新产物是否是所要合成的目的物。或根据新产物的链结构、分子链的序列结构数据来进行化学反应的聚合机理、聚合历程、催化机理研究以及对催化剂进行筛选等工作。

同样,高分子的链结构和共聚高分子的链结构、序列结构将直接影响其作为高分子材料使用时所具有的各种性能,如力学性能、介电性能和热性能等,也会直接对成型加工条件的选择产生影响。因此,为了探讨高分子聚合物作为材料使用时的性能、功能潜力,需要了解高分子的链结构及序列结构信息。主要有以下方法。

1. 核磁共振方法(NMR)

在核磁共振技术中,^1H 和 ^{13}C 产生的化学位移与 H 原子、C 原子所处的环境有关,其周围原子种类的不同、数目的不同、其所处位置的结晶状态不同等结构因素的差异,均会反映到 ^1H 原子、^{13}C 原子在核磁共振谱中化学位移的变化中,由此可定性表征出高分子链结构的基本构成。再根据不同化学位移 ^1H 或 ^{13}C 信号的强弱,求出不同结构在高分子链中所占的比率,由此确定被测高分子的链结构信息。对共聚物则应结合共聚反应机理,推出因聚合方式不同而可能形成的各种序列结构,并根据被测聚合物的核磁谱图,找出不同序列结构出现在谱图上的化学位移位置及其信号的相对强度,因此计算出各种序列结构在高分子链中的含量比率。

2. 裂解色谱-质谱法(PGC-MS)

本方法是将被测聚合物放在严格控制环境条件的裂解器中加热,使聚合物迅速分解成可挥发的小分子化合物,之后进入气相色谱柱进行分离,再进入质谱仪对各种生成的小分子化合物进行质谱鉴定,从而根据这些小分子生成物来推断原被测聚合物的链结构及共聚物的序列结构。由裂解色谱-质谱法得到的高分子链结构信息和共聚物序列结构信息,虽然在"定量"程度上不如核磁共振技术,但对交联高分子体系和难溶解高分子化合物的链结构研究显得更有优势。

3. 红外光谱技术(FTIR)

当一定频率的红外光通过分子时,其能量就会被分子中具有相同振动频率的化学键所吸收,如果分子中没有与入射光振动频率相同的化学键,则该频率的红外光就不会被吸收。而分子中化学键的振动频率是受该化学键周围原子的构成、空间位置等因素影响的。因此根据高聚物对连续红外光(波长为 $0.7 \sim 1\,000\,\mu m$)产生吸收的谱图,可以分析出高分子所含的化学基团及其吸收峰位移的情况,从而判断高分子的化学结构、高分子的链结构。另外,根据高分子红外吸收光谱图中反映的某种链结构吸收峰信号的强弱,结合合成中反应机理的推测,可以做出共聚高分子序列结构的简单半定量推测。

4. 不同序列结构高分子分级法

采用梯度淋洗柱设备,可将聚合物中不同序列结构的高分子化合物分离出来,对共聚物,可将具有不同长度共聚链段的高分子化合物分离出来。对这些被分离出的高分子可以通过连机的红外光谱仪分别进行结构鉴定,这样的仪器称为"分析型梯度淋洗设备",也可进行不同序列结构高分子化合物的收集制备,这样的仪器称为"制备型梯度淋洗设备"。

5. 其他方法

其他一些方法可以表征高分子的化学结构,也能给出一些必要的分子结构信息。如紫外吸收光谱(UV)可以表征高分子内是否存在芳环、共轭双键、π 键等基团;拉曼光谱(RAM)可以表征高分子内非极性基团(如 c-c,s-s)的存在及变化情况;荧光光谱(FS)可以表征高分子内存在的基团间的相互缔合情况及高分子体系内的能量迁移情况,因而对高分子链运动及光、电、磁性能提供重要的信息;光电子能谱(XPS)可以表征高聚物固体表面原子的构成及价态的变化,因而对含金属元素高分子化合物的结构分析更为重要。

高聚物的分子量及分子量分布是研究聚合物及高分子材料性能的最基本数据之一。它涉及高分子材料及其制品的力学性能、高聚物的流变性质、聚合物加工性能和加工条件的选择,也是在高分子化学、高分子物理领域对具体聚合反应、具体聚合物的结构进行研究所需的基本数据之一。

高分子聚合物是具有不同分子量的高分子同系物的混合物。这些同系物分子量的平均值叫作高分子的平均分子量。高分子的平均分子量及分子量在聚合物内的分布情况对聚合物的加工性能如流变情况和加工条件等,以及聚合物的宏观力学性有着直接或间接的影响。为了优化聚合物的加工、力学响应以及其他的宏观材料性能，需要对聚合物中的分子量分布加以设计和控制。而达到此目的的前提是定量了解高分子聚合物的分子量及其分布。

黏度法测相对分子量（黏均相对分子量 M_η）。用乌式黏度计测出高分子稀释溶液的特性黏度 η 值，根据 Mark-Houwink 公式：

$$\eta = k \times M_\eta^\alpha$$

从文献或有关手册查出 k、α 值，计算出高分子的分子量 M。其中 k、α 值因所用溶剂的不同及实验温度的不同而具有不同数值。

小角激光光散射法测重均分子量（$\overline{M_w}$）。当入射光电磁波通过介质时，使介质中的小粒子（如高分子）中的电子产生强迫振动，从而产生二次波源向各方向发射与振荡电场（入射光电磁波）同样频率的散射光波。这种散射波的强弱和小粒子（高分子）中的偶极子数量相关，即和该高分子的质量或相对分子质量有关。根据上述原理，使用激光光散射仪对高分子稀溶液测定和入射光呈小角度（2～7℃）时的散射光强度，从而计算出稀溶液中高分子的绝对重均分子量（$\overline{M_w}$）。采用动态光散射的测定可以测定粒子（高分子）的流体力学半径的分布，进而计算得到高分子分子量的分布曲线。

体积排除色谱法（SES），也称凝胶渗透色谱法（GPC）。当高分子溶液通过填充有特种多孔性填料的柱子时，溶液中高分子因其分子量的不同，而呈现不同大小的流体力学体积。柱子的填充料表面和内部存在着各种大小不同的孔洞和通道，当被检测的高分子溶液随着淋洗液引入柱子后，高分子溶质即向填料内部孔洞渗透，渗透的程度和高分子体积的大小有关。大于填料孔洞直径的高分子只能穿行于填料的颗粒之间，因此将首先被淋洗液带出柱子，而其他分子体积小于填料孔洞的高分子，则可以在填料孔洞内滞留，分子体积越小，则在填料内可滞留的孔洞越多，因此被淋洗出来的时间越长。按此原理，用相关凝胶渗透色谱仪，可以得到聚合物中分子量分布曲线。配合不同组分高分子的质谱分析，可得到不同组分高分子的绝对分子量。用已知分子量的高分子对上述分子量分布曲线进行分子量标定，可得到各组分的相对分子量。由于不同高分子在溶剂中的溶解温度不同，有时需在较高温度下才能制成高分子溶液，这时 GPC 柱子需在较高温度下工作。

质谱法。质谱法是精确测定物质分子量的一种方法，质谱测定的分子量给出的是分子质量对电荷数之比，即质荷比，过去的质谱难于测定高分子的分子量,但近 20 年来,由于离子化技术的发展,使得质谱可用于测定分子量高达百万的高分子化合物。这些新的离子化技术包括场解吸技术(FD)、快离子或原子轰击技术(FIB 或 FAB)、基质辅助激光解吸技术(MALDI‐TOFMS)和电喷雾离子化技术(ESI‐MS)。由激光解吸电离技术和离子化飞行时间质谱相结合而构成的仪器称为"基质辅助激光解吸‐离子化飞行时间质谱"(MALDI‐TOFMS 激光质谱)可测量分子量分布比较窄的高分子的重均分子量($\overline{M}_w$)。由电喷雾电离技术和离子阱质谱相结合而构成的仪器称为"电喷雾离子阱质谱"(ESI‐ITMS 电喷雾质谱),可测量高分子的重均分子量($\overline{M}_w$)。

测定高分子分子量的其他方法还有:端基测定法、沸点升高法、冰点降低法、膜渗透压法、蒸汽压渗透法、小角 X 光散射法、小角中子散射法和超速离心沉降法等。

有时为了仔细研究聚合物中分子量对加工性能、材料性能的影响情况,寻找聚合物材料中分子量分布的最佳配比,需要对合成的聚合物做分子量的分级研究。所谓分子量分级,就是把聚合物中分子量相同或相近的部分高分子从混合物中分离出来,这一过程称为高分子的分子量分级。有时为了得到分子量分布极窄的聚合物样品,也需用分级方法来制备。

高分子的分子量分级方法主要有逐步沉淀分级法和梯度淋洗柱分级法。

高分子在溶剂中溶解的原理是利用溶剂分子抵消高分子链间的分子相互作用力,把单个高分子链从高分子的凝聚状态中拆成自由高分子链,使其自由分散在溶剂中。单个高分子链分子间相互作用力的大小与该高分子的分子量有关,与高分子的键结构有关,也与反映高分子运动状态的温度有关。根据上述因素,建立了不同的分子量分级方法。

逐步沉淀分级法。将聚合物用良溶剂做成溶液(约 1%),之后逐步改变溶液条件,逐步降温或逐步加入沉淀剂(不良溶剂),由于分子量大的高分子分子间凝聚力大,因此将首先从溶液中沉淀出来,逐步变化溶液条件,从而达到不同分子量高分子分级的目的。

梯度淋洗柱分级法。采用专用的梯度淋洗柱设备,将待分级高聚物均匀分布在载体上置于淋洗柱上端,从柱顶端加入连续改变组成,能在柱中形成浓度梯度的混合溶剂,淋洗高聚物。用时淋洗柱外有一个具有温度梯度的保温夹套。在柱中溶剂对高聚物的溶解能力自上而下呈由强到弱的梯度变化。经过反复的溶解和沉淀,达到不同分子量高分子分级的目的。

10.2.4 高分子材料力学性能分析

聚合物的力学性能是高分子聚合物在作为高分子材料使用时所要考虑的最主要性能。它涉及高分子新材料的材料设计、产品设计以及高分子新材料的使用条件。因此了解聚合物的力学性能数据，是掌握高分子材料的必要前提。

聚合物力学性能数据主要是模量、强度、极限形变及疲劳性能（包括疲劳极限和疲劳寿命）。由于高分子材料在应用中的受力方式不同，聚合物的力学性能表征又按不同受力方式定出了拉伸、压缩、弯曲、剪切、冲击、硬度、摩擦损耗等不同受力方式下的表征方法及相应的各种模量、强度、形变等可以代表聚合物受力不同的各种数据。由于高分子材料类型的不同，实际应用及受力情况有很大的差别，因此对不同类型的高分子材料，又有各自的特殊表征方法。

1. 拉伸性能的表征

用万能材料试验机，换上拉伸实验的样品夹具，在恒定的温度、湿度和拉伸速度下，对按一定标准制备的聚合物试样进行拉伸，直至试样被拉断。仪器可自动记录被测样品在不同拉伸时间样品的形变值和对应此形变值样品所受到的拉力值，同时自动画出应力-应变曲线。根据应力-应变曲线，我们可找出样品的屈服点及相应的屈服应力值，断裂点及相应的断裂应力值，样品的断裂伸长值。将屈服应力、断裂应力分别除以样品断裂处在初制样时的样品截面积，即可分别求出该聚合物的屈服强度和拉伸强度。样品断裂伸长值除以样品原长度，即聚合物的断裂伸长率。在应力-应变曲线中，对应小形变的曲线中（即曲线中直线部分）的斜率，即聚合物的拉伸模量。聚合物试样拉伸断裂时，试样断面单维尺寸（厚或宽的尺寸）的变化值除以试样的断裂伸长率，即聚合物样品的"泊松比"。

2. 压缩性能、弯曲性能、剪切性能的表征

用万能材料试验机，分别用压缩试验、弯曲试验或剪切试验的样品夹具，在恒定的温度、湿度及应变速度下进行不同方式的力学试验。并根据不同的计算公式，求出聚合物的压缩模量、压缩强度、弯曲模量、弯曲强度、剪切模量、剪切强度等数据。

3. 冲击性能的表征

采用摆锤式冲击试验机，按一定标准制备样品，在恒定温度、湿度下，用摆

锤迅速冲击被测试样,根据摆锤的质量和刚好使试样产生裂痕或破坏时的临界下落高度及被测样品的截面积,按一定公式计算聚合物试样的冲击强度或冲击韧性单位为 $J \cdot cm^{-2}$。

4. 聚合物单分子链的力学性能

用原子力显微镜(AFM)将聚合物样品配成稀溶液,铺展在干净玻璃片上,除去溶剂后得到一吸附在玻璃片上的聚合物薄膜。用原子力显微镜针尖接触、扫描样品膜,由于针间与样品中高分子的相互作用,高分子链将被拉起,记录单个高分子链被拉伸时拉力的变化,直至拉力突然降至为零。可得到若干高分子链被拉伸时的拉伸力和拉伸长度曲线,由此曲线可估算单个高分子链的长度和单个高分子从凝聚态中被拉出时的抗张强度。

10.2.5　高分子材料热性能分析

在高分子材料的使用过程中,有时需要了解高分子材料的热性能数据,比如热容、热导率、热分解情况等数据,以作为高分子材料应用的设计数据。

1. 用差示扫描量热仪(DSC)测聚合物的热容

在 DSC 中保持升温速度不变时,DSC 谱图中基线的偏移量只与试样和参比物的热容差有关,因此可用基线偏移量来测定聚合物的热容。例如,选已知热容的样品(标样)为基准,按一定升温程序分别测定标样、聚合物样品及空坩埚的 DSC 谱图。由聚合物样品和标样的 DSC 谱图分别与坩埚基线热流率之差之比乘以相应质量之比,按下式求出聚合物样品的热容:

$$C_{px} = \frac{h}{H} \times \frac{m_s}{m_x} \times C_{ps}$$

其中 C_{px} 为聚合物样品的热容,C_{ps} 为标样的热容,h 为聚合物样品与坩埚的 DSC 基线热流率之差,H 为标样与坩埚的 DSC 基线热流率之差,m_s 为标样的质量,m_x 为聚合物的质量。

2. 用差示扫描量热仪测聚合物的热导率

在 DSC 仪中,在测温热敏电阻和标准样品容器之间放置被测聚合物样品,形成一维的热流回路。测定标准样品的受热熔融曲线,然后再用相同的升温速度测定放置被测聚合物样品时标准样品的受热熔融曲线,按下式计算聚合物样品的热导率:

$$\lambda = \frac{h}{A \times \gamma \times \left(\dfrac{1}{P} - \dfrac{1}{Q}\right)}$$

式中,λ 为聚合物样品的导热率,h 为聚合物样品的厚度,A 是聚合物样品与热导盘接触的面积,γ 为升温速率,P 为聚合物样品存在时,标准样品的 DSC 谱图的斜率,Q 为无聚合物样品时,标准样品的 DSC 谱图的斜率。

3. 用热重分析仪(TGA)测定聚合物的热失重曲线及聚合物的使用温度

在热重分析仪中,对聚合物样品,在程序控制温度情况下,测量聚合物样品的质量随温度或时间的变化曲线。TGA 仪器由天平、炉子、温度控制仪及检测、记录部分组成。热重分析仪可给出样品在温度变化下的热失重曲线(TG),这是积分型曲线,同时也可给出热失重对温度(或时间)的质量变化率曲线(DTG),这是微分型曲线。根据热失重曲线,可以判断被测聚合物样品作为高分子材料使用时的最高使用温度。

10.2.6　高分子材料流变性分析

聚合物流体包括聚合物熔体和高分子浓溶液等,在外力作用下的流动行为具有流动和形变两个基本特征,而流动和形变的具体情况又和聚合物的结构、聚合物的组成、环境温度、外力大小、类型、作用时间等错综复杂的因素密切相关。聚合物流体的流动行为直接影响到高分子材料加工工艺的选择及高分子材料使用性能的充分发挥。因此在高分子成型加工工作中,首先要表征聚合物流体的流动行为,在高分子物理研究中为了了解高分子凝聚态结构在成型加工中形态的变化规律,也需要研究聚合物流体在外场作用下的流动行为。

1. 聚合物黏度的测定

有三种黏度计用于测量聚合物流体的剪切黏度,即落球黏度计、毛细管黏度计和转动黏度计。不同黏度计具有不同的施加剪切力的原理,因此具有不同的黏度、剪切应力和剪切速率的计算方法。其中落球式黏度计用来测低剪切速率下的剪切黏度值;毛细管黏度计可测较宽范围剪切速率和温度下的表观剪切黏度值及相应的剪切应力和剪切速率值;转动黏度计又分为两类,即锥板黏度计和同轴圆筒转动黏度计。其中锥板黏度计可测牛顿流体及非牛顿流体的黏度值,同轴圆筒黏度计可测得剪切应力、剪切速率或相应剪切速率下的表观黏度值。

2．用黏度计测聚合物流体的流变曲线

用毛细管黏度计和同轴圆筒转动黏度计测量恒定温度，施加不同剪切应力时，得到流体中相应的剪切速率值，之后以剪切应力对数和剪切速率对数作图，即为该聚合物流体在某温度下的流变曲线。

3．聚合物熔融指数的测定

工业上常用熔融指数来表征聚合物的加工性能，对熔融指数的测定是采用标准熔融指数仪，将聚合物完全熔融，然后在一定负荷下将聚合物熔体从具有固定直径、固定长度的毛细管中挤出，在 10 分钟内被挤出聚合物熔体的重量（克），为该高聚物的熔融指数。通常熔融指数仪的载荷为 2.16 千克，从毛细管尺寸可以计算出剪切应力为 2×10^4 Pa，聚合物熔体剪切速率值约在 $10^{-2} \sim 10^{-1}$ 的范围内。

4．转矩流变仪测聚合物流体的流变性能

为了选择聚合物产品的加工条件，工业上常用转矩流变仪测定聚合物流体的流变性能，工业用转矩流变仪有布拉班德（Brabender）流变仪、哈克（Hake）流变仪等。这类仪器可以模拟高分子成型中真实过程的条件，因此常用来测定在加工过程中聚合物的流变特性，并据此来选择聚合物加工的最佳工艺。待测聚合物用转矩流变仪进行成型加工时，测定其流变仪的转矩值、物料温度值、熔体压力及工作时间等参数，可以画出被测聚合物"成型加工"时的转矩与时间曲线及温度与时间曲线，并可据此判断聚合物熔体的黏度变化情况即转矩值变化情况、熔融过程中的能量消耗情况、熔融特性、热稳定时间及聚合物的分解特性等一系列工艺参数，从而为聚合物熔融加工提供必要的工艺数据。

5．用流变仪研究成型加工条件对聚合物凝聚态结构的影响

聚合物加工过程中外界条件的变化，必然影响到高分子的链运动，从而影响到聚合物凝聚态结构的形成。而聚合物凝聚态结构、形态不同，将大大影响高分子材料的性能。用流变仪比较不同成型条件，比如剪切力大小、作用时间、作用方式、不同温度等，对形成的高分子材料中凝聚态结构、形态的影响及其相应力学性能的情况，可以使我们从聚合物成型技术得到启迪。

10.2..7　高分子材料导电性分析

对于电磁波，如光、电、磁而言，传统上认为聚合物仅是惰性的绝缘材料，

不导电,不导磁,对光也仅是吸收透过和反射,不会对电磁波产生影响。随着科学技术的发展,逐渐出现了导电高分子化合物、导磁高分子化合物和对光波有调制作用的非线性高分子化合物。这些新高分子化合物的出现,使人们对高分子聚合物用作光、电、磁材料产生了兴趣。为了探讨高分子聚合物在光、电、磁等信息领域的应用,产生了对高分子化合物光、电、磁性能表征的需要。

1. 高分子聚合物的导电机理

高分子聚合物主要存在两种导电机理,一般高分子聚合物主要是离子电导。有强极性原子或基团的高分子聚合物在电场下产生本征解离,可产生导电离子。非极性高分子聚合物本应不导电,理论上体积电阻可达 10^{25} Ω・cm 以上,但这个值比实际上的体积电阻要大许多数量级,原因是杂质(未反应的单体、残留催化剂、助剂以及水分)离解带来的。聚合物导体、半导体主要是电子电导。

影响导电性的因素很多,其中,极性聚合物的导电性远大于非极性聚合物;分子键之间共轭体系越完整,导电性越好;聚合物的结晶度增大也会使电子电导增加,但离子电导减少;杂质含量越大,聚合物的导电性越好;温度升高,聚合物的电阻率下降,导电性增加。

2. 高分子聚合物的导电性的表征

对高聚物的导电性能表征,常常需要分别表征表面导电性能和体积导电性能,即表面电阻率,其倒数称作表面电导率,体积电阻率的倒数称体积电导率。

其中,表征表面电导率的方法是在聚合物试样的同一表面,分别放入两个平行的刀形电极,并施以直流电压,测出两电极间的电压值和电流值,按下式计算试样聚合物的表面电导率,并可求出试样的表面电阻率:

$$\sigma_s = G \times bL$$

$$\rho_s = \frac{1}{\sigma_s}$$

σ_s 为聚合物表面电导率;G 为试样电极间的电导;b 为试样上两电极之间的距离;L 为电极宽度;ρ_s 为聚合物表面电阻率。

表征体积电导率的方法是在聚合物试样的两个对应侧面,各放一个片状电极,并施以直流电压,测出上、下两电极间的电压值 U 和电路电流值 I,按下式计算聚合物试样的体积电导率 σ_v，并可进一步求出试样的体积电阻率 ρ_v。

$$\sigma_v = \frac{Id}{Us}$$

$$\rho_v = \frac{1}{\sigma_v}$$

σ_v 为聚合物体积电导率；d 为聚合物试样上、下两平面间的距离，即厚度；s 为试样上电极的面积；体积电导率的倒数为聚合物的体积电阻率 ρ_v。

10.2.8　高分子材料介电性分析

介电性是指高分子聚合物在电场作用下，表现出对静电能的储存和损耗的性质，通常用介电常数和介电损耗来表示。

1. 介电极化

绝大多数高分子聚合物是优良的电绝缘体，有高电阻率、低介电损耗、高耐高频性和高击穿强度。但在外电场作用下，或多或少会引起价电子或原子核的相对位移，造成电荷的重新分布，这被称为极化。极化主要有以下几种：电子极化、原子极化和偶极极化。前两种产生的偶极矩被称为诱导偶极矩，后一种为永久偶极矩的取向极化。

极化偶极矩(μ)的大小，与外电场强度(E)有关，比例系数 α 称为分子极化率。

$$\mu = \alpha \times E$$

按照极化机理的不同，有电子极化率 α_e 和原子极化率 α_a，两者合成变形极化率 α_d 和取向极化率 α_μ。

$$\alpha_d = \alpha_e + \alpha_a$$

$$\alpha_\mu = \frac{\mu_0^2}{3kT} (\mu_0 \text{ 为永久偶极矩}, T \text{ 为绝对温度})$$

因而对于极性分子：$\alpha = \alpha_e + \alpha_a + \alpha_\mu$

对于非极性分子：$\alpha = \alpha_e + \alpha_a$

根据高分子聚合物中各种基团的有效偶极矩，可以把高分子聚合物按极性大小分为非极性、弱极性、极性和强极性四类。高分子聚合物的有效偶极矩与所带基团的偶极矩不完全一致,结构对称性会导致偶极矩部分或全部相互取消。

2. 介电常数

介电常数 ε 是表示高聚物极化程度的宏观物理量,它被定义为介质电容器的电容 C 比真空电容器的电容 C_0 增加的倍数:

$$\varepsilon = \frac{C}{C_0} = \frac{Q/U}{Q_0/U} = \frac{Q}{Q_0} = \frac{Q_0 + Q'}{Q_0}$$

式中 Q_0 为极板上的原有电荷,Q' 为感应电荷。

介电常数的大小取决于感应电荷 Q' 的大小,它反映介质贮存电能的能力。宏观物理量 ε 和微观物理量 a 之间的关系可以用 Clausius-Mossotti 方程给出:

摩尔极化度 $P = \dfrac{\varepsilon - 1}{\varepsilon + 2} \times \dfrac{M}{\rho} = \dfrac{4N_A}{3} \times (\alpha_e + \alpha_a)$(对非极性介质)

摩尔极化度 $P = \dfrac{4N_A}{3} \times \left(\alpha_e + \alpha_a + \dfrac{\mu_0^2}{3kT}\right)$(对极性介质)

3. 介电损耗

聚合物在交变电场中取向极化时,伴随着能量消耗,使介质本身发热,这种现象称为聚合物的介电损耗。常用复数介电常数来同时表示介电常数和介电损耗两面的性质:

$$\varepsilon^* = \varepsilon' + i \times \varepsilon''$$

ε' 为实部,即通常实验测得的 ε;

ε'' 为虚部,称为电损耗因素。

$$\varepsilon' = \varepsilon_\infty + \frac{\varepsilon_0 - \varepsilon_\infty}{1 + \omega^2 \tau^2}$$

$$\varepsilon'' = \frac{(\varepsilon_0 - \varepsilon_\infty)\omega\tau}{1 + \omega^2 \tau^2}$$

$$\tau = \tau^* \times \frac{\varepsilon_0 + 2}{\varepsilon_\infty + 2}$$

式中 ε_0 为静电介电系数;ε_∞ 为光频介电系数;τ^* 为偶极的松弛时间。

介电损耗为：$\mathrm{tg}\,\delta = \dfrac{\varepsilon'}{\varepsilon''}$

介电损耗因素与分子极化率的关系可用 Debye 方程描述：

$$\frac{\varepsilon^* - 1}{\varepsilon^* + 2} = \frac{4}{3} \times \pi \times N \times \left(\alpha_e + \alpha_a + \alpha_\mu + \frac{1}{1 + \omega\tau^*} \right)$$

式中 N 为单位体积中的分子数。以虚部 ε'' 对实部 ε' 作图称为 Cole-Cole 图，表征电介质偏离 Debye 松弛的程度。半圆形为 Debye 松弛，偏离时得圆弧形图。

固体聚合物在不同温度下或不同频率下观察介电损耗的情况，得到的温度谱或频率谱称为高分子聚合物的介电松弛谱，它与力学松弛谱一样用于研究高分子聚合物的转变，特别是多重转变。测定聚合物介电松弛谱的方法主要为热释电流法（TSC）。TSC 属低频测量，频率在 $10^{-3} \sim 10^{-5}$ Hz 范围，分辨率高于动态力学和以往的介电方法。

4. 影响介电性的因素

（1）分子结构。一般来说，分子极性越大，介电常数和介电损耗越大。而其中介电损耗还对极性基团的位置敏感，极性基团活动性大的如果在侧基上，则介电损耗较小。交联、取向或结晶使分子间作用力增加，介电常数减少；支化减少分子间作用力，介电常数增加。

（2）频率与温度。与力学松弛相似。

（3）添加剂的影响。增塑剂的加入使体系黏度降低，有利于取向极化，介电损耗峰移向低温。极性增塑剂或导电性杂质的存在会使介电常数和介电损耗都增大。聚合物在做电工绝缘材料或电容器材料使用时，要求其介电损耗越小越好，相反在塑料高频焊接或高频"热处理"等情况下，要求介电损耗大一些才好。

5. 聚合物介电常数的表征

用 Wiltron37217A 型矢量网络分析仪，将聚合物按制样要求，制成一定尺寸的薄板样品，放于仪器中两个空腔谐振器的中央，使试样所处位置在微波磁场为零。而微波电场最大处，对谐振腔用微波进行激励，通过扰动后谐振器频率向低频侧移动的变化量及无载品质因素 Q 值的变化，借助计算机软件，计算出聚合物样品的复数介电常数值 ε，$\varepsilon = \varepsilon' + i\varepsilon''$，其中 ε' 为聚合物的实数介电常数，ε'' 为聚合物的虚数介电常数值，即介电损耗值。

10.2.9　高分子材料光磁性分析

目前,对高分子光磁性能的表征,主要是表征以下参数:光学性能——透光率、折光指数、非线性光学性质等;磁性能——磁导率、磁损耗等。由于水平所限,这里只列举了部分表征方法,希望能起到抛砖引玉的作用,盼有关学者能协助补充其他表征性能的方法。

1. 油浸法测聚合物纤维的折射率

采用偏光显微镜观测浸于油中的纤维,"浸油"是用阿贝折光仪,对已测得折光指数的油剂,变换不同折光指数的油剂浸泡纤维,用偏光显微镜来观测,直至偏光显微镜目镜中不再出现纤维和浸油界面因折射率不同而出现的黑线带(称贝克线)为止,这时浸油的折光指数就是纤维在某一个方向的折光指数。再旋转载物台 90°,用如上方法测定纤维在垂直前一方向的折光指数。如此,即可得到纤维状聚合物在两个不同方向上的折光指数。由于聚合物成纤时,纤维内部高分子有取向产生,因此出现双折射现象。

2. 聚合物磁性的表征

用振动样品强磁计可测聚合物在磁场下的磁滞曲线,根据磁滞曲线的形状,可判断聚合物具有的磁性质,如硬磁、软磁、顺磁性和铁磁性等。

3. 磁力显微镜表征磁性聚合物表面的空间磁场尺寸的分布

磁力显微镜是原子力显微镜的一个变种,它和原子力显微镜的不同之处仅在于在探针针尖上包裹了一层铁磁性材料,当这种探针针尖离被测试样表面很近时,针尖和样品间的作用力是范德华力,这样得到的针尖扫描图像是样品表面的立体形貌图。而当针尖离样品表面稍远,超出范德华力的作用范围而处在磁力作用范围之内时,这时针尖扫描得到的图像是样品表面空间磁场的分布图像。由此图像可以得知样品表面磁场的空间尺寸。

10.3　高分子材料检测技术平台的功能与作用

传统高分子材料检测实验室的功能非常单一,那就是运用以上介绍的种种检测技术对高分子材料进行检测。但高分子材料检测技术平台的建立,则是以传统的检测技术为基础,实现全新的功能与作用。

尽管上述提到的例子中,有些材料检测技术平台只包含高分子材料检测,但这些高分子材料检测相关的平台想要实现的功能与作用是相通的,且它们最终可以为构建高分子材料的生态系统提供平台支持。

高分子材料检测技术平台的功能与作用可大致归纳为:检测技术开发、材料跟踪溯源、连接合作伙伴和人才培养。

10.3.1　检测技术开发

目前有能力检测高分子材料的相关平台,基本掌握全部传统的检测方法,其检测标准的资质范围涵盖国内和国外。但是如前所述,如何高效地开发新检测方法及相关技术,一直是未来高分子材料相关领域的重要发展方向。

在先前介绍如何构建高分子材料领域数字生态时,提到云计算等信息化技术可以用于开发云检测平台,从而实现低成本、短时间、无地域限制、可共享的检测技术。这一类检测技术开发属于信息化范畴,需要一个平台作为依托,而高分子材料检测技术平台无疑是最佳选择之一。

同时,本节所指的检测技术开发,涵盖了云检测这类技术开发,同时也包括新的检测手段和方法开发。下面以医用高分子材料的检测技术开发举例,具体阐述一项新检测手段的开发包括哪些内容。国内医用高分子材料近十几年来发展迅猛,逐渐打破国外医用高分子材料的垄断。然而,医用高分子相关的检测技术却并没有完全跟上材料的发展速度。这其中包括:对材料及产品中的溶剂残留、单体残留及重金属等有毒有害物质进行定性定量检测方法的研究及开发,重点研究定量分析的检出限、重复性和精确度;设计并建设满足医用高分子材料生物相容性检测技术需求的超净化检测室及其配套检测设备,对相关的检测方法进行开发及申报;改善现有设施设备及环境,搭建创新、实用及环保的检测平台,同时实现检测设备的功能化、自动化、高效化和精准化。

例如,上海康宁医疗用品有限公司是专业从事医用硅橡胶整形制品研制开发、生产的企业,拥有独立的技术研发能力,目前拥有几十项专利技术,依托强大的技术力量,成为上海市高新技术企业。公司拥有完善的制造工艺流程和健全的质量控制体系,通过 ISO13485 和 ISO9001 双重国际质量体系认证。产品在国内、海外整形医院中得到广泛应用。其主要产品为硅凝胶乳房植入假体、硅凝胶颌面假体等。其最新开发材料膨体聚四氟乙烯填充物因需办理医用材料产品注册证,需要检测其在生产过程中使用的 D80 溶剂油的残余含量。由于 D80 溶剂油为混合溶剂油,存在不同分子量烷烃油,因此国内对于 D80 溶剂油残留的标准方法还是空白。

该公司委托上海高分子材料研究与开发中心,希望与该中心的高分子材料检测技术平台协作,共同开发 D80 溶剂油残留的检测方法,并提供检出限。该中心科研团队通过高分子材料检测技术平台的功能,对以往溶剂残留检测数据中进行自动归纳分析,并对相关文献进行调研,提出利用顶空-气相色谱质谱联用仪,使用标准加入法进行检测。由于被检物质为混合物,因此对不同浓度下的仪器响应值进行了归一化百分比计算,选择在低浓度下信噪比高于 10 的组分作为定量物质。通过空白试验和加标回收方法,验证了该方法的可靠性(拟合曲线相关系数达 0.999)以及方法检出限(最低检出限达 0.1mg/kg)。该方法由公司向国内医用产品准入认证权威机构申报后,经过多方讨论,确定其具有可重复性,机构相关技术人员也向中心询问了具体的操作方法和技术要点,并对高分子检测平台新技术的开发能力加以了肯定。

10.3.2 材料跟踪溯源

正如前文所提及的,高分子材料的跟踪溯源不但具有保证人民安全和权益的作用,更是能够提高企业的管理水平与生产效益。然而,传统的高分子检测虽然能搜集掌握一些数据,但这些数据都是零散的、无规范标准的格式,且这些信息具有较强的时效性和较差的更新性。这些因素使得依靠传统的高分子材料检测数据很难对高分子材料进行溯源跟踪。

在先前介绍如何构建高分子材料领域数字生态时,提到利用区块链等信息化技术可以用于高分子材料的跟踪溯源与企业管理。而区块链又需要依托于信息化平台,因此高分子材料检测技术平台是较好的选择之一。

下面以高分子材料固化剂的溯源举例,具体阐述高分子检测平台是如何对高分子材料进行跟踪溯源的。

A 鉴定中心是一家拥有众多资深知识产权司法鉴定人和知识产权界咨询专家的司法鉴定中心。该中心的司法鉴定人队伍较全面地覆盖了各个技术领域,确保司法鉴定意见的针对性和科学性。该司法鉴定中心在某次服务中,需要追溯某高分子固化剂产品的原料,判断其源头供应商,以此来界定产品的知识产权归属。

该司法鉴定中心希望借助其高分子材料相关的平台数据库,通过实验以及对数据的分析来挖掘出固化剂产品的原料配方及其供应商。因此,该司法鉴定中心选择委托上海高分子材料研究与开发中心对高分子固化剂样品的合成原料进行溯源分析。

中心收到样品后,结合委托方信息和初步试验信息,在高分子检测平台的数据库中输入了相关参数,通过人工智能的算法对包括成分、合成工艺、各类厂家信息、谱图特征峰、仪器指标等 30 多项变量进行拟合计算。高分子检测平台自动计算并筛选出了几种可能结果,随后中心研究员再对筛选结果进行了排查与调研,并按照高分子检测平台推荐的检测路线制订了与以往不同的实验与检测方案。

通过高分子材料检测技术平台推荐的醇解试验,研究人员成功将样品进行了化学置换反应,并结合能谱、裂解、质谱、色谱等检测数据,验证了平台自动筛选得到的合成原料与特殊基团含量信息。最终成功分析出样品全部的合成原料以及其供应商,为该司法鉴定中心提供了真实的溯源数据。服务结束后,该司法鉴定中心来电,感谢了上海高分子材料研究开发中心为保护知识产权做出的贡献,并高度赞扬了上海高分子材料研究开发中心出具的试验报告,并希望中心以后有机会能继续服务司法鉴定中心。

10.3.3　连接合作伙伴

传统的高分子检测虽然能接触到许多行业的用户,了解到用户的供求信息,但这些数据与材料溯源所需的数据一样,都存在零散的、无规范标准的格式,较强的时效性和较差的更新性等特性。这些因素使得依靠传统的高分子材料检测很难知道用户的痛点和痒点,无法与高分子材料领域相关的单位进行连接,使得产业链供需关系难以得到优化,且对高分子材料领域数字生态的构建形成阻碍。

高分子材料检测技术平台的建立可以尝试解决这个问题。下面以实际成功的一个案例举例,具体阐述高分子检测平台是如何连接合作伙伴,服务高分子材料领域,推动社会发展的。

我国某橡胶公司经营范围包括:胶黏剂、橡塑制品、船用防火密封材料、膨胀防火套管/扎带的生产。近年来,为满足消费者日新月异的需求,该公司研发出几款新型高分子复合材料,用在船体上的防火套管和防火密封胶。与传统的高分子防火套管和密封胶产品不同,这几款新产品在受热时会发生膨胀,阻断燃烧。同时,这几款产品还具备同类产品的其他性能。但是,作为一款新产品,除了常温下的性能符合预期效果之外,其还需要满足在各个温度条件下的长期有效性,以及在极端恶劣条件下具有短期有效性。为此,需要对新产品进行寿命估算与老化试验,以完成其企业标准与产品说明书。

然而,这种新材料的寿命检测结果与传统材料不尽相同,该公司想改善配方,但又找不到能解决该问题的商业伙伴。由于上海高分子材料研究与开发中心在高分子材料(特别是新型材料)的应用领域(如汽车、造船、建材、纺织等)积累多年相关企业数据,且在行业内具有较大名声,该公司选择了上海高分子材料研究与开发中心的高分子材料检测技术平台。中心通过高分子检测平台,将该公司对材料的性能、寿命需求、特殊要求等指标作为参数输入平台数据库中。高分子检测平台自动分析并筛选出适合的材料及其对应的生产厂商。

该公司得到中心提供的合作伙伴名单后,积极与生产厂商进行联系。通过合作的方式将产品进行了改良,改良后的产品经过检测达到了预期的使用寿命和特殊性能要求。该公司对中心提供的合作伙伴予以认可。

10.3.4　人才培养

传统的高分子检测虽然能通过招实习生、研究员来对人员进行培养,但常受到地域和人数的限制。高分子检测平台是网络化的平台,最大限度地解决了人才地域和培养人数限制的问题,为社会人才输出提供巨大帮助,更为进一步构建高分子材料领域的数字生态提供基础。

下面以实际高分子检测平台培养人才的方式举例,具体阐述高分子检测平台是如何培养检测人才的。上海高分子材料研究与开发中心在其微信小程序平台上提供检测相关的课程 PPT、检测教学视频等,并将种类繁多的检测项目和仪器归类,详细介绍各类热门的、具有应用价值的检测仪器。该平台与微信合作,理论上可以支持多用户随时随地进行学习。

通过高分子检测平台的培训 PPT,用户能快速了解到:鉴别高分子材料基团、主材质定性可以选用傅里叶变换红外光谱仪;高分子材料的元素分析可以选用 X-射线能量色散谱仪;测定高分子材料的熔点、玻璃化转变温度等可以选用差示量热扫描仪;测量高分子质量随温度与时间的变化可以选用热重分析仪;低沸点有机小分子的定性定量分析可以选用气相色谱质谱联用仪;固体有机物定性与定量分析可以选用裂解-气相色谱质谱联用仪;测定有机物分子量及分布可以选用顶空-气相色谱质谱联用仪;测定有机物分子量及分布可以选用凝胶渗透色谱仪(GPC);检测高分子材料微观形貌可以选用场发射扫描电子显微镜;检测高分子材料拉伸强度、伸长断裂率、压缩模量等力学性能可以选用万能试验机;高分子材料的加速老化试验、材料环境模拟实验可以选用高低温鼓风干燥箱。

通过高分子检测平台的培训视频,用户能快速了解到所有仪器使用和制样时的具体步骤,以及检测过程中的安全注意事项。

10.4　高分子材料检测技术平台搭建案例

围绕高分子材料检测技术平台应该具有的功能和作用,不少企业和机构都开始搭建相关平台,为进一步构建高分子材料领域的数字生态提供基础。这里以"上海市塑料橡胶高分子材料检测专业技术服务平台"为例,阐述我国高分子检测平台的建设情况。

2019 年,在上海市科委的指导下,上海高分子材料研究与开发中心构建了"上海市塑料橡胶高分子材料检测专业技术服务平台"。该平台的目标与高分子材料检测技术平台的功能相同,其定位是服务于社会,为后续构建高分子材料领域的数字生态提供平台基础。

平台提供公共服务资源情况:完成医用高分子材料专业检测实验室建设、船用高分子材料燃烧实验室的改建;用于提供公共服务的场地约 500 平方米,服务设备达 29 台(套);实现检测服务项目的网上公开等。平台服务技术水平与服务能力:申请专利 1 项;协助 2 家以上的企业形成企业标准 2 个;检测实验室通过 CCS、CNAS 及 CMA 认证,申请并获批检测标准 50 项以上;发表相关论文 1 篇;出版 1 本高分子材料科技类专著;建立医用植入物和轨道行业用塑料橡胶检测数据库:进行检测数据库的框架构建,总体录入样本数量大于 500 个。平台对外服务情况:本项目三年累积服务收入达到 600 万元及以上,服务数量达 600 次及以上,累计服务企业与机构 100 家及以上。服务面向全国企业,其中 70% 以上集中在长三角地区;服务面向的行业分布在高分子材料产业链上,包括:高分子材料生产企业(上游)、高分子医用和船用零部件制造企业(中游)、医疗器械和造船等产品制造企业(下游)。服务方式包括:

第三方检测服务、研发咨询及网络信息服务。服务收费包括检测费收入、技术咨询项目收入等。客户新项目培训次数达 3 次及以上,市外地区的业务推广达 3 个及以上。实施中形成专职服务队伍和管理团队、服务机构、服务场地、网络服务平台。平台所形成的网络服务平台能够通过两种终端设备(移动端和 PC 端)利用网络服务平台获取线上数据或技术服务,包括业务查询、需求发布、检测服务、研发咨询等。

平台现阶段取得的社会效益和经济效益:生物医药是上海市高新技术发展的重点优势产业,船舶制造业也是国内科技含量最高的产业。该平台的建设对于提高医用高分子和船用阻燃型高分子材料的整体技术水平,促进其推广及应用,具有重要意义。医用高分子和船用阻燃型高分子材料专业检测实验室的建立,可以提升对于橡胶塑料材料和制品的检测能力和水平,使高分子材料科技企业、创新企业及相关应用企业建立信息联系,产业链上下游形成更紧密的合作关系。

10.5 展望

作为构建高分子材料生态系统的重要部分,高分子材料检测技术平台的建设还处于成长阶段,其功能与作用尚未完善。未来,利用数字化与信息化技术,高分子材料检测技术平台能将各环节的信息收集、整理并分析,实现低成本、高效的高分子材料科技创新。

相信只要高分子材料领域的相关企业和机构能够达成共识,在建设高分子材料检测技术平台的过程中坚持不懈地去做好每一个环节,把控每一个细节,那么若干年后,我国的高分子材料检测技术平台将有望引领全世界高分子材料发展。

参 考 文 献

[1] 凌继栋. 从材料发展到高分子材料科学与工程[J]. 世界科学,1989(8)：23-25.

[2] 钱保功. 高分子材料发展史概况[J]. 化学通报,1987(2)：54-57.

[3] 张留成,瞿雄伟,丁会利. 高分子材料基础[M]. 北京：化学工业出版社,2013.

[4] 邬国铭. 高分子材料加工工艺学[M]. 北京：中国纺织工业出版社,2000.

[5] 周达飞. 高分子材料成型加工[M]. 北京：中国轻工业出版社,2000.

[6] 汪多仁. 现代高分子材料生产及应用手册[M]. 北京：中国石化出版社,2002.

[7] 石高全,李春,梁映秋. 高性能导电高分子材料[J]. 大学化学,1998,13(1)：1-5.

[8] 王珊,杨小玲,古元梓. 导电高分子材料研究进展[J]. 化工科技,2012(1)：62-66.

[9] 李福君. 导热高分子材料的研究与应用[J]. 化工管理,2017(1)：209.

[10] 肖琰,魏伯荣,杨海涛等. 导热高分子材料的研究开发现状[J]. 中国塑料,2005,19(4)：12-16.

[11] Doi M, Edwards S F. The theory of polymer dynamics [M]. Oxford, UK：Clarendon Press, 1988.

[12] 赵长生,顾宜. 高分子材料与工程专业发展与现状[J]. 塑料工业,2008,36(1)：70-71.

[13] 易昌凤,徐祖顺,程时远,等. 生物可降解高分子材料[J]. 功能材料,2000,B(05)：23-24.

[14] Li G, Shrotriya V, Huang J, et al. High-efficiency solution processable polymer photovoltaic cells by self-organization of polymer blends [J]. Nature Materials, 2005(4)：864-868.

[15] 常奔. 纳米技术在高分子材料改性中的应用[J]. 科研,2015(23)：32.

[16] 于建. 高分子材料的新型注射成型技术[J]. 塑料,2000,29(6)：13-17.

[17] 李勇进,王公善. 生物降解性高分子材料[J]. 上海化工,1998(14)：30-33.

[18] 朱福海. 高分子材料光降解和光稳定[J]. 合成材料老化与应用,1999(1)：24-26.

[19] 董建华. 高分子材料科学的发展动向与若干热点[J]. 材料导报,1999(5)：2-4.

[20] 毋伟,邵磊,卢寿慈. 机械力化学在高分子合成中的应用[J]. 化工新型材料,2000(2)：8-11.

[21] 李克友. 高分子合成原理及工艺学[M]. 北京：科学出版社,1999.

[22] 冯新德. 高分子合成化学[M]. 北京：科学出版社,1981.

[23] Ferry J D. Viscoelastic Properties of Polymer [M]. Hoboken, NJ：Wiley,1980.

［24］ Colvin V L，Schlamp M C，Alivisatos A P. Light-emitting diodes made from cadmium selenide nanocrystals and a semiconducting polymer［J］. Nature，1994，370(6488)：354－357.

［25］ 布劳恩,切尔德龙,克恩.聚合物合成和表征技术［M］.北京：科学出版社,1981.

［26］ 陈平,廖明义.高分子合成材料学(上)［M］.北京：化学工业出版社,2005.

［27］ 廖明义,陈平.高分子合成材料学(下)［M］.北京：化学工业出版社,2005.

［28］ 徐溢,曹京.高分子合成用助剂［M］.北京：化学工业出版社,2002.

［29］ 钟玉昆.高分子合成材料［M］.北京：科学出版社,1982.

［30］ 陈志民.高分子材料性能测试手册［M］.北京：机械工业出版社,2015.

［31］ McQuade D T，Pullen A E，Swager T M. Conjugated Polymer-Based Chemical Sensors［J］. Chemical Reviews，2000,100(7)：2537－2574.

［32］ 中條利一郎,朱善农.高分子材料特性的表征［J］.塑料,1986(5)：34＋30.

［33］ 张微.绿色高分子材料及其发展展望［J］.科技信息(科学•教研),2008(12)：208.

［34］ 张青,陈昌伦,吴狄.功能高分子材料发展与应用［J］.广东化工,2015,42(6)：120＋119.

［35］ 张立英.我国医用高分子材料的发展现状［J］.山西化工,2005,25(3)：11－13＋33.

［36］ 董莹.高分子材料发展现状及应用趋势探讨［J］.消费导刊,2019(16)：167.

［37］ 涂新特.论高分子材料的发展前景［J］.中国高新区,2019(2)：22.

［38］ 林刚.碳纤维产业"聚"变发展——2020 全球碳纤维复合材料市场报告［J］.纺织科学研究,2021(05)：27－49.

［39］ 李峰,安琳.从专利分析看碳纤维增韧碳化硅陶瓷基复合材料发展［J］.飞航导弹,2017(02)：79－86.

［40］ 曾庆文.聚氨酯复合材料及专用玻纤发展概况［C］//中国硅酸盐学会玻纤分会、全国玻璃纤维专业情报信息网、江苏省碳纤维及复合材料检测服务平台.中国硅酸盐学会玻纤分会工作会议暨全国玻璃纤维专业情报信息网第 39 届年会论文集.2018：23－37.

［41］ 姜纪刚,国桂荣.聚丙烯腈系异型纤维国产化进展及发展趋势［J］.吉林化工学院学报,2017,34(05)：14－19.

［42］ 曹敏,张朋,杨涛,宋海霞,赵云,刘刚,包建文.聚酰亚胺树脂及其复合材料专利态势分析［J］.纤维复合材料,2017,34(02)：16－24.

［43］ 轻量化趋势大力推动纤维增强复合材料发展［J］.塑料科技,2017,45(01)：93.

［44］ 王科.中国区域玻璃纤维增强复合材料高端产品专利分析［J］.新材料产业,2019(01)：28－30.

［45］ 陈庆,曾军堂,陈韦坤.3D 打印塑料材料技术现状和发展趋势［J］.新材料产业,2015(06)：27－32.

［46］ 王林超,王兆亮,黄炜.PBT 工程塑料生产应用情况及发展趋势［J］.工程塑料应用,2019,47(04)：144－147.

［47］ 况杰.高端化、定制化、补短板——浅论化工新材料行业的发展趋势［J］.科技与金融,2019(12)：41－43.

［48］ 杨桂英.国内外合成树脂市场现状及发展趋势［J］.当代石油石化,2019,27(04)：

12 - 18.

[49] 程薇. 己内酰胺下游产品聚酰胺 6 和聚酰胺 66 发展趋势报告[J]. 石油炼制与化工, 2018,49(06)：27.

[50] 李鑫,刘丽娜,王刚,张梁,宋平安. 聚苯硫醚的改性与发展趋势[J]. 塑料科技,2014,42 (09)：121 - 126.

[51] 吴汾,唐伟家. 聚酰胺工程塑料生产、市场及其趋势[J]. 上海塑料,2009(04)：17 - 22.

[52] 霍鹏. 可降解塑料的研究现状及发展趋势[J]. 工程塑料应用,2016,44(03)： 150 - 153.

[53] 商务部发布《中国再生资源回收行业发展报告(2018)》[J]. 资源再生,2018(06)： 42 - 51.

[54] 陆海旭. 生物可降解塑料的发展现状与趋势[J]. 化学工业,2016,34(03)：7 - 14.

[55] 张臣. 我国改性塑料的发展趋势及热点分析[J]. 合成材料老化与应用,2010,39(01)： 34 - 38.

[56] 王瑜鑫. 我国高分子材料产业发展现状与前景——以塑料橡胶为例[J]. 环渤海经济瞭望,2018(07)：68.

[57] 张丽平,杨学萍,初立秋,盛依依. 我国高性能合成树脂发展战略研究[J]. 中国工程科学,2020,22(05)：121 - 127.

[58] 李琼. 中国聚氯乙烯下游应用现状及发展趋势[J]. 中国氯碱,2020(05)：1 - 4+21.

[59] 王伟,王卉,陈卓. 国内外己内酰胺市场现状与发展趋势[J]. 合成纤维工业,2020,43 (04)：59 - 62.

[60] 汤方明,王宁,杨涛,吉鹏,王华平. 化学纤维新材料发展趋势与专利分析[J]. 合成纤维工业,2020,43(01)：67 - 71.

[61] 王小华,汪春波,王炳奎,冯卫芳. 聚酯行业发展趋势探讨[J]. 煤炭与化工,2021,44 (03)：128 - 130+160.

[62] 王松林,相恒学,徐锦龙,成艳华,周哲,孙宾,朱美芳. 通用合成纤维功能化基础问题与发展趋势[J]. 纺织学报,2018,39(03)：167 - 174.

[63] 蔡凯杰,邱云海. 我国化学纤维制造的发展趋势和前景探讨[J]. 当代化工研究,2021 (08)：9 - 10.

[64] 宁艳春,陈希海,王硕,屈海峰. 纤维素乙醇研发现状与研究趋势分析[J]. 化工科技, 2020,28(01)：65 - 68.

[65] 陈楠,赵颖. 行业风向标直指低碳[J]. 纺织科学研究,2021(04)：18 - 20.

[66] 杨秀霞. 2019 年合成橡胶市场回顾及 2020 年展望[J]. 当代石油石化,2020,28(05)： 9 - 12.

[67] 盛哲,沙薇,叶知春. 国内丁苯橡胶及丁二烯市场现状及发展趋势[J]. 化工科技,2014, 22(01)：83 - 86.

[68] 韩吉彬,陈文泉,张世甲,王媛,郭华,韩丽丽,田洪池. 热塑性弹性体的研究与进展[J]. 弹性体,2020,30(03)：70 - 77.

[69] 王盛娜. 我国天然橡胶产业发展现状及对策[J]. 乡村科技,2020(13)：43 - 44.

[70] 许江菱. 2019～2020 年世界塑料工业进展(Ⅰ)：通用塑料[J]. 塑料工业,2021,49 (03)：1 - 9.

[71] 孟坤.2019～2020年世界塑料工业进展(Ⅱ)：工程塑料[J].塑料工业,2021,49(04)：1-10.

[72] 朱永茂,杨小云,王文浩,沐霖,闫超群,刘菁,李汾,李丽娟.2019～2020年世界塑料工业进展(Ⅲ)：热固性树脂[J].塑料工业,2021,49(05)：1-19.

[73] 杨佳生,等.中国战略性新型产业——新材料(工程塑料)[M].北京：中国铁道出版社,2017.

[74] 中国工程院化工、冶金与材料工程学部,中国材料研究学会.中国新材料产业发展报告2020[M].北京：化学工业出版社,2020.

[75] 高长有.高分子材料概论[M].北京：化学工业出版社,2018.

[76] 丁志平.精细化工概论[M].北京：化学工业出版社,2015.

[77] 魏寿彭,丁巨元.石油化工概论[M].北京：化学工业出版社,2011.

[78] 胡玉洁,何春菊,张瑞军,等.天然高分子材料[M].北京：化学工业出版社,2012.

[79] 段久芳.天然高分子材料[M].武汉：华中科技大学出版社,2016.

[80] 侯玉春.化工用煤基本情况及未来发展趋势[J].煤炭技术,2018(9)：354-356.

[81] 李达,张绍文.天然橡胶产业发展政策分析：红线与红利[J].林业经济问题,2020,40(2)：208-215.

[82] 金华斌,田维敏,史敏晶.我国天然橡胶产业发展概况及现状分析[J].热带农业科学,2017,37(5)：98-104.

[83] 何长辉,莫业勇,刘锐金.中国天然橡胶生产能力预测分析(2019—2025年)[J].林业经济问题,2020,40(3)：320-327.

[84] 徐微,刘玉兵,张丝瑶,孙宇.变性淀粉的制备方法及应用研究进展[J].粮食与油脂,2020,33(9)：8-11.

[85] 赵辰,倪吉.可降解塑料进入行业快速增长期[J].中国石油和化工,2020(07)：28-31.

[86] 魏道培.甲壳纤维素：医疗技术新材料[J].中国纤检,2021(6)：115.

[87] 田磊,王闰潇潇,李云,付晓晴.2019年我国石油市场分析与2020年展望[J].中国能源,2020,42(3)：14-18.

[88] 张海龙.中国生物医药产业创新发展对策研究[D].长春：吉林大学,2019.

[89] 唐家龙.新阶段我国生物医药产业的发展态势与对策建议[J].科技与金融,2021(5)：5-10.

[90] 赵芯路.浅析可降解生物医用高分子材料[J].当代化工研究,2018(11)：177-178.

[91] 梁慧刚,黄可.生物医用高分子材料的发展现状和趋势[J].新材料产业,2016(2)：12-15.

[92] 彭华.中国新能源汽车产业发展及空间布局研究[D].长春：吉林大学,2019.

[93] 王厚双,盛新宇.中国高端装备制造业国际竞争力比较研究[J].大连理工大学学报(社会科学版),2020,41(1)：8-18.

[94] 黄艳华,石扬,薛磊,耿新玲,苏正涛,王景鹤.航空硅橡胶材料研究及应用进展[J].航空材料学报,2016,36(3)：79-91.

[95] 汪聪.高密度聚乙烯船结构规范研究[D].大连：大连理工大学,2019.

[96] 宋鹏超,吕玉萍.我国新能源产业发展存在的问题与对策[J].科技创新导报,2020

（17）：98－99.

［97］陈亚飞.我国发展节能环保产业的战略思考［J］.资源节约与环保,2018(12)：136.

［98］张兆谦.高分子材料对环境保护的影响研究［J］.科技创新导报,2019(19)：127－129.

［99］胡文军,李建国,刘占芳,等.介观尺度计算材料学研究进展［J］.材料导报,2004(07)：12－14.

［100］张跃.计算材料学基础［M］.北京：北京航空航天大学出版社,2007.

［101］周贤渭,雷勇,LINZHOU.材料设计计算机模拟技术［J］.材料导报,2004,18(F04)：190－192.

［102］霍珊.大数据背景下的数据库新技术［J］.科技经济导刊,2018(04)：28.

［103］汪洪,项晓东,张澜庭.数据＋人工智能是材料基因工程的核心［J］.科技导报,2018,36(14)：17－23.

［104］刘相华,王国栋.人工智能技术在材料成形中应用的进展［J］.哈尔滨工业大学学报,2000,32(5)：86－86.

［105］张保华.基于智能优化算法的材料大数据处理研究［J］.材料保护,2020,53(08)：197－197.

［106］周腾,Song Z,Sundmacher K.大数据为材料研究创造新机遇——材料设计的机器学习方法与应用综述［J］.Engineering,2019,5(06)：84－105.

［107］李磊.基于网络化虚拟仪器的车辆零部件检测系统的研发［D］.武汉：武汉理工大学,2011.

［108］丁军妹.面向云制造的网络化协同技术服务研究［D］.沈阳：东北大学,2015.

［109］周南德.网络化测试技术研究［J］.计算机工程与应用,2003,39(24)：91－93.

［110］牛凤莲,张晓东,张强.网络化测试技术研究［J］.自动化与仪表,2003,018(002)：16－19.

［111］李凤保.网络化测试技术研究［J］.西南科技大学学报,2006(01)：43－47.

［112］韩宪兵.环境材料网站开发及材料环境协调数据库［D］.重庆：重庆大学,2003.

［113］许金渤.信息技术在建筑材料检测中的应用分析［J］.门窗,2017(1)：238.

［114］朱建明,付永贵.基于区块链的供应链动态多中心协同认证模型［J］.网络与信息安全学报,2016,2(1)：27－33.

［115］闫宝增,黄汝龙."区块链＋供应链"：双链融合提升链路价值［J］.张江科技评论,2019(3)：40.

［116］刘大成."双链"融合破解区块链困局［J］.物流时代周刊,2018(3)：42－45.

［117］易欢欢,焦子龙.迎接新时代,区块链赋能绿色供应链［J］.中华环境,2018(7)：47－50.

［118］周宣汝,赵丽亚,赵地,等.人工智能对科研信息化的推动作用［J］.科研信息化技术与应用,2016,7(06)：14－26.

［119］陈永江.化学工程研究中的人工智能方法［J］.黎明化工,1997(2)：26－28.

［120］安筱鹏.数字孪生：通向零成本试错之路［J］.今日制造与升级,2020(Z1)：78－79.

［121］张政,赵旭宇.数字孪生驱动数字化转型与创新［J］.通信企业管理,2020(11)：56－58.

［122］习妍,孔丽华,姜璐璐.科技期刊融合出版中网络平台效能的发挥——以《中国科学数

据(中英文网络版)》为例[C]//中国科学技术期刊编辑学会 2019 年学术年会. 2019：
174-178.

[123] 杨晶,康琪,李哲. 推动科学数据开放共享的思考及启示[J]. 全球科技经济瞭望,
2019,34(10)：37-43.

[124] 姜璐璐. 基于 ChDR 本体的化学数据资源集成的研究[D]. 北京：中国科学院大
学,2015.

[125] 黄勇,李光荣,杨宗伟. 高分子行业人才需求与职业院校专业设置匹配分析研究
[J]. 中国职业技术教育,2020(35)：13-22.

[126] 张倩霞. 科技金融发展模式比较研究[D]. 苏州：苏州科技大学,2018.

[127] 张雅婷. 广州科技金融发展策略研究[D]. 广州：广东外语外贸大学,2019.

[128] 李晓峰,崔晓萍. 化工园区的规划设计分析——以某化工园区规划为例[J]. 智库时
代,2018(48)：161-162.

[129] 付亮. 产业规划导向的化工园区规划设计研究[D]. 大连：大连理工大学,2017.